SPRACHKUNST

Beiträge
zur Literaturwissenschaft
Jahrgang LI/2020
1. Halbband

VERLAG DER
ÖSTERREICHISCHEN
AKADEMIE DER
WISSENSCHAFTEN

Bibliografische Information der Deutschen Nationalbibliothek

Die Deutsche Nationalbibliothek verzeichnet diese Publikation in der Deutschen Nationalbibliografie; detaillierte bibliografische Daten sind im Internet unter http://dnb.d-nb.de abrufbar.

Als internationale wissenschaftliche peer-reviewed Zeitschrift von der ÖAW gefördert.

ISBN 978-3-7001-8747-9 · AU ISSN 0038-8483

Die verwendete Papiersorte in dieser Publikation ist DIN EN ISO 9706 zertifiziert und erfüllt die Voraussetzung für eine dauerhafte Archivierung von schriftlichem Kulturgut.
Satz & Layout: Hermann Blume und Gerhard Spring, Wien
Druck und Bindung: Prime Rate, Budapest
https://www.austriaca.at/0038-8483collection
https://verlag.oeaw.ac.at

INHALTSVERZEICHNIS

Aufsätze

Berichte und Besprechungen

DAS SPRACHSPIEL ALS KLAGE UND SELBSTBEHAUPTUNG

Über den Widerstreit zwischen Philosophie und Literatur bei Francisco de Quevedo

Von Gernot Kamecke (Berlin)

Dieser Artikel beschreibt Elemente einer Philosophie der Literatur, die im Prosawerk von Francisco de Quevedo (›Obras crítico-literarias‹, ›Grandes anales de quince días‹, ›Política de Dios‹, ›Sueños y discursos‹) zum Ausdruck kommen. Mit dem Entwurf einer Gesellschaftskritik, die auf dem Fundament des künstlerischen Sprachspiels beruht, trägt Quevedos Prosa zur Entstehung eines autonomen literarischen Subjekts bei, das für den subversiven Diskurs der modernen Literatur symptomatisch ist.

This article analyzes elements of a philosophy of literature that are expressed in Francisco de Quevedo's prose (›Obras crítico-literarias‹, ›Grandes anales de quince días‹, ›Política de Dios‹, ›Sueños y discursos‹). Drafting social criticism on the basis of artistic language games, Quevedo's prose contributes to the emergence of an autonomous literary subject that is symptomatic of the subversive discourse of modern literature.

„Mi decir es más valiente, / por ser tantos y ser uno"
(„Mein Sagen ist kühner, / da es vieles und zugleich eines ist")[1])

Francisco de Quevedo gehört zu den faszinierendsten, aber auch rätselhaftesten Autoren der spanischen Literatur. Der mächtige Wortschöpfer und Stilvirtuose des *Siglo de Oro* stellt neben Miguel de Cervantes und Pedro Calderón de la Barca den für die spanische Sprache wohl einflussreichsten Autor überhaupt dar. Zugleich ist sein umfangreiches Werk nicht nur Anlass für höchst widersprüchliche, seit dem 19. Jahrhundert von den verschiedenen literaturtheoretischen Epochen geprägte Deutungen, sondern auch noch immer, wie die rege

---

1) Francisco de Quevedo, Romances varios, in: Ders.: Obras completas, hrsg. von Felicidad Buendía, 2 Bde., Madrid 1958–1960, II, S. 344. Sofern nicht anders angegeben, stammen die Übersetzungen von mir.

SPRACHKUNST, Jg. LI/2020, 1. Halbband, 5–29

DOI: https://dx.doi.org/10.1553/spk51_1s5

kritische Editionstätigkeit der letzten Jahre belegt,[2]) Gegenstand der hispanistischen Grundlagenforschung. Weltanschaulich gesehen, lässt sich Quevedo in den verschiedenen Phasen seines Schaffens als traditionsbewusster Moralist, als skeptischer Humanist oder als christlicher Stoiker betrachten. Dabei sind nicht allein die Menge oder die Variabilität der literarischen Themen problematisch, sondern vor allem die Widersprüchlichkeit seiner künstlerischen Haltung. Sie schreckt vor den Niederungen obszöner Dichtung und Prosa mit derben Witzen und vergifteten Anspielungen nicht zurück und verleiht gleichzeitig den seriösen Ausführungen eines Historikers, Politikers oder Theologen Ausdruck.[3]) Die Komplexität der ideologischen und ästhetischen Positionen, die stets einen dialektischen Kampf zwischen Ironie und Ernsthaftigkeit (*burlas y veras*) ausfechten, wird von der Vielschichtigkeit eines Prosawerks getragen, das die gesamte Bandbreite der zeitgenössischen literarischen Gattungen umfasst.[4])

Die kontrastreiche Unschlüssigkeit der literaturwissenschaftlichen Beurteilung Quevedos, die schon zu Lebzeiten des Autors mit der polemischen Generalkritik ›Tribunal de la justa venganza‹ einsetzt,[5]) ist eine Folge der prinzipiellen Offenheit eines literarischen Werks, das sich aus dem dominierenden Geflecht der zur Weltdeutung autorisierten Diskurse der Theologie und der Moralphilosophie auf selbstreflexive Weise herauskristallisiert und einen Weg zur Selbst-

[2]) Francisco de Quevedo, Obras completas en prosa, hrsg. von Alfonso Rey, 6 Bde., Madrid 2003–2015. Auf diese Ausgabe bezieht sich im Folgenden das Sigel OC. In Deutschland erschien jüngst, nach langer Vorbereitung, die kritische Ausgabe des ›Sueño de la muerte‹, hrsg. von Karl Maurer, Ilse Nolting-Hauff und Kurt Ochs, Tübingen 2013.

[3]) „Quevedo es complejo y polifacético como hombre y como escritor: excita y sorprende por su genio tanto como aplana y abruma por sus caídas“. Gonzalo Sobejano, Prólogo, in: Francisco de Quevedo, hrsg. von Gonzalo Sobejano, Madrid 1984, S. 9–14, hier S. 9. („Quevedo ist komplex und vielschichtig als Mensch und als Schriftsteller. Er erregt und überrascht durch seine Genialität genauso wie er durch seine Stürze in die Niederungen verstört“.) „Todo ello compone un mundo cerebral, rabiosamente literario [...] creado con una voluntad de estilo, que se impone a cada frase con huella inconfundible“. Juan Luis Alborg, Historia de la literatura española, 4 Bde., Madrid 1966–1980, II, S. 599. („All dies setzt eine literarisch wütende, verkopfte Welt zusammen, mit einem Willen zum Stil, der sich in jedem Satz auf unvergleichliche Weise aufdrängt“.)

[4]) Neben den satirischen Erzählungen ›Los sueños‹ und ›La hora de todos‹, dem Schelmenroman ›La vida del Buscón‹, den politischen Schriften ›España defendida‹, ›Grandes Anales de quinze días‹ und ›Política de Dios‹ sowie den „asketisch-metaphysischen“ Abhandlungen ›La cuna y la sepultura‹, ›Virtud militante‹ und ›Providencia de Dios‹ existiert eine Vielzahl weiterer (zumeist nicht ins Deutsche übertragener) Prosatexte in Form von Traktaten, Lobreden, Kommentaren, Hagiographien, Epitaphien, Zensuren, Vorworten, Editionen ebenso wie Übersetzungen, Gelehrtengesprächen und Briefen. Das hier nicht berücksichtigte dichterische Werk Quevedos ist ebenfalls äußerst vielschichtig und reicht von Übersetzungen griechisch-lateinischer Klassiker über die zeittypischen Formen des kurzen Gedichts (Madrigales, Quintillas, Redondillas, Romances, Letrillas, Jácaras) bis zu den erhabenen „metaphysischen Sonetten“, als deren Formbegründer der Autor gilt.

[5]) Luis Pacheco de Narváez (1635), Tribunal de la justa venganza, hrsg. von Victoriano Roncero, Pamplona 2008.

konstitution bahnt. Nachdem die literarische Prosa gegen Ende des 16. und zu Beginn des 17. Jahrhunderts in Spanien, vor allem mit dem ›Don Quijote‹ von Cervantes, damit begonnen hat, sich aus dem Korsett aristotelischer Regelgeleitetheit zu emanzipieren, steht die Literatur bei Quevedo vor der historischen Herausforderung, sich selbst – *ex nihilo* bzw. *ex machina* – durch die bloße Sprache als selbsttragende Alternative zur alten metaphysischen Verankerung zu konzipieren. Daher ist die Deutung des Werks mit dem Grundproblem konfrontiert, dass Quevedo die Sprache selbst als ein zugleich täuschendes und entlarvendes Ausdrucksmittel seiner Gedanken prinzipiell hinterfragt und mit ebenso viel Wut wie Ausdruckskraft derart in eine Klage gegen das gesellschaftliche Leben seiner als Endzeit empfundenen Epoche investiert, dass geradezu jeder Satz, ganz gleich in welchem thematischen Zusammenhang er steht, auf die fundamentale Schwierigkeit ambivalenter Bedeutung verweist.

Quevedo schreibt in der Epoche einer „deregulierten Hermeneutik",[6]) einem Zeitalter, in dem „die künstlich aufgebaute Wortwelt mit der Außenwelt nicht recht übereinstimmen will"[7]) und die klassischen Gesetze der Entsprechungen (*convenentia*, *aemulatio*, *analogia*, *sympathia*)[8]) aus den Fugen geraten sind. Aus der christlich orthodoxen Idee der „Signatur Gottes in allen Dingen" ist ein „wuchernder Kosmos von Ähnlichkeiten" geworden, in dem „jede erdenkliche Similarität als signifikant gelten kann".[9]) Von der scholastischen Hörigkeit gegenüber den antiken Regelwerken der Poetik befreit, ohne aber selbst bereits über neue Regelwerke zu verfügen, die in Spanien erst von Baltasar Gracían[10]) – im steten Rückgriff auf Quevedo und Luis de Góngora – und sodann den Neoklassizisten des 18. Jahrhunderts erstellt werden, experimentiert der verwegenste Schriftsteller des *Siglo de Oro* gleichsam vogelfrei auf den vorhandenen diskursiven Feldern mit den Möglichkeiten der Kreation eigener literarischer Gesetzmäßigkeiten. So erweist sich Quevedo aufgrund seiner herausgehobenen, extravaganten Stellung als prototypisches Beispiel für die Konstituierung eines modernen literarischen Subjekts. In der Epoche vor der systematischen Rekonstruktion der antiken Poetik als Disziplin der Humanwissenschaften

---

[6]) Joachim Küpper, Die entfesselte Signifikanz. Quevedos „Sueños", eine Satire auf den Diskurs der Spät-Renaissance, Egelsbach, Köln, New York 1992, S. 7.

[7]) Leo Spitzer, Zur Kunst Quevedos in seinem *Buscón*, in: Archivum Romanicum 11 (1927): S. 511–580, hier S. 531.

[8]) Michel Foucault, Les mots et les choses, Paris 1966, S. 32–38.

[9]) Küpper, Die entfesselte Signifikanz (zit. Anm. 6), S. 7–8.

[10]) Baltasar Gracián (1648), Agudeza y arte de ingenio, hrsg. von Evaristo Correa Calderón, 2 Bde., Madrid 1969. Zur Historiographie der spärlichen Regelwerke der Poetik im Spanien des 16. und frühen 17. Jahrhunderts – mit den Ausnahmen Arias Montano, Antonio Llull, Alfonso García Matamoros und Alonso López Pinciano – vgl. Antonio Martí, La preceptiva retórica española en el Siglo de Oro, Madrid 1972, S. 111–219.

ragen die Texte Quevedos als weitreichende Versuche einer Verselbständigung der immanenten Kraft des sprachlichen Ausdrucks heraus.

Quevedo ist ein Entdecker und Grenzgänger auf dem Weg zur diskursiven Autonomie der Literatur. So erklärt sich der Umstand, dass die metaphysische Kritik an der zeichenlogischen Unvereinbarkeit zwischen dem göttlichen Sein der Dinge und ihrem weltlichen Anschein durch die wütenden Rundumschläge des Autors gegen jegliche Form täuschender Bedeutungsübertragung immer wieder Gefahr läuft, in eine destruktive Haltung des Selbstwiderspruchs oder der sinnentleerten Lautmalerei umzuschlagen. Erschöpft sich jedoch die Wortkunst Quevedos, wie mit Bezug auf die satirische Prosa gesagt worden ist, in einer stilistischen Ästhetik des reinen „Sprachspiels“[11]) bzw. in der „ironisch vagabundierenden Paraphrase“?[12]) Oder ist die Literatur eine Form von „kosmischer Ironie“,[13]) welche der Dichter in Erwartung einer transzendenten Berichtigung ohne eigene Verantwortung imitierend darstellt?

Die Frage, wie Quevedo Literatur denkt bzw. seine eigene literarische Praxis theoretisch konzipiert, gehört zu den offenen Grundproblemen des spanischen *Siglo de Oro*. Da die (zumindest teilweise) literaturtheoretischen Texte des Autors – wie ›Cuento de cuentos‹, ›La culta latiniparla‹ oder ›Perinola‹ – über den satirischen Modus der Stilkritik nicht hinausreichen, lässt sich Quevedos literarische Philosophie nur indirekt über den Umweg der Textanalyse erfassen. Während sich der Philosoph Quevedo explizit an den Vorbildern des Stoizismus, des Epikureismus und des Skeptizismus orientiert, folgt der Literat der impliziten Grundlage einer Metaphysik des sprachlichen Ausdrucks, die auf den alten theoretischen „Streit zwischen der Philosophie und Dichtkunst“[14]) antwortet.

1. Quevedos Literaturtheorie. Selbstironie und Satire als Formen des literarischen Subjekts

Quevedos Sprache zeichnet sich in der Prosa wie in der Dichtung durch eine besondere Kunstfertigkeit aus, die seit Baltasar Gracián ‚Konzeptismus‘ genannt und in der Literaturwissenschaft des 20. Jahrhunderts dem von Quevedos

[11]) Ilse Nolting-Hauff, Vision, Satire und Pointe in Quevedos „Sueños“, München 1968, S. 66.

[12]) Eberhard Müller-Bochat, Meditación und Sueño: Terminologische Exponenten eines Wortfelds?, in: Textüberlieferung – Textedition – Textkommentar. Kolloquium zur Vorbereitung einer kritischen Ausgabe des „Sueño de la muerte“ von Quevedo, hrsg. von Ilse Nolting-Hauff, Tübingen 1993, S. 73–81, hier: S. 80.

[13]) Mirta Aurora González, La distorsión de la lógica y la polifonía en la prosa de Quevedo, New York u. a. 1993, S. 20.

[14]) Platon, Politeia 607b.

großem Widersacher Luis de Góngora vertretenen ‚Kulteranismus' gegenübergestellt wird.[15]) Während letzterer sich durch einen gelehrten, rätselhaften und intentional opaken Sprachstil voller Referenzen auf die klassische griechisch-lateinische Kultur auszeichnet, beruht der Konzeptismus Quevedos auf einer Philosophie des ‚Scharfsinns' (*agudeza*) bzw. des ‚Erfindungsgeists' (*ingenio*), in der eine vom antiken Ballast befreite, aktuelle Sprache der Zeit auf originelle Weise in den Dienst der Verhältnisse zwischen den Ideen gestellt wird.[16]) In diesem Streit der Positionen, der von den großen Kontrahenten des *Siglo de Oro* in aller Vehemenz ausgefochten wird,[17]) vertritt Quevedo die Position eines innerweltlichen Künstlers und Denkers der Sprache, der Klage gegen den „verwahrlosten Zustand" (*cizaña*) des Spanischen führt, für welchen Góngoras ‚Okkultismus' (*jerigonza*) ebenso symptomatisch sei wie das ‚einfältige Geplapper' (*taravilla*) des Pöbels. Quevedo fasst den Zustand der Sprache, die erst wenige Jahrzehnte zuvor, das Lateinische ablösend, in der Literatur zur Anwendung gekommen ist, theologisch und gesellschaftskritisch als ein Zeichen für den Gottesverlust der Menschen auf. Am deutlichsten formuliert er die daraus abgeleitete Forderung an den guten Stil eines zeitgenössischen Schriftstellers in seinem Vorwort zur Ausgabe der ›Poesías‹ von Fray Luis de León von 1631:

> En todas lenguas aquellos solos merecieron aclamación universal que dieron luz a lo oscuro, y facilidad a lo dificultoso; que oscurecer lo claro es borrar, y no escribir; y quien habla lo que otros no entienden, primero confiesa que no entiende lo que habla.[18])

---

[15]) Zu den stilistischen Eigenschaften von Konzeptismus und Kulteranismus sowie dem Streit zwischen Góngora und Quevedo s. v. a. Fernando Lázaro Carreter, Estilo barroco y personalidad creadora. Góngora, Quevedo, Lope de Vega, Madrid 1974; Andrée Collard, Nueva poesía. Conceptismo, culteranismo en la crítica española, Madrid 1967; Mauricio Molho, Semántica y poética: Góngora, Quevedo, Barcelona 1977 sowie María Pilar Celma Valero, Invectivas conceptistas: Góngora y Quevedo, in: Dies., Studia philologica salmanticensia 6 (1982), S. 33–66.

[16]) Dies entspricht der Konzeptdefinition von Gracián: „El concepto es un acto del entendimiento, que exprime la correspondencia que se halla entre los objetos". Gracián, Agudeza y arte de ingenio I, S. 55. („Ein Konzept ist ein Akt des Verstandes, der das Verhältnis zwischen den Dingen zum Ausdruck bringt.")

[17]) Góngoras von Quevedo vielfach angegriffenes Gedicht „Soledades" von 1613 ist Anlass für die satirische Schrift „Aguja de navegar cultos. Con la receta para hacer *Soledades* en un día" (OC II, S. 465–477). Quevedo schreibt eine ganze Reihe von dichterischen „Sátiras literarias" gegen Góngora, die von diesem mit gleicher Münze zurückbezahlt werden. Vgl. Quevedo, Obras completas II, S. 439–446. Zur zeitgenössischen Rezeption der "Soledades" s. Joaquín Roses Lozano, Una poética de la oscuridad: la recepción crítica de las „Soledades" en el siglo XVII, Madrid 1994.

[18]) Quevedo, „Preliminares literarios a las Poesías de Fray Luis de León", in: OC I, S. 123–161, hier S. 129. („In allen Sprachen haben allein die [Autoren] universellen Zuspruch verdient, die Licht in das Dunkel und Leichtigkeit in das Schwierige gebracht haben; denn das Deutliche zu verdunkeln, heißt ausradieren und nicht schreiben; und wer so spricht, dass andere ihn nicht verstehen, gibt zuerst zu, dass er nicht versteht, worüber er spricht.")

In der Zusammensetzung der – je nach Zählung fünf bis zehn – „literarisch-kritischen Texte“ (*obras crítico-literarias*)[19]) von Quevedo zeichnen sich die „Preliminares literarios“ auf besondere Weise aus. Denn das Lob auf den reinen Stil des Dichters Luis de León ist die einzige explizit theoretische Schrift Quevedos, die mit der Forderung nach sprachlicher Deutlichkeit als Bedingung für die Übertragbarkeit von Gedanken in Worte eine Leitlinie der Literaturphilosophie positiv beschreibt. Die Aufgabe der Sprache besteht darin, die Ideen, die in gedanklichen Konzepten verborgen liegen, offenzulegen, d. h. ‚verhandelbar‘ zu machen: „La locución esclarecida hace tratables los retiramientos de las ideas, y da luz a lo escondido y ciego de los conceptos.“[20]) Das Lob auf den rechtschaffenden – und 1576 inquisitorisch freigesprochenen – Augustiner Luis, dessen Modellhaftigkeit für die Dichter, Historiker und Theologen gleichermaßen auf der Tugend beruhe, die „Schätze der Wahrheit durch die Errungenschaften des Verstandes in die Erinnerung zu überführen“,[21]) ist zudem ein Ausdruck der Positionierung im Dichterstreit. Quevedo belegt sie, die *culteranistas* gleichsam mit den eigenen Waffen schlagend, mit einer Vielzahl von literarischen Referenzen aus der griechischen Antike und dem lateinischen Mittelalter.[22])

Den hochtrabenden Gelehrten, die ihre Gedanken in einem komplizierten Geflecht rhetorischer Verkünstelungen eher verschleiern als verständlich machen und sich dabei auf einen Satz des Aristoteles berufen, demzufolge der sprachliche Ausdruck „erhaben“ und „nicht banal“ zu sein habe, hält Quevedo mit Bezug auf die gleiche Stelle der in der ›Poetik‹ 1458a formulierten Stillehre des Aristoteles entgegen, dass die Erhabenheit des Ausdrucks zugleich „maß-

---

19) OC I, 1. Gemäß Alfonso Rey sind es fünf an der Zahl: *Premáticas del desengaño contra los poetas güeros*, *Cuento de cuentos*, *La culta latiniparla*, *Preliminares literarios a las Poesías de Fray Luis de León* und *Preliminares literarios a las Obras del Bachiller Francisco de la Torre*. Felicidad Buendía nennt diese Texte „discursos crítico-literarios“ (Quevedo, OC I, S. 351) und fasst darunter auch die folgenden: *Comento contra 73 estancias de Juan Ruiz de Alarcón*, *Respuesta al padre Juan de Pineda*, *Perinola al doctor Juan Pérez de Montalbán* und *Su espada por Santiago*. Hinzu kommt ein „Juicios, prólogos y elogios a libros ajenos“ genannter Ausschnitt aus dem ›Epistolario‹ (Quevedo, OC I, S. 459–479.

20) Quevedo, „Preliminares literarios“, in: OC I, S. 128–129. („Die erhellte Ausdrucksweise legt die Winkelzüge der Ideen offen und bringt Licht in das Verborgene und Blinde der Konzepte.“)

21) „Luis de Léon [...] dispuso tan apacibles a la memoria los tesoros de la verdad que con logro del entendimiento ocupa su recordación“. Quevedo, „Preliminares literarios“, in: OC I, S. 127–128.

22) Die Referenzen, die den Kanon der klassischen Poetik und Rhetorik beinahe vollständig abdecken, reichen von Pindar und Antiphanes (gemäß Athenaios), über Horaz, Vergil, Quintilian, Martial und Titus Petronius bis Enrique de Villena, Erasmus, Vicente Espinel, Boscán, Garcilaso de la Vega, Francisco de Figueroa, Alonso de Ercilla und Francisco de Aldana. Zu den diskursiven Positionen der rhetorischen Theorien, die im 17. Jahrhundert v. a. auf die Homiletik und die Gerichtsbarkeit beschränkt waren, vgl. Martí, La preceptiva retórica española (zit. Anm. 10).

voll" sein müsse, d. h. die Wiederholung des „Gewöhnlichen" ebenso zu vermeiden habe wie ein Abgleiten ins „Rätselhafte".[23]) An dieser Aristoteles-Stelle, die schon insofern mehr als das Detail einer Polemik zwischen Philologen darstellt, als der Autor, ähnlich wie der Humanist Juan Luis Vives,[24]) die kritische Überprüfung der antiken Rhetorik und Stillehre überhaupt für möglich erachtet, lässt sich der Ausgangspunkt der Literaturphilosophie Quevedos ausmachen, die letztlich auf die platonische Ideenlehre zurückführt. Die Sprache steht dann auf unmittelbare Weise im Dienst der wahren Verhältnisse zwischen den Ideen, wenn sie sich Uneigentliches – „variedad de lenguas, translación, extensión, y todo lo que es ajeno de lo propio"[25]) – zu eigen macht. Dies ist das Telos der Kunst: „El arte es acomodar la locución al sujeto".[26])

Das innovatorische Potential von Quevedos literaturtheoretischen Texten besteht darin, dass diese die „Literatur" (*letras*) als eine poietische „Kunst der Sprache" (*arte del lenguaje*) präsentieren. Zugleich laufen sie jedoch dem Prinzip eines Eigentlichkeit, Angemessenheit und Verständlichkeit beanspruchenden, subjektiven Zuschnitts der Sprache zuwider. Texte wie die ›Premáticas del desengaño contra los poetas güeros‹, die in leicht abgewandelter Fassung in den Schelmenroman ›El Buscón‹ eingebettet sind,[27]) ›La culta latiniparla‹ oder ›Aguja de navegar cultos‹ (als Teil der satirischen Erzählung ›Libro de todas las cosas y otras muchas más‹) folgen ebenso wie die personenbezogenen polemischen Kritiken ›Perinola al doctor Juan Pérez de Montalbán‹, ›Su espada por Santiago‹ (als Antwort auf Juan de Balboa de Mogrovejo) oder ›Comento contra setenta y tres estancias de don Juan Ruiz de Alarcón‹ eher dem Prinzip der Parodie bestehender Literatur als der seriösen Entwicklung eines Denkens literarischer Gesetzmäßigkeiten. Wie auch die Anordnung dieser Texte in der

---

23) Aristoteles, Poetik, 1458a.

24) Juan Luis Vives, De causis corruptarum artium (Brügge, 1531); De ratio dicendi (Brügge, 1532).

25) Quevedo, „Preliminares literarios", in: OC I, S. 132 („sprachliche Verschiedenheit, Übertragung, Verbreitung und alles was dem Eigenen fremd ist").

26) Quevedo, „Preliminares literarios", in: OC I, S. 143. („Die Kunst ist es, die Ausdrucksweise dem Gegenstand anzupassen".) Die Dialektik aus Klarheit und Eigentlichkeit bleibt v. a. in den Momenten, an denen die Kritik literarischer Texte in die Gattung der Eloge umschlägt, das positive *credo* der stilistischen Konzeption Quevedos. Dies lässt sich als konzeptuelle Konstante bis ins Spätwerk verfolgen. Siehe etwa das Vorwort zu ›Arte de ballestería y montería‹ von Alonso Martínez de Espinar aus dem Jahr 1644: „El estilo es descansado de afectación y demasías sobradas; las palabras propias y decentes, que significan lo que tratan con decoro y claridad". Quevedo, „Al que leyere este libro", in: OC I, S. 477–478, hier S. 478. („Der Stil ist frei von Affektiertheit und überflüssigem Ballast; die angemessenen und treffenden Worte bezeichnen ihre Gegenstände würdevoll und klar".)

27) Quevedo, „Premática del Desengaño contra los poetas güeros, chirles y hebenes", in: Historia de la vida del Buscón, llamado don Pablos, ejemplo de vagamundos y espejo de tacaños, OC II, S. 593–596.

aktuellen Ausgabe der ›Obras completas‹ zeigt,[28]) sind sie Teil eines allgemeinen Programms der „satirischen“ oder „burlesken“,[29]) also zugleich ernsthaften und spielerischen Anklage gesellschaftlicher Zustände, die in der Form einer möglichst aggressiven Ostentation zum Ausdruck kommt. So wie im Bereich der Moralphilosophie die Todsünden – Habgier, Hochmut, Wollust, Selbstsucht, Neid – in den „Premáticas“, „Memoriales“ und „Capitulaciones“ (OC II) auf überdeutliche, den sprachlichen Stil von Gesetzesverordnungen parodierende Weise vor Augen geführt werden, ist der Zustand der Sprache der spanischen Gesellschaft und Literatur Gegenstand einer denunziatorischen Zurschaustellung, die so verfährt, dass sie die inkriminierten Gegenstände für sich selbst sprechen lässt. Auf die Spitze getrieben wird diese Form der Anklage in der satirischen Erzählung ›Cuento de cuentos‹,[30]) die in narratologisch geradezu absurder Weise auf einer Akkumulation umgangssprachlicher Redewendungen beruht, welche einer wortspielerischen Dekonstruktion unterzogen werden, ohne dass der einfache Gegenstand der Erzählung, eine durch familiäre Sorge verzögerte Heirat, in einer besonderen Beziehung zur stilistischen Verfasstheit des Textes stünde.

Die literaturkritischen Werke sind von der Intention einer parodistischen Ostentation im Medium der Satire geprägt. Dieser Umstand wird von Quevedo durch die Notwendigkeit gerechtfertigt, auf eine Krisensituation der Sprache und des Denkens zu reagieren. Die stilistische Technik der sprachlichen Implementierung dieser Intention ist anhand der literarischen Texte ›Los sueños‹, ›La hora de todos‹ und ›El Buscón‹ untersucht worden.[31]) Eine der stilistischen Grundeigenschaften der literarischen Prosa Quevedos besteht in der Kombination von zwei bestimmten Formen des Sprachspiels (*juego de palabras*). Auf der einen Seite wirkt das reflektierende Prinzip eines „juego verbal“,[32]) das phone-

---

[28]) Die *Espada por Santiago* findet sich in der Anordnung von Alfonso Rey unter der Rubrik „Memoriales“ (in: OC VI, S. 167–275), die *Perinola* und der *Comento* sind hingegen für die „Apologías, invectivas y polémicas“ (in: OC VII) vorgesehen.

[29]) Alfonso Rey, „Introducción“, in: OC II, S. 1–63, hier S. 4. Gemäß Rey ist der Begriff ‚burlesk‘ (*burlesco*), den schon José Antonio Gonzáles de Salas in seiner Ausgabe der Werke Quevedos (El Parnaso español, Madrid 1648) als Gattungsbegriff für die Klassifikation der Prosatexte verwendet hat, in der Überlieferung der auch „satírico“, „festivo“ oder „jocoso“ genannten Werke der umfassendste. Im Kontext der deutschsprachigen Überlieferung erscheint der Begriff ‚satirisch‘ zutreffender.

[30]) OC I, S. 35–77.

[31]) Neben Spitzer, Zur Kunst Quevedos (zit. Anm. 7) und González, La distorsión de la lógica (zit. Anm. 13) seien auch die folgenden Studien genannt: Carreter, Estilo barroco y personalidad creadora (zit. Anm. 15), S. 77–97, Lía Schwartz, Metáfora y sátira en la obra de Quevedo, Madrid 1983 und Marcos Cánovas Méndez, Aproximación al estilo de Quevedo, Kassel 1996.

[32]) Schwartz, Metáfora y sátira (zit. Anm. 31), S. 22–27. Vgl. aber dies., El juego de palabras en la prosa satírica de Quevedo, in: Anuario de Letras 11 (1973), S. 149–175, hier: S. 150–215.

tische Ähnlichkeiten von Wörtern benutzt, um per Paronomasie Neologismen oder per Ellipse und Zeugma syntaktische Neuformationen zu schaffen, deren komisches Prinzip auf dem ebenso einfachen wie heiteren Witz der willkürlichen Verfasstheit der Sprache beruht. Auf der anderen Seite wirkt das transformatorische Prinzip eines „juego mental", das diese Verfasstheit der Sprache ausnutzt, um durch Metaphern, Metonymien und Synekdochen, die syntaktisch durch Antithesen, Chiasmen und Antimetabolen getragen werden, überraschende, eher ernste als spielerische Ideenassoziationen zu erzeugen. Im dialektischen Zusammenspiel ergeben diese Techniken den typischen, unnachahmlichen Stil des phantasiereichsten Autors des *Siglo de Oro*, dessen ironisch dekonstruierende Arbeit am Material der Sprache auch die eigene Zunft der Dichter nicht verschont.

So entsteht ein bemerkenswert kritisches, Cervantes' Vorwort zu den ›Novelas ejemplares‹ fortschreibendes (Selbst-)Bild des Dichters. Ein eindrückliches Beispiel hierfür sind die ›Premáticas del desengaño contra los poetas güeros, chirles y hebenes‹, in denen die Dichterschelte durch eine ironische Form der *Reductio ad absurdum* ins Werk gesetzt wird. Im Spiel mit dem Klischee der Armut und der entsprechenden Verwahrlosung, die an der Kleidung, der Gesichtsfarbe und den fehlenden Zähnen erkennbar ist, werden die Dichter in eine Reihe mit den unanständigsten ‚Berufen' der Gesellschaft gestellt (Prostituierte, Schauspieler, Ärzte, Blinde, Küster), da sie durch ständige Wiederholungen immer gleicher Verfahren nichts als „Leere"[33]) und eitle Nichtsnutzigkeit produzierten. Zwar erzeuge der bei lyrischen Dichtern verbreitete Vergleich einer Geliebten mit dem Gold der Sonne (*sol*) eine gewisse „Hitze" (*caniculares*) oder „Schwüle" (*bochornos*), weswegen den Dichtern ein Schreibverbot im Sommer auferlegt werden sollte, doch das zählbare Geld („los soles"), das sich aus dem „Herausschmelzen" der Verse ergäbe – „quem[ando] las coplas de los poetas, como franjas viejas, para sacar el oro y la plata que tienen" –, sei weniger wert als das beschriebene Papier, welches nicht einmal als Verpackungsmaterial für den Gewürzmarkt, sondern nur noch zur Benutzung in den Latrinen tauge: „los que por sus deméritos escaparen de las especerías vayan a las necesarias sin apelación". Es folgen absurd komische Verurteilungen der Dichter als Verbrecher, die für den Diebstahl der Moden (insbesondere aus Italien) mit sauberem Auftreten und gepflegter Kleidung bestraft werden, oder als falsche Christen, die ein Schäferdasein anstreben und dann das Fleisch ihrer Herdentiere verderben, da sie diese durch ihre entflammten Seelen versengen

---

[33]) Die gehobenen Epitheta „güeros", „chirles" und „hebenes" konnotieren allesamt den Begriff der „Leere".

und ihnen nichts als ihre Tränen zu trinken geben: „por lo cual andan los ganados flacos de beber sus lágrimas, chamuscados con sus ánimas encendidas". Diese Invektiven kulminieren in der Charakterisierung der Dichter als „Höllengewächse", die dadurch gerechtfertigt wird, dass die beschuldigten Künstler eben genau das tun, was der Text selbst tut, nämlich Wörter zu zerklüften und aus dem Sinnzusammenhang zu reißen: „[Los poetas son una] seta infernal de hombres condenados a perpetuo conceto, despedazadores del vocablo y volteadores de razones".[34])

Bei Quevedo stellt sich das Problem der ironischen Bedeutung nicht nur der metaliterarischen Aussagen auf grundsätzliche Weise. Das sprachspielerische Prinzip ist eine Konstante des literarischen Stils, dessen (auto-)dekonstruktives Moment auf die Seriosität der Aussageinstanz ebenso zurückwirkt wie auf die Konsistenz der Ideen und ihrer kommunikativen Vermittlung. Das ästhetische Fundament der Prosa, die gattungsgeschichtlich dem aristotelischen, für das spanische *Siglo de Oro* durch Horaz vermittelten Grundsatz der ‚angenehmen Nützlichkeit' (*utile dulce*)[35]) folgt, wird bei Quevedo mit dem Prinzip der Üppigkeit (*copiosidad*) verknüpft, die auf Erasmus' Theorie der Vermittlung durch Akkumulation und Variation von Worten und Ideen (*copia rerum et verbarum*) zurückgeht.[36]) Der Autor verfolgt das Ziel, einen Sachverhalt unter verschiedenen Perspektiven und im Einklang mit möglichst allen Eigenschaften und Aspekten vollständig darzulegen und dafür alle verfügbaren Ressourcen der Sprache zu nutzen. Hierbei stellt sich aus einer hermeneutischen Perspektive das Problem, inwieweit das Fundament aufgrund der offenkundigen Übertreibung des Prinzips der Üppigkeit zu einer gewissen Überfülle konsistent bleiben kann. Macht sich die Sprache als kommunizierende Gehilfin einer Art Jüngsten Gerichts der Redensarten – wie im ›Cuento de cuentos‹ – nicht selbst zur Komplizin des Scheins? Worin besteht die Kraft der Sprache jenseits der ostentativen Dekonstruktion von misslichen Zuständen, an denen sie selbst teilhat?

---

[34]) Quevedo, „Premáticas del Desengaño contra los poetas güeros", in: OC I, S. 11–16, passim, sowie ders., „Premática del Desengaño", in: OC II, S. 593–595. („[Die Dichter sind] wie Pilze aus dem Boden schießende Höllengewächse zum ewigen Konzept verurteilter Zerpflücker von Vokabeln und Verdrehern der Vernunft.")

[35]) „Omne tulit punctum, qui miscuit utile dulci." Horaz, Ars poetica, Vers 343.

[36]) Zur rhetorischen Dialektik der *copia rerum et verbarum* als Strategie einer „ars combinatoria" vgl. Francisco Rico, El sueño del humanismo. De Petrarca a Erasmo, Barcelona 2014, S. 110. Vgl. auch Terence Cave, The Cornucopian Text. Problems of Writing in the French Renaissance, Oxford 1979, S. 3–6.

2. *Zur Teleologie des Sprachspiels bei Quevedo. „Agudeza" und „ingenio" in* Grandes anales de quince días *und* Política de Dios.

Die Metaphernkunst Quevedos lässt sich als Ausdruck eines „epochalen politischen und religiösen Zwiespalts des Bewusstseins"[37]) begreifen oder auch, in Anlehnung an die antike und mittelalterliche Tradition des „Manierismus",[38]) als ein Drang des autonomen Sprachkünstlers zu besonderer Originalität.[39]) In beiden Fällen bleibt das konzeptuelle, für den religiösen Metaphysiker Quevedo durchaus akute Problem bestehen, dass das Prinzip des Sprachspiels selbst immer auch eine Frage nach der Autorität der Instanzen, die durch die Sprache an einer Kommunikation beteiligt sind, mit sich bringt. Durch Sprache lässt sich Autorität in Frage stellen.[40]) Dieser gesellschaftskritische Aspekt Quevedos impliziert den Anspruch auf eine grundlegende, in der aristokratischen Kultur der Zeit angelegte hermeneutische Kapazität der zeitgenössischen Leser, wobei die Verbreitung der zu Lebzeiten des Autors vielgelesenen Schriften darauf hinweist, dass die allegorischen Anspielungen auf zeithistorische Umstände von den Zeitgenossen erfolgreicher entschlüsselt werden konnten als heute.

Das aggressive Spiel mit der Sprache selbst birgt aber auch die Gefahr eines Angriffs auf die für Quevedo prinzipiell zu respektierende Autorität der göttlichen Letztinstanz, welche das Prinzip der Verständigung durch Sprache – mit dem Turmbau zu Babel – in die Hände der Menschen gelegt hat. Aus diesem Grund beruht das künstlerische Moment des innovativen Umgangs mit den bestehenden Formen der Sprache für den frühmodernen Autor, der die Regeln seines prosaischen Schreibens selbst erschaffen muss, auf einer Dialektik zwischen einer konstruktiven, sprachschöpferischen sowie einer destruktiven, sprachzerstörerischen Haltung bzw. (Sprach-)Handlung. Diese prinzipielle Dialektik lässt sich bis in die komplizierte Anordnung des heterogenen Gesamtwerks hinein nachverfolgen. Auch wenn für einige Texte der genaue Ent-

---

[37]) Werner von Koppenfels, „Nachwort", in: Francisco de Quevedo aus dem Turm, hrsg. von Werner von Koppenfels, Mainz 2003, S. 270.

[38]) Ernst Robert Curtius, Europäische Literatur und lateinisches Mittelalter, Tübingen, Basel 1993, S. 277–295.

[39]) „Quevedo experimenta un sentimiento puro de creador". Carreter, Estilo barroco y personalidad creadora (zit. Anm. 15), S. 97. („Quevedo lebt in dem Gefühl des reinen Künstlers".) Die künstlerische Originalität als Variation der Wiederholung lässt sich als eine grundlegende Intention der Werke Quevedos ausmachen: „[Quevedo quiere] mostrar su originalidad como poeta [...] capaz de descubrir posibilidades de renovación donde los demás se limitaban a repetir lo ya dicho". Alfonso Rey, Introducción, in: OC I, S. XXIX–XXXVII, hier S. XXIX. („[Quevedo möchte] seine Originalität als Dichter zeigen [...], seine Fähigkeit, dort Möglichkeiten der Erneuerung zu entdecken, wo die Übrigen sich damit begnügen, das schon Gesagte zu wiederholen".)

[40]) „El lenguaje se usa para subvertir la autoridad". González, La distorsión de la lógica (zit. Anm. 13), S. 1.

stehungszeitpunkt nicht mehr rekonstruiert werden kann, lässt sich eine grundlegende Zweiteilung des Werks ausmachen, gemäß der sich die aggressiven und satirischen mit den erhabenen und erbaulichen Schriften – sowohl in der Prosa als auch der Poesie – geradezu systematisch abwechseln. Letztere erscheinen so als eine Art Reue des Schriftstellers für den ironischen Umgang mit dem göttlichen Geschenk der Sprache.

Auf der Grundlage einer gefährlichen Dialektik stellt das Spiel mit der Sprache – als Kombination aus ‚juego verbal' und ‚juego mental' – das künstlerische Selbstverständnis eines gottesfürchtigen, aber sich ästhetisch als Demiurg konzipierenden Autors da. Gemäß den alten griechischen Begriffen ist der künstlerische Schaffensprozess der Dichtung (*poiesis*) auf das bloße Material (*hyle*) der Sprache beschränkt, welches zugleich der Gegenstand des Schaffens ist (*mimesis*). Dabei besteht das konzeptuelle Problem für den christlichen Neuplatoniker weniger in der aristotelischen Unterscheidung zwischen Wahrheit und Fiktion,[41]) – welche zur disziplinären Konkurrenz von Literatur und Geschichtsschreibung geführt hat –, sondern, auf einer grundlegenderen ontologischen Ebene, in der von Platon problematisierten Möglichkeit des Verhältnisses von Worten und Ideen überhaupt. Dieses Verhältnis folgt einem alten Paradoxon, das von der Philosophie nicht abschließend beantwortet worden ist und bis in die Fundamente des modernen Denkens hineinreicht: Partizipieren (*metechein*) die Worte und Sätze der Sprache an den Dingen und Sachverhalten, die sie zum Ausdruck bringen, oder ahmen sie nach? Aus der klassischen Sicht ergeben sich hier zwei Möglichkeiten, die in der Moderne (spätestens seit Wittgenstein) zu einem prinzipiellen Unterschied erhoben werden. Für den Sophisten Kratylos gilt im gleichnamigen platonischen Dialog, dass „jegliches Ding seine von Natur ihm zukommende richtige Benennung hat", sodass „alle Worte und Benennungen gleich richtig sind", woraus folgt, dass „wer die Wörter verstehe, [unmittelbar] auch die Dinge verstehe".[42]) Dagegen teilt der Philosoph Sokrates die Ansicht des Hermogenes, gemäß der es keine andere Richtigkeit der Worte gibt, „als die, die sich auf Vertrag und Übereinkunft gründet", woraus wiederum folgt, dass die Erkenntnis der Wahrheit „weder allein noch in vorzüglicher Weise durch die Wörter möglich" sei.[43])

Der künstlerische Prozess ist aus der Sicht eines platonisch denkenden Schriftstellers, der beide Positionen dialektisch aufheben möchte, ein Akt des

---

41) Zur phänomenologischen Unterscheidung zwischen den Funktionen von literarischer Prosa und Historiographie s. Aristoteles, Poetik, 1451a–b.

42) Platon, Kratylos, 383a, 429b, 435d.

43) Platon, Kratylos, 384d, 439b. Sokrates sucht den Kratylos zu widerlegen, indem er die „Natur" der Benennung als Handlung bestimmt und nachweist, dass es „Falschheit der

Vertrauens in die genuine Fähigkeit der Sprache, sich immanent aus ihren historischen Bedingungen selbst heraus zu entwickeln. Aus der Erschütterung der transzendenten Hierarchien folgt die Möglichkeit, als Autor und Subjekt an dieser Fähigkeit aus eigener Kraft zu partizipieren. Die Frage der Autorität, der Aussageinstanz und des Adressaten, die im Spiel mit den immanenten Potentialitäten der Sprache zu Objekten werden, erweist sich dabei stets als ein offenes Gefüge. Daher ist das Prinzip des Sprachspiels bei Quevedo auch nicht auf jene Texte beschränkt, deren satirische Intention evident ist, wie die literarischen Erzählungen und literaturkritischen Kurztraktate. Sprachspielerische Fundamente der Argumentation finden sich auch, wenngleich in geringerem Ausmaß, in den längeren und von Quevedo selbst als ‚seriös' betrachteten Texten, wie etwa dem politisch-historischen Traktat ›Grandes anales de quince días‹ und dem politisch-theologischen Essay ›Política de Dios‹.

In den ›Grandes anales‹, einer historiographischen, aber dennoch lebendigen, auf die Psychologie der handelnden Figuren ausgerichteten Darstellung der dramatischen Übergangszeit nach dem Tod Philipps III., welche Quevedo auch als Empfehlung an den starken Mann der Regierung, den Conde-Duque de Olivares, zu nutzen gedenkt, beruht die sprachspielerische *agudeza* auf der stilistischen Implementierung eines Gegensatzes zwischen zwei Welten: der Welt des verstorbenen Königs Philipp III., dem der Autor aufrichtig nachtrauert, sowie der Welt des neu inthronisierten Königs Philipp IV., dessen Bruch mit dem Vorgänger als Kontinuität dargestellt werden muss. „Cum ira et studio"[44]) und im gelehrten Rückgriff auf Tacitus und dessen Buch über die beginnende Herrschaft des Tiberius nach dem Tod des Augustus (›Annales‹ I, „Ab excessu divi Augusti"), positioniert Quevedo seinen Erzähler im diskursiven

---

Rede" geben müsse, wenn die Sprache die Gegenstände repräsentierte. An dem entscheidenden Punkt seiner Kritik allerdings, an dem der stets siegreiche Sokrates ausführt, dass es, wenn das Wort „die Nachahmung des Wesens einer benannten Sache durch Buchstaben und Silben" wäre (423e), doch ein für den guten Gesetzgeber erkennbares Wissen über die Grenzen der Ähnlichkeit zwischen den Buchstaben und den Klängen der durch Worte bezeichneten Dinge geben müsse, kann er weder sich noch seine Gesprächspartner von der vermuteten Willkür des Bezugs der Worte zu ihren Gegenständen überzeugen. Im analytischen Durchgang durch die Klanglichkeit der Buchstaben des griechischen Alphabets zeigt sich der weiseste der griechischen Philosophen selbst überrascht und fasziniert vom Spektrum der sinnlichen Assoziationen zwischen den Tönen und den Bedeutungen, die insbesondere den Etymologien der Götter- und Heroennamen eigen sind. Am Ende muss Sokrates dem Kratylos zugestehen, dass die Kunst der Sprache im Ursprung eine göttliche ist, an deren Richtigkeit der vernünftige Mensch nur glauben kann, um „sich und seine Seele den Wörtern in Pflege hinzugeben [...] im Vertrauen auf sie und die, welche sie eingeführt haben" (440c). Vgl. Gernot Kamecke, Poetologie der Namen. Zur Metaphysik der Onomastik bei Proust und Mallarmé, in: Namen. Benennung, Verehrung, Wirkung (1850–1930), hrsg. von Tatjana Petzer u. a., Berlin 2009, S. 51–75, hier: S. 69–70.

44) Rey, Introducción, in: OC III, S. XIII–LXIV, hier: S. XXXVIII.

Spannungsfeld von Herrscherlob, Gesellschaftskritik und beobachtender zeitgeschichtlicher Historiographie so, dass die fehlende Auflösung der widersprüchlichen Positionen – Preis und Kritik der zu Ende gegangenen Epoche sowie Ausdruck der Hoffnung und Warnung mit Bezug auf die nun angebrochene Zeit – durch ein kontinuierliches Wortspiel mit den Bedeutungen des Begriffs ‚Herrschaft' („reino", „rey", „reinar") gestützt wird.[45]) Philipp III., zu früh aus dem Leben geschieden, um in Anbetracht der ökonomischen Situation des Königreichs anders in Erinnerung zu bleiben als durch seine Frömmigkeit und „ein Übermaß an Güte",[46]) erweist sich hier, syntaktisch auf den Chiasmus konzentriert, als ein Monarch, „der aufhörte König zu sein, bevor er angefangen hatte zu herrschen". Philipp IV., im Jugendalter auf den Thron gekommen und der besonderen Gefahr jedes Königs, von schlechten Beratern beeinflusst zu werden, in verschärfter Weise ausgesetzt, bildet sodann den Gegenpart „des anderen, der König wurde, bevor er anfing zu regieren".[47])

Ohne die Institution der Monarchie direkt anzugreifen, was einer selbstgefährdenden Handlung des Schriftstellers gleichkäme, vollzieht das Wortspiel der ‚zwei Reiche des Königs', das in vielfältigen Varianten den gesamten Text durchzieht, diese kritische Funktion auf indirekte Weise. Das für die Epoche unwiderlegbare Argument der Existenz eines göttlichen Herrschers, der jedem menschlichen Herrscher zwangsläufig überlegen ist, dient im Medium einer (katholisch aufrichtigen) Herrschermahnung als diskursiver Stützpunkt und ideologischer Puffer für das subversive Potential einer impliziten Kritik, die sich gleichsam aus stilistischen Gründen – als Exposition von Beispielen zur Erhärtung des Vergleichs zwischen dem Mangel des Diesseits und dem Ideal des Jenseits – wie von selbst fortschreibt. Auf diese Weise partizipieren die ›Grandes

---

[45]) Im 17. Jahrhundert bezeichnet der Begriff ‚reino' die politische Herrschaft des Königs (das ‚Königreich') ebenso wie die ethische Fähigkeit der ‚Selbstbeherrschung' einer Person. Der Doppelsinn kann im Wortspiel sodann zum Ausdruck einer (womöglich fehlenden) persönlichen Eignung des als Mensch betrachteten Königs für sein heiliges, göttlich sanktioniertes Amt werden.

[46]) „[Los cortesanos son] adestrados de la compasión de ver saqueada tanta majestad de la muerte tan impensadamente, sin haberle permitido tiempo de vengarse de su demasiada bondad". Quevedo, Grandes anales de quince días. Historia de muchos siglos que pasaron en un mes, in: OC III, S. 57–115, hier S. 65. („Der Hof ist bewegt vom Mitgefühl, soviel Majestät auf solch unverhoffte Weise vom Tod dahingerafft zu sehen, ohne dass ihr Zeit geblieben wäre, sich für das Übermaß ihrer Güte zu rächen".)

[47]) „Yo escribo en el fin de una vida y en el principio de otra; de un monarca que acabó de ser rey antes de empezar a reinar y de otro que empezó a reinar antes de ser rey" (OC III, S. 59). Die durch das Wortspiel verklausulierte Härte des Urteils gegenüber dem Älteren wird sodann durch die stoische Prämisse des dem Tod geweihten Lebens eingefangen, die ebenfalls durch einen ironischen, die Position dialektisch neutralisierenden Chiasmus zum Ausdruck kommt: „Y es cierto que vivió una muerte y que murió una vida" (OC III, S. 65). („Und es ist gewiss, dass er [der König] einen Tod lebte und ein Leben starb.")

anales‹ als seriöse historiographische Prosa an der experimentellen Entwicklung auch des literarischen Selbstverständnisses, welches die ideologischen und institutionellen Grenzen einer autonom konzipierten Sprache auslotet.

Die Hierarchie zwischen der unendlichen, perfekten Herrschaft Gottes im Himmelreich und der endlichen, notwendig imperfekten Herrschaft eines Königs im irdischen Reich ist auch Gegenstand der politischen Theologie in ›Política de Dios‹. In diesem außergewöhnlichen, heute nur noch schwer verständlichen und als „silva de varia lección"[48]) missverstandenen Text, der gattungstypologisch aus einer Mischung aus Predigt, Bittschrift und politischem Traktat („sermón, memorial y tratado")[49]) besteht, entwirft Quevedo den ebenso originellen wie gewagten Versuch eines ‚kritischen Fürstenspiegels', der die zeitgenössischen Konflikte am Hof Philipps IV. der 1620er Jahre mit biblischen Geschichten kontrastiert. In ausführlichen Kommentaren zum Alten und Neuen Testament, welche die prinzipiell uneinholbaren Modelle irdischer Regierungskunst und Staatsräson darstellen, werden eine Vielzahl von politischen Maßnahmen der spanischen Regierung mit Blick auf ihre Übereinstimmung mit dem Geist Gottes und den Handlungen Jesu analysiert. Vor allem das Thema des Nepotismus und die schlechten Berater des Königs, welche den Vergleich mit den 12 Aposteln stets scheuen müssen, liegen dem als Anhänger Philipps III. zurückgewiesenen Höfling Quevedo am Herzen. Das zentrale Argument des durch das Telos einer christlichen „educación de Principes"[50]) getarnten Vergleichs zwischen der Allmacht Gottes und der begrenzten Kraft des Königs beruht hier, wie in den ›Grandes anales‹, auf dem Wortspiel mit den – syntaktisch durch Chiasmen verbundenen – Bedeutungen des Begriffs der ‚Herrschaft': „Nadie supo ser Rey cabal, sin ser por otra, y otras partes Reyno [...] La descendencia, y origen de los Reyes en el pueblo de Dios, ni fue noble, ni legítima: pues tuvo por principio el cansarse de la Magestad eterna, y de su igualdad, y justicia".[51])

---

[48]) Raimundo Lida, Prosas de Quevedo, Barcelona 1981, S. 178.

[49]) Carmen Peraita, La oreja, lengua, voz, el grito y las alegorías del acceso al rey: elocuencia sacra y afectos políticos en *Política de Dios* de Quevedo, in: La Perinola 5 (2001), S. 185–205, hier: S.185.

[50]) Lorenzo van der Hamen, Aprobación, in: Quevedo, Política de Dios. Gobierno de Christo, hrsg. von James O. Crosby, Madrid 1966, S. 31–36, hier: S. 31.

[51]) Quevedo, Política de Dios, S. 50, 149. („Niemand war auf rechte Weise König, ohne vom anderen Königreich bestimmt zu sein [...] Die Abstammung der Könige im Volk Gottes war weder edel noch legitim, denn ihr Ursprung beruht auf der Muße des ewigen Königs und seiner Gleichheit und Gerechtigkeit.") Zum Wortspielcharakter als Grundlage für die diskursive Verschmelzung zwischen den Konzepten des zeitgenössischen „arte del buen gobierno" vgl. Carmen Peraita, La copia erasmiana y la construcción retórica de la *Política de Dios*, in: La Perinola 3 (1999), S. 209–224, hier S. 215–217.

Die theologische Autorität, die Quevedo über die biblische Referenz und die Inspiration der Schrift durch das (wie in einer Predigt) gesprochene Wort Gottes in den moralisch-politischen Angelegenheiten des Staates erreicht, bietet hier – im Gegensatz zu den ›Anales‹ – zugleich Gelegenheit zur Äußerung eigener, durchaus radikaler politischer Ideen, welche auf einer franziskanischen, urkommunistischen Verteidigung der Armut beruhen: „Pobres vende quien enriquece".[52]) Das literarische Moment der ›Política de Dios‹ erweist sich wiederum darin, dass die Beurteilung der politischen Situation im Kern nicht von der Idee abhängt, sondern vom Ertrag der künstlerischen Ausnutzung rhetorischer und stilistischer Sprachpotentiale, wobei die transzendentale Reichweite des Spiels mit den Bedeutungen in der Dialektik zwischen dem Heiligen und dem Profanen aufgehoben ist. Daher darf es nicht wundern, dass das gleiche Wortspiel auch im burlesken Kontext der ›Premáticas‹ Platz finden kann: „*Item*, declaramos y desengañamos a todos los reyes y señores deste mundo que no piensen ser ellos los mayores de todos, porque éste sólo lo es el calor, delante de quien están ellos mismos y todos descubiertos".[53])

Grundsätzlich lässt sich für die Texte Quevedos festhalten, dass jede Idee und jeder noch so geringfügige Gegenstand in den spannungsvollen Gegensatz zwischen dem Diesseits und dem Jenseits der Sprache eingebettet werden kann: „Puso Dios virtud en las hierbas y piedras y palabras".[54]) Auf der einen Seite wird die Sprache als eine immanente, historische Kraft gefasst, die aus sich selbst, d. h. ihrer lexikalisch-phonetischen Verfasstheit und ihrer literarisch-

---

[52]) Quevedo, Política de Dios, S. 60. („Arme verkauft, wer Reichtum anhäuft".) „Solo es buen ministro, quien derechamente mira a los necessitados. Quien dà al poderoso, compra y no dà". Ebenda, S. 97. („Allein jener ist ein guter Minister, der auf rechte Weise nach den Bedürftigen schaut. Wer den Mächtigen gibt, gibt nicht, sondern kauft.") Die Armensorge im Kontext der Geldkritik ist eine Konstante in Quevedos Werk, das 1605 mit der berühmten Letrilla „Poderoso caballero es don Dinero" in den ›Flores de poetas ilustres‹ von Pedro Espinosa einsetzt.

[53]) Quevedo, Premática del Tiempo, in: OC II, S. 85–107, hier S. 92. („Desgleichen erklären wir, und ernüchtern alle Könige und Herren dieser Welt, dass sie nicht denken dürfen, sie seien die Mächtigsten, denn die Mächtigste ist die Hitze, vor der auch die Granden ihren Hut ziehen müssen".) Einen Sonderfall der seriösen, aber dennoch auf dem Fundament sprachspielerischer *agudeza* aufgebauten Traktate stellt im Übrigen die ökonomische Abhandlung *El chitón de las tarabillas* (OC III, S. 193–247) dar, ein Auftragswerk zur Verteidigung der von der Regierung beschlossenen Abwertung der Kupferwährung (*vellón*), welches die wortspielerische Variation der Isotopien des ‚Werts' und der ‚Zahlung' – insbesondere das Spiel mit dem Begriff „cuarto" (als Bezeichnung für die kurrente Münze ebenso wie den König Philipp den „Vierten") – so weit treibt, dass die eigentliche Intention der in Kritik umschlagenden Huldigung kaum mehr erkennbar ist. Vgl. Jauralde Pou, La Prosa de Quevedo: *El chitón de las tarabillas*, in: Edad de Oro 3 (1984), S. 97–122.

[54]) Quevedo, Sueños y discursos („Sueño del infierno"), in: OC I, S. 308. („Also gab Gott [...] den Pflanzen, Steinen und Worten wirkende Kraft". Quevedo, Die Träume. Die Fortuna mit Hirn oder die Stunde aller. Übers. von Wilhelm Muster, Frankfurt/M. 1966, S. 70.

mythologischen Tradition schöpft. Auf der anderen Seite wird das prinzipielle Verhältnis der Sprache zu den Ideen, die sie zum Ausdruck bringt, Gott überantwortet, der als Möglichkeitsgarant für das transzendente Ideal der Bezeichnung (als absoluter Teilhabe) fungiert. Somit gilt einerseits, dass sich die Worte und Sätze, so laut und aggressiv sie auch herausgerufen werden, den Sachverhalten nur annähern können. Andererseits resultiert aus dem konzeptuellen Entwurf, die Materialität der Sprache im Kontext ihrer irdischen Gesetze als eine Komplizin des Scheins im Diesseits der Wahrheit herauszustellen, auch die Möglichkeit, sich über das prinzipielle Missverhältnis künstlerisch hinwegzusetzen. Insofern gehören die konzentrierten Überraschungsangriffe gegen den Sprachverfall, der in den Automatismen des Volks und der Schönrede der Dichter diagnostiziert wird, zum natürlichen Repertoire einer Kritik, die auf das teleologische Prinzip der Perfektibilität vertraut.

Für Quevedo, in dessen Zeitalter die heitere Unschuld der karnevalesken ‚verkehrten Welt' eines Rabelais für immer verloren ist,[55]) wird die Ironie zum Inbegriff einer grundlegenden Dialektik des literarischen Schaffensprozesses. Das Sprachspiel dient als immanente, aus sich selbst schöpfende und zugleich transzendental orientierte Kraft dem Angriff, der Bloßstellung und der schöpferischen Bewahrung eines Mediums, in dem die Täuschung (*engaño*) im selben Zug auch Aufdeckung (*desengaño*) ist. Daher existiert in den weiten Niederungen der Natürlichkeit auch kein noch so unschuldiges Thema, das mit Hilfe der Sprache nicht (annähernd) transzendental erfassbar wäre, und sei es, an den versteckten Enden menschlicher Körperlichkeit, „die Freuden und Leiden des Arschäugleins".[56]) Obgleich das Lachen in der katholischen Auslegung des Alten Testaments mit Argwohn betrachtet wird,[57]) ist es für Quevedos Empfindung der verlassenen Welt, wie im späten Traktat ›La constancia y paciencia del Santo Job‹ dargelegt wird, selbst im Umgang mit den Angelegenheiten Gottes möglich und erlaubt.[58]) Allerdings gilt zugleich, dass sich der kritisch-dekonstruktive Aspekt der ironischen Sprachhandlung, der in eine Philosophie der stoischen Erduldung eigener Fehlbarkeit eingebettet ist, prinzipiell auch gegen die eigene kreative Handlung richten kann.

---

[55]) „Statt einer verkehrten wird [bei Quevedo] eine heillos in sich zerrüttete Welt sichtbar". Bernhard Teuber, Sprache, Körper, Traum. Zur karnevalesken Tradition in der romanischen Literatur aus früher Neuzeit, Tübingen 1989, S. 193.

[56]) Quevedo, Gracias y desgracias del ojo del culo, in: OC II, S. 503–525. (Quevedo, Arschäugleins Freuden und Leiden, übers. von Jürgen Buchman, Leipzig 2010.)

[57]) „Über das Lachen sagte ich: Wie verblendet! über die Freude: Was bringt sie schon ein?" Prediger 2, 2.

[58]) Vgl. Valentina Nider, ‚Reírse de', ‚reírse con': burla y risa de Dios en *La constancia y paciencia del Santo Job* de Quevedo, in: La Perinola 5 (2001), S. 209–223, hier: S. 217–220.

An selbstironischen Invektiven mangelt es dem Werk Quevedos im Übrigen ebenso wenig wie an gewalttätigen Momenten der Satire gegenüber fremden Personen, Berufen oder Ständen. Der Spott über sich selbst, als Teil der inkriminierten Kaste der Dichter, kann die Form ironischer Charakterisierungen der eigenen Werke annehmen, wie etwa in der Widmung „A los de la guarda" in den ›Cartas del Caballero de la Tenaza‹: „Ofrezco firmemente de no dar ni prestar ni prometer por palabra, obra ni pensamiento".[59]) Ebenso finden sich scherzhafte Pseudonyme, wie etwa „Juan Lamas, el del camisón cagado",[60]) oder auch Wortspiele mit dem Klang des Autornamens, welcher die Form „des Bösen" annehmen kann, das etwas „verhindert hat" („el mal que vedó").[61]) Aufgespannt zwischen Gott und der Welt als den äußeren Punkten der hermeneutischen Dialektik, in deren Bezeichnungsgefüge sich der Ort des Autors als Subjekt einer autonomen Sprachhandlung konturiert, kommen durch die ironische Übertreibung der Eigencharakterisierung jedoch auch seriöse Momente einer stoizistisch-skeptizistischen Selbstreflexion zum Ausdruck:

Don Francisco de Quevedo, hijo de sus obras, padrastro de las ajenas; hombre de bien, nacido para mal; hijo de algo, señor de nada; [...] hombre dado al mundo, prestado al diablo y encomendado a la carne; ha tenido y tiene, así en la corte como fuera de ella, muy grandes cargos de conciencia [...].[62])

Als kritisches Gewissen seiner Zeit konzipiert, unterlegt der Autor sein Schaffen dem Grundsatz der Perfektibilität. Die fortwährenden Versuche der Selbstverbesserung, die im Subtext der Satire über die Dichter den humoristischen Stoizismus eines souveränen Künstlers als Gegenpol zum radikalen Skeptizismus eines Francisco Sánchez[63]) zum Ausdruck bringen, spiegeln sich auch auf der Ebene der vielen (von außen erzwungenen oder aus eigener Überlegung

---

59) Quevedo, Cartas del Caballero de la Tenaza, donde se hallan muchos y saludables consejos para guardar la mosca y gastar la prosa, in: OC II, S. 223–246, hier S. 226. „Hiermit versichere ich unwiderruflich, dass ich weder ein Werk noch einen Gedanken zum Besten geben, verleihen oder auch nur mit Worten versprechen werde."

60) Quevedo, Gracias y desgracias del ojo del culo, in: OC II, S. 503. („Hans Weichei, Kavalier vom beschissenen Hemd". Quevedo, Arschäugleins Freuden und Leiden (zit. Anm. 56), S. 5.)

61) „Aunque el bien ha deseado / y el mal desterrar procura, / es ya tal su desventura / que el mal Que-vedó ha quedado." Quevedo, De doña Raimunda Matilde (*Décima*), in: Sueños y discursos, OC I, S. 199.

62) Quevedo, Carta a la rectora del Colegio de las Vírgenes, in: OC II, S. 285–298, hier S. 287. („Don Francisco de Quevedo, Kind der eigenen Werke und Schwiegervater der fremden, Edelmann und Mensch, zum Bösen geboren, Kind von jemandem, Herr über nichts, [...] der Welt gegeben, dem Teufel verliehen und dem Fleisch verfallen, trug und trägt am Hof und außerhalb sehr große Bürden des Gewissens".)

63) Francisco Sanches, Quod nihil scitur. De multum nobili et prima universali scientia, Lyon 1580.

erfolgenden) Textkorrekturen wieder, wie insbesondere die Editionsgeschichte der ›Sueños y discursos‹ zeigt.[64])

3. Todesvisionen des literarischen Subjekts. Die Frage des Körpers in den Träumen vom Jüngsten Gericht (›Sueños y discursos‹)

Die dialektische, autokonstitutive Funktion, die das Sprachspiel in der theologisch verankerten, politisch engagierten und ästhetisch experimentellen Kunst Quevedos mit Blick auf die Formation eines souveränen literarischen Subjekts einnimmt, lässt sich anhand der (Re-)Figurationen des Körpers in den satirischen Todesvisionen der ›Sueños y discursos‹ eindrücklich darlegen. Mit dieser besonderen Gattung beschäftigt sich Quevedo, rechnet man die Erzählung ›La hora de todos‹ von 1635 hinzu, über einen Zeitraum von ca. 30 Jahren, in denen er die einzelnen Texte zu den verschiedenen Wendepunkten seiner Karriere als zunehmend berüchtigter Autor des Hofes immer wieder neu fasst, korrigiert und erweitert. Die Form dieser satirischen Prosaliteratur, die in der Literaturwissenschaft weit häufiger untersucht worden ist als jene der asketisch-metaphysischen Schriften, beruht auf einer besonderen Mischung aus Traumerzählung und Jenseitswanderung. Sie führt die biblische Apokalypse, das Buch Hiob und die Weltuntergangspredigt des Hippolyt mit Vergil, Boethius, Dante auf der einen Seite sowie Juvenal, Menippos von Gadara, Lukian von Samosata und Erasmus von Rotterdam auf der anderen zu einer absolut originellen Textgattung der „moralsatirischen Schilderung des Jüngsten Gerichts“[65]) zusammen. Einige Elemente dieser Komposition möchte ich im Folgenden wiederaufnehmen und anhand der Frage der Synästhesie zuspitzen, in der sowohl die Problematik als auch die zukunftsweisende Radikalität der literarischen Subjektformation bei Quevedo deutlich werden.

Der berühmte erste Traum, *El sueño del Juicio final*, setzt *in medias res* mit dem Stoß der „letzten Posaune“ ein, durch welche laut der Offenbarung des Johannes das Jüngste Gericht einberufen wird. Damit spielt er zugleich auf das visuelle Register der Endzeitdarstellungen von Hieronymus Bosch über Michelangelo bis Francisco Pacheco an: „Pareciome, [...] que veía un mancebo que

---

[64]) Allein vom *Sueño del Juicio final* existieren 13 verschiedene Manuskripte aus der Zeit von 1605 bis 1625. Vgl. James O. Crosby, La tradición manuscrita de los „Sueños“ de Quevedo y la primera edición, West Lafayette 2005, S. 14–16.

[65]) Nolting-Hauff, Vision, Satire und Pointe (zit. Anm. 11), S.14. Die besondere Spannung der ›Sueños‹ besteht in der Unverhältnismäßigkeit zwischen dem seriösen Gegenstand eines biblischen Stoffs und dessen ironischer Verarbeitung. Siehe auch Jürgen Brummack, Zu Begriff und Theorie der Satire, in: Deutsche Vierteljahresschrift für Literaturwissenschaft und Geistesgeschichte 45 (1971): S. 275–377, hier: S. 295.

discurriendo por el aire daba voz de su aliento a una trompeta, afeando con su fuerza en parte su hermosura".[66]) In dieser pittoresk imaginierten Umgebung löst der Ton, in Kombination mit dem göttlichen Odem, durch den er ausgestoßen wird, eine Art kinematographische Bewegung aus, die den heutigen Leser weniger an die Bibel, als an den modernen Zombie-Film erinnert. Die Erde beginnt zu beben und aus allen Löchern quellen Knochen hervor, die sich als Teile menschlicher Skelette erweisen und sich mit großer Geschwindigkeit zu solchen zusammenzusetzen suchen. In kürzester Zeit, die „wie im Traum" vergeht, entstehen Kompositionen aus Totenresten, die sich in Figuren menschlicher Körper inkl. erkennbarer Ständeattribute transformieren. Die Tatsache, dass die vielen Knochen sich so geschwind zu ihresgleichen fügen, ohne irrtümlich in den Gebeinen des Nachbarn aufzugehen, fordert dem träumenden Ich-Erzähler, der von der Spitze eines „Abhangs" (*cuesta*) gute Sicht auf das massenhafte Treiben hat, Respekt für die Kraft der Vorsehung ab.[67])

Zugleich wird die Vorsehung durch einige Irrtümer der Rekomposition konterkariert: Dem einen fehlt ein Arm, dem anderen ein Auge, auf einem Kirchhof werden zwei Köpfe vertauscht, einem Schreiber scheint die Seele nicht zu passen und einige Kaufleute, in der gewitzten Intention, die Richter zu täuschen, hatten „sich die Seelen verkehrt angezogen", so dass ihnen „die fünf Sinne an den Nägeln der rechten Hand brannten".[68]) Auch die Verwendung von Begriffen wie „mischen" (*barajar*), „Anzahl" (*cuenta*) oder „Augen" (*puntos*), welche die Isotopie des Kartenspiels mit aufrufen, deuten darauf hin, dass die Vorsehung, die in der Verwandlung der Toten menschliche Fehler zulässt, ihrerseits durch die Ironie angegriffen wird.

Der dramatische Effekt des bewegten Gesamt-Tableaus wird durch die burleske Komik der Details getragen. Der Beobachter, dem das Lachen im Halse stecken bleibt – „riérame si no me lastimara"[69]) –, folgt den Scharen der Verdammten durch eine Landschaft, die durch einen Hügel, ein Tal (Josaphat), ein Flussufer und einen Friedhof fragmentarisch greifbar wird, bis zum eigentlichen Ort des Gerichts. Dieser Ort, zu dem alle Figuren von unsichtbarer

---

[66]) Quevedo, Sueños y discursos („Sueño de Juicio final"), in: OC I, S. 212. („Es schien mir also, als sähe ich einen Jüngling durch die Lüfte stürmen, der stieß so gewaltig in eine Posaune, dass sein schönes Gesicht dadurch fast entstellt wurde". Quevedo, Die Träume (zit. Anm. 54), S. 14.)

[67]) „Admirome la providencia de Dios en que, estando barajados unos con otros, nadie por yerro de cuenta se ponía las piernas ni los miembros de los vecinos" (OC I, S. 213). („Ich staunte über die Vorsehung, dass keiner irrte und sich Bein oder Glied der Nachbarn ansetzte, obwohl die einen mit den anderen vermischt lagen". Quevedo, Die Träume (zit. Anm. 54), S. 14.)

[68]) Quevedo, Die Träume (zit. Anm. 54), S. 15. („[...] habían calzado las almas al revés y tenían todos los cinco sentidos en las uñas de la mano derecha". OC I, S. 214.)

[69]) OC I, S. 214.

Hand hingezogen werden, ist im *Sueño del Juicio final* plastischer beschrieben als die vagen, auf diese Urszene nur anspielenden Räume, an denen die vergleichbaren Urteilsszenen der übrigen ›Sueños‹ stattfinden. Zugleich erscheint er auf seltsame Art entrückt. In der Mitte thront Gott, mit sich selbst bekleidet – „vestido de sí mismo".[70]) Zu seiner Rechten stehen Sessel, in denen die Apostel und die Päpste sitzen, zur Linken müssen die Henker, Juden und Philosophen stehen. Hinter dem Thron schmücken das Wunder und die Allmacht als allegorische Präsenzen den Raum. Um sie herum befleißigen sich Prokuratoren, Kirchendiener, Schreiber sowie eine große Menge von Engeln und Teufeln, die in Prozessakten blättern oder die zu verurteilenden Massen zu einer von den Zehn Geboten bewachten „Pforte" (*puerta*) heranführen, welche in Anspielung auf das Matthäusevangelium als so „eng" beschrieben wird, dass es nicht einmal den Frommen, die durch das Fasten bis auf die Knochen abgemagert sind, gelingt, durch den Spalt hindurchzukommen, ohne an der Schwelle etwas von ihrem Fleisch zu lassen.[71]) An diesem Ort findet das Schauspiel der Verdammnis statt, in der sehr wenige Erwählte einer grotesk überzeichneten Anzahl von Vielen gegenüberstehen, die in ein brennendes und kreischendes „Unten" geworfen werden.

In willkürlicher Ordnung, die an die Technik der Episoden-Reihung aus der mittelalterlichen Visionsdichtung angelehnt ist, erhalten ihren fälligen Schuldspruch: Schankwirte, Schneider, Schuster und Barbiere; Verleger und Buchhändler; Ärzte, Apotheker und Pastetenbäcker; Advokaten, Prokuristen und Gerichtsschreiber; Kaufleute und Geldverleiher; Räuber und Manteldiebe; Vagabunden, falsche Ehrenleute, Kupplerinnen und Huren; Astrologen, Alchimisten und Philosophen; schließlich die Künstlerkollegen, Dichter, Musiker und Schauspieler. Die meisten Verurteilten treten als Repräsentanten eines bestimmten Standes auf, denen ein sprichwörtliches Vorurteil, das in die mittelalterliche Folklore zurückverfolgt werden kann,[72]) zum Verhängnis wird. Andere fügen sich aufgrund ihrer Stellung im Sündenkatalog zu bestimmten Gruppen zusammen, so etwa Geizige, Scheinheilige, Gierige, Schmeichler, Verleumder oder Ehebrecher. Sie werden von personifizierten Allegorien wie der Torheit, dem Unglück, dem Kummer oder der Pest begleitet, die, stets zum Nachteil der Angeklagten, als Zeugen auftreten. Schließlich wird auch histori-

---

[70]) OC I, S. 220.

[71]) „Estaban los Diez Mandamientos por guarda a una puerta tan angosta, que los que estaban a puros ayunos flacos aún tenían algo que dejar en la estrechura". OC I, S. 221. („Die Zehn Gebote bewachten eine Tür, die so schmal war, dass auch jene etwas in der Enge lassen mussten, die von hartem Fasten abgezehrt waren". QUEVEDO, Die Träume (zit. Anm. 54), S. 18.)

[72]) Vgl. MAXIME CHEVALIER, Folklore y literatura. El cuento oral en el Siglo de Oro, Barcelona 1978.

schen Persönlichkeiten wie Herodes, Pilatus, Nero, Judas, Mohammed oder Luther das Verzeichnis ihrer Fehler auf Erden verlesen.

Der Verurteilungsprozess kennt nur wenige Ausnahmen. Nicht in die Hölle müssen die Priester, deren ,Tonsuren' (*coronas*) demütiger sind als die ,Kronen' (*coronas*) der Fürsten, sowie – als Ironie der Ausnahme – die Gehenkten, die schon im Diesseits gebüßt haben und v. a. den Vorteil besaßen, zu wissen, wann sie sterben, um rechtzeitig zu bereuen.[73]) Alle anderen entschwinden dem Gesichtsfeld in ein nach links oder unten gedeutetes, schlicht „allí" genanntes Jenseits, auf das der Erzähler am Ende des *Sueño del Juicio final* noch einen kurzen, schrecklichen Blick werfen kann, bevor er anhand der Verurteilung eines Gelehrten (*letrado*) – mit dem Quevedos langjähriger Lieblingsfeind Luis de Góngora gemeint ist – das abschließende Bild eines „durch ein Urinal schwimmenden Arztes" assoziiert, wodurch er in solch schallendes Gelächter ausbricht, dass er aus dem Traum erwacht.[74])

Die groteske Überzeichnung der Unausweichlichkeit des Verurteilungsprozesses sowie die karikierende Verkürzung der Argumente in den einzelnen Urteilsbegründungen scheinen kein kohärentes Bild zu ergeben.[75]) Weder ist die Aggressivität der Ständesatire in eine stringente Gesellschaftskritik übertragbar, noch sind die ethisch-theologischen Positionen des an Justus Lipsius orientierten christlichen Stoizismus in den ›Sueños‹ positiv formulierbar. Die ästhetische Position, welche die originelle Zusammenstellung von Ständesatire und theologischer Jenseitsschau begründet, zeigt sich vielmehr in der narratologischen Anlage der Texte, durch die die verschiedenen sprachspielerisch erzeugten Ebenen der Erzählung in den Sinneswahrnehmungen des menschlichen Körpers gebündelt werden. Es ist die Kunst der Sprache selbst, die den konzeptuellen Haltepunkt für die Exploration der Ideen liefert.

In der Darstellung der Gruppen und Individuen werden in den ›Sueños‹ häufig alle fünf Sinne nacheinander abgehandelt. Dies gilt sowohl für die Eindrücke des Beobachters, der beschreibt, wie bestimmte Figuren aussehen, sich anhören, anfühlen und riechen, aber auch für die Darstellung der Sinnesorgane

[73]) Quevedo spielt damit auf ein theologisches Problem an, das in der patristischen Literatur seit Augustinus bis in die Neuzeit hinein heftig diskutiert wurde, nämlich wie die Toten erlöst werden können, die ohne die Sakramente der Taufe und der Buße aus dem Leben geschieden sind, sei es durch Unfall, widrige Umstände oder weil sie vor der Geburt Christi gelebt haben.

[74]) OC I, S. 242–243.

[75]) „Quevedo [...] no ha dado con un símbolo que se apodere de la imaginación de la gente." Jorge Luis Borges, Quevedo, in: Otras inquisiciones, Obras competas, hrsg. von Rolando Costa Picazo, 3 Bde., Buenos Aires 2009–2011, II, S. 36–41, hier: S. 36. („Quevedo [...] hat kein übergreifendes Symbol geschaffen, das sich der Vorstellung der Menschen bemächtigt hätte".)

selbst, die Augen, Ohren, Nasen, Münder und Hände der Figuren, die sodann Anlass zu organischen Transsubstantiationen in der jenseitigen Welt des Traums geben. Im Kontext der zeitgenössischen *Desengaño*-Problematik, der Klage gegen die menschliche Selbsttäuschung, erweisen sich die Figuren so als Peiniger ihrer selbst, die für ihr Schicksal blind und taub zugleich sind und die darüber mit ihren Zungen nichts anderes zu äußern wissen als Lüge und Heuchelei. Damit stehen sie im größtmöglichen Gegensatz zur absoluten Sinneskraft der „ewigen Augen" (*ojos eternos*),[76]) die im *Sueño del infierno* über den für die Irdischen unerkennbaren Scheideweg zwischen Himmel und Hölle wachen.

Der moderne, proto-surrealistische Aspekt bei Quevedo ist, dass auch die vermeintlich minderbedeutenden Wahrnehmungen wie das Taktile, das Olfaktorische und sogar das Gustatorische in die synästhetische Beschreibung eingefügt werden, wobei das Schmerzempfinden dieser Sinne stets im Vordergrund steht. Zu ertasten hat die Haut der Verdammten vor allem die Glut des Höllenfeuers, so wie die sensiblen Körperöffnungen der Kranken zuvor von den Zangen und Klistieren der Apotheker gemartert wurden. Zu riechen gibt es auch wenig Angenehmes. Der Wanzengestank kündigt im Keller der Vorhölle die Behausung der Schuster an. Mücken, die vom nach Wein riechenden Atem angelockt werden, weisen die Soldaten als Trinker aus, die sodann, da sie wenig Wasser im Körper haben, gutes Brennholz für das Höllenfeuer abgeben. An der gleichen Stelle überlagert der Geruch des brennenden Fleisches das Knacken der Knochen, die wie Holzscheite in sich zusammenfallen. Und während die offenen Münder der Verdammten vergeblich auf die Befriedigung eines Genusses hoffen, können nur die Teufel wirklich genießen, die als Schankwirte der höllischen Herberge von den vielen Sündern profitieren.[77])

Die diabolischen Landschaften Quevedos finden im Sprachspiel ihr ästhetisches Fundament. Aus diesem Grund lässt sich der Sprachvirtuose des *Siglo de Oro* als ein früher Vorläufer jener literarischen Bewegungen der Moderne begreifen, die an die genuine Schöpfung von Bedeutung und Welt auf der bloßen Grundlage sprachlicher Materialität geglaubt haben, wie etwa der *Parnasse*, der Symbolismus oder auch der Surrealismus, gemäß dessen Dogma der

---

[76]) Quevedo, Sueño del infierno, in: OC I, S. 282.

[77]) „Los jueces son nuestros faisanes, nuestros platos regalados". Quevedo, El alguacil endemoniado, in: OC I, S. 267. („Die Richter sind unsere Fasane, unser leckerstes Gericht". Quevedo, Die Träume (zit. Anm. 54), S. 39.) Der Händler hingegen sind die Teufel so überdrüssig, dass sie durch Ausscheidung in den Funktionskreislauf der Hölle zurückgeworfen werden: „Manjar es que nos tiene ya empalagados a los diablos, y ahítos, y aun los vomitamos". OC I, S. 266. („Sie sind ein Gericht, das uns Teufeln schon zuwider ist; wir haben uns damit den Magen überladen und speien sie schon wieder aus". Quevedo, Die Träume (zit. Anm. 54), S. 38.)

absoluten Inkongruenz der Bilder eine poetische Kraft aus der Konfrontation möglichst entfernt liegender Wirklichkeiten geschöpft wird.[78]) Zugleich bleibt aber die Ästhetik des Spielerischen, deren Autonomie Quevedo in seiner Zeit erst einmal behaupten muss, dem epistemologischen Kontext der Epoche verhaftet. Der Autor ergründet in seinen „Träumen", inwieweit er auf der Ebene der Kunst die Bedeutung der Worte usurpieren kann, um sich als Subjekt einer eigenen Sprache zu konstituieren. So fordert er das metaphysische System der Ähnlichkeiten auch dadurch heraus, dass die dekonstruktiven Aspekte der Beschreibung mit analogen Bewegungen der Rekonstruktion einhergehen, die letztlich von der gleichen sprachspielerischen Stilistik getragen werden. Die Tatsache, dass die Zersetzungs- und Zerstückelungsprozesse, denen sich die menschlichen Körper unterziehen müssen, bei Quevedo stets in analoge Prozesse der Rekomposition einmünden, zeigt sich selbst in den aggressivsten Satiren, die sich bis in die Persiflage der Eucharistie hineinsteigern. So werden etwa die Körper nach ihrer Hinrichtung durch die Ärzte und ihrer Verarbeitung durch die Pastetenbäcker in einen Ökokreislauf der Wiederverwertung eingespeist, und zwar entweder durch die Einverleibung der armen Pasteten-Esser oder als Rohstofflieferung für das ewige Feuer.

Diese makabre (anthropophagische) Behandlung der biblischen Referenzen, die den Eingriff der Inquisition tatsächlich herausgefordert hat,[79]) stellt die äußerste Grenze der sprachlichen Subversion dar. Es scheint, als ob durch die Parodie der epistemologischen Letztinstanz auch der Garant für das Ideal sprachlicher Bezeichnung selbst in Frage gestellt wird. Doch gerade an diesem Punkt zeigt sich, dass die Moralsatire Quevedos in den Kontext seiner asketisch-metaphysischen Schriften gestellt werden kann. Die dargestellten Grausamkeiten in den ›Sueños‹ lassen sich als überzeichnete Expositionen eines Körperekels verstehen, welche die klassische Topologie der antiken stoischen Literatur ebenso zitieren wie das visuelle Imaginäre der humanistisch gesinnten Renaissance-Maler. Die Welt und das Fleisch sind „Feinde der Seele" (*enemigos del alma*),[80]) die Quevedo im *Sueño de la muerte* als allegorische Figuren auftreten lässt. So gesehen, ließe sich die sprachspielerische Rekomposition der Körper und ihrer Sinne auch als ein meditativer Modus der Erzählung deuten. Die Träume entsprächen, wie etwa bei Ignacio de Loyola oder Luis de Grana-

[78]) „Plus les rapports des deux réalités rapprochées seront lointains et justes, plus l'image sera forte – plus elle aura de puissance émotive et de réalité poétique". PIERRE REVERDY, zit. in: ANDRÉ BRETON, Manifestes du surréalisme, Paris 1985, S. 31.

[79]) In der bereinigten Fassung der Träume ›Juguetes de la niñez y travesuras del ingenio‹ von 1631 werden die eschatologischen Anspielungen des in „Sueño de las calaveras" umbenannten ersten Traums systematisch ausgemerzt. Vgl. IGNACIO ARELLANO, Introducción, in: OC I, S. 185–193, hier: S.191.

[80]) QUEVEDO, Sueño de la muerte, in: OC I, S. 406.

da,[81]) den spirituellen Übungen einer Meditation, in der die Erfahrungen des Schauens, Hörens und Fühlens der Passion Christi – durch Versündigung, Tod und Jüngstes Gericht hindurch – ihre Grundlage in der Hoffnung auf die Gnade Gottes finden.

Zweifellos ist die Gnade Quevedos Leitfaden für die neostoizistische Reinterpretation eines laut in die Welt gerufenen *contemptus mundi*. Denn nicht die Welt selbst ist dem Bösen verfallen, sondern die in ihr lebenden Menschen, sofern diese sich der Nichtigkeit und der Täuschungen ihrer Existenz nicht bewusst werden. Schließlich kann im Angesicht einer möglichen Erlösung das Exerzitium der synästhetischen Vergegenwärtigung von Vergänglichkeit, Sterblichkeit und eines dem Leben selbst inhärenten Todes gar nicht eindrücklich genug sein. Zugleich zeichnet sich aber auf der ästhetischen Ebene der Sprache des Textes die eigentlich souveräne Position aus, die – im Sinne des bei Gracián theoretisch gefassten Ingeniums als „Abglanz der Göttlichkeit"[82]) – an der schöpferischen Kraft der behaupteten transzendenten Instanz partizipiert. Dies ist die Pointe der literarischen Philosophie Quevedos. Mit dem Spiel der Dissoziationen und Rekompositionen der Sinne und Körper in den ›Sueños‹ imaginiert Quevedo eine immanente, literarische Instanz, die durch das bloße Medium der Sprache über die Verfassung des eigenen textuellen Körpers entscheidet.

Mit Blick auf das antagonistische Verhältnis von Philosophie und Dichtkunst lässt sich die Autonomie des künstlerischen Subjekts, die sich im literarischen Werk Quevedos ihren Weg durch die diskursiven und epistemologischen Mäander der Frühmoderne bahnt, gemäß den moralphilosophischen Kategorien der Zeit als ein souveräner Beitrag des freien menschlichen Willens (*libre albedrío*) zur göttlichen Gnade verstehen. Zugleich weist das spielerische Fundament der ästhetischen Experimente mit der Konsistenz der Ideenbezüge und der Konstitution sprachlicher Bedeutung aber auf den subversiven Charakter der Autonomiebehauptungen moderner Literatur voraus. Das vom Primat der Sprache ausgehende Denken der literarischen Praxis ist der visionäre Aspekt Quevedos, der seine Epoche für die Moderne öffnet, eine Moderne, deren Kunst den Glauben an eine eigene Wahrheit bekennt.

---

[81]) Ignacio de Loyola, Ejercicios espirituales (1548); Luis de Granada, Libro de la oración y meditación (1566). In diesen Meditationen werden die Leser zum Vollzug psychischer Praktiken wie „konkreter innerer Vorstellungen" und „persönlicher Gefühlsreaktionen" angeregt. Vgl. Müller-Bochat, *Meditación* und *Sueño* (zit. Anm. 12), S. 73–81. Zu den „spezifisch ignatianischen Elementen" insbesondere des „Sueño de la muerte" siehe Christian Wehr, Geistliche Meditation und poetische Imagination. Studien zu Ignacio de Loyola und Francisco de Quevedo, München 2009, S. 258–259.

[82]) Emilio Hidalgo-Serna, Das ingeniöse Denken bei Baltasar Gracián, München 1985, S. 19.

„JETZT – ZWISCHEN ZWEI NICHTSE EINGEKRÜMMT“

Sprachrupturen als Form des Plötzlichen bei Friedrich Nietzsche am Beispiel von zwei seiner Dionysos-Dithyramben und ihrer Bedeutung

Von Kaltërina Latifi (Göttingen/London)

Diese philologische Analyse untersucht zwei von Nietzsches Dionysos-Dithyramben, ›Zwischen Raubvögeln‹ und ›Das Feuerzeichen‹, und das, was in Nietzsches poetischer Sprache als „Bruch“ bezeichnet werden kann, steht dabei im Mittelpunkt. Um eine ästhetische Erfahrung von Momenthaftigkeit und „Plötzlichkeit“ zu erzeugen, die den Leser überraschend soll, wird an dieser Stelle eine konventionelle Linearität der Versstruktur fragmentiert. Zweck des Verfahrens ist, poetische Bedeutungsübertragung zu ermöglichen. Diese Brüche und die aus ihnen entstehende Dynamik erzeugen dabei einen spezifischen, ästhetischen Wert: Aus ihnen entsteht ein dionysischer „Schwindel des Hier und Jetzt“. Betont wird eine völlige Unvermitteltheit des gegenwärtigen Augenblicks, die jedoch zugleich durch präzisen, poetischen Ausdruck vermittelt wird, der seine Effekte mit quasi apollinischer Klarheit kalkuliert.

This close reading of two of Nietzsche's Dionysian Dithyrambs, ›Zwischen Raubvögeln‹ and ›Das Feuerzeichen‹, centres on what can be termed 'ruptures' in Nietzsche's poetic language. These ruptures occur through his fragmenting conventional linearity of verse structures in order to achieve an aesthetic experience of momentariness and instantaneity ('Plötzlichkeit') as they are intended to take the reader by surprise. The purpose of a poetic device of such sort is to allow a poetic transmission of meaning that otherwise would not come to the fore. Fragmentation of this kind is essential for constituting a specific aesthetic validity which rests on the dynamics these ruptures unfold. They amount to a Dionysian 'vertigo of the Here and Now', as it were. It emphasizes the utter immediacy of the present moment realized, however, by means of precise poetic expression and quasi-Apollonian clarity in its calculation of aesthetic effects.

I.

Im Riss oder „Abgebrochensein“ erkannte Theodor W. Adorno das Rätselhafte des (modernen) Kunstwerks.[1]) Damit betonte er die Bedeutung des Plötzlichen für die Kunstproduktion und – allgemein gesprochen – die ästhetische Erfah-

---

[1]) Theodor W. Adorno, Ästhetische Theorie, in: Gesammelte Schriften, hrsg. von Rolf Tiedemann unter Mitwirkung von Gretel Adorno, Frankfurt/M. 1996, Bd. 7, S. 191.

SPRACHKUNST, Jg. LI/2020, 1. Halbband, 31–47

DOI: https://dx.doi.org/10.1553/spk51_1s31

rung in der Moderne. Friedrich Nietzsches spätes dithyrambisches Dichten erbrachte einen Modellfall für eben diese Erfahrung des Risshaften. In dieser quasi dionysisch inspirierten Lyrik verwirklicht sich das Plötzlichkeitsphänomen in Gestalt von – nennen wir es: ruptiven Sprachzeitwerten, die sich mit einem unerwarteten Ein-Fall oder Ein-Schlag vergleichen ließen: Das Jähe erweist sich dabei als poetische Herausforderung.

Gerade weil Nietzsches Werk ein ‚Scharnier' zwischen (spät-)romantischer Fragmentarik und dem Bewusstsein der Bruchstückhaftigkeit in der literarischen Moderne darstellt, und das besonders in stilistischer und damit formalästhetischer Hinsicht, erscheint es sinnvoll, am Beispiel zweier, ihrem poetisch-philosophischen Gehalt nach bedeutsamen Gedichten Nietzsches (›Zwischen Raubvögeln‹ und ›Feuerzeichen‹) die von mir so bezeichneten Sprachrupturen als sprachästhetische Phänomene genauer zu untersuchen. Im lyrischen Ausdruck, in dem sich apollinischer Formsinn und dionysischer Sprachrausch kreuzen wie in keiner anderen poetischen Form, erprobt Nietzsche das logosensuale Einfangen des gedanklichen Einfalls oder der Impression. Noch im überraschenden Reim, in den *Faust*-Parodien etwa, in Auslassungszeichen oder Gedankenstrichen äußert sich diese Wort- oder Zeichenspontaneität ebenso wie in der Interjektion oder zwischen jenen Reibflächen, die inmitten eines konventionellen Ausdrucks und kühneren Wortwendungen entstehen. Was sich demnach vorrangig in der Lyrik Nietzsches ereignet, ist die Zeichenwerdung des Überraschens, sei sie (ästhetisch) gewollt oder unverhofft.

Unter dem Begriff der ‚Sprachruptur' verstehe ich ein strukturelles wie auch inhaltliches Element in der Sprachbewegung, das die Linearität, die angeschlagene Richtung im Sprechen (im Text), aufbricht, und somit das Einschlagen einer ganz anderen, unverhofften oder unvermuteten Richtung ermöglicht. Die Ruptur geschieht unvermittelt oder abrupt; gerade darin liegt ihre Wirkungskraft. Zugleich aber will sie die Vermittlung von etwas, das in der (textuellen) Linearität nicht vermittelbar ist. Sie generiert gleichsam ‚Aufbrüche' im doppelten Sinne und schafft Raum für den Einbruch des Plötzlichen. Damit ist eine ästhetische Qualität – Karl Heinz Bohrer spricht von der durch Plötzlichkeit erzeugten „punktuellen Qualität", in der „das ‚Neue', das ganz ‚Andere' […] rein staturisch gedacht wird"[2]) – angesprochen, die für die Kommunikation zwischen Text und Rezipient ebenso von Belang ist wie für den Selbstgesprächscharakter dieser Lyrik.[3])

---

[2]) Karl Heinz Bohrer, Plötzlichkeit. Zum Augenblick des ästhetischen Scheins, Frankfurt/M. 1981, S. 118.

[3]) Vgl. dazu Wolfram Groddeck, Die Wahrheit im Dithyrambus. Zu Nietzsches Dionysos Dithyramben, in: Christian Benne, Claus Zittel (Hrsgg.), Nietzsche und die Lyrik. Ein Kompendium, Stuttgart 2017, S. 317–330, hier: S. 318.

Nietzsches ›Dithyramben‹ werden von Emphasen des Jetzt bestimmt. Im Jetzt, dem gegenwärtigen Moment und in dessen spezifischer Zeitdauer, „entfaltet sich ein Mikrodrama, ein emotional geladenes Ereignis zwischen zwei Kommunizierenden im Sinne eines intersubjektiven Austausches wechselseitiger Erfahrungen“.[4]) Was Daniel Stern hier aus psychotherapeutischer Perspektive zum „present moment“ ausgeführt hat, lässt sich generell auf eine Ästhetik des Augenblicks übertragen, diese in einem doppelten Wortsinne verstanden, als Bildung des Subjekts in einem spezifischen kulturellen Kontext und Organon der Welterkennung durch eine momentane Intensivierung des vergleichenden und nachahmenden Umgangs mit Wissen. Der Verweis zielt, in diesem Fall, auf die Kommunikation zwischen Text und Rezipient einerseits, im Falle Nietzsches aber auch: auf die Selbstkommunikation innerhalb des Textes und im Verhältnis zum Leser. Bekanntlich hat Nietzsche ja die „Sprache des Dithyrambus“ als ein Selbstgespräch bezeichnet.[5])

Das Plötzliche entsteht in einer prinzipiellen Differenzerfahrung; es kann Katalysator im dialektischen Umschlag sein – zwischen These und Anti-These, Erfahrungssatz und Theorieansatz. Das Subjekt begreift das Plötzliche primär als Erlebnis(-wert). Im Verhältnis zu Kants Vorstellung von „Spontaneität“[6]) ist das Plötzliche ein qualitativer Mehrwert an subjektiver Erfahrung. Das Plötzliche ist eine Erlebnisgestalt des Jähen und entspricht einem Einbruch, der Risse in Material und den Strukturen hinterlässt. Der Riss, der das Lineare auflöst, ist die Spur des Plötzlichen. Tatsächlich bildet sich das Plötzliche nicht; es bricht aus, entlädt sich – als Verhängnis oder unerwartete Einsicht, Wendung oder Punktualität. Das Plötzliche ist konzentrierte Energie, die im Moment ihres ‚Einschlags‘ nichts Diffuses kennt. Paradoxerweise, was an Nietzsche aufzuzeigen sein wird, bereitet gerade das Wiederholen[7]) den Boden für die Möglichkeit des Plötzlichen vor.

---

[4]) Daniel N. Stern, The Present Moment in Psychotherapy and Everyday Life, New York 2004, S. 22. Zit. nach: Gerhard Neumann, Selbstversuch, Freiburg i. Br. u. a. 2018, S. 281. Meine Übersetzung, das Originalzitat lautet: „That ‚now‘ is a present moment with a duration in which a micro-drama, an emotional story about their relationship unfolds“, ein „intersubjective sharing of a mutual experience“.

[5]) Vgl. zum Selbstgesprächscharakter: Na Schädlich, Dithyrambische Sprachproduktivität: zu Nietzsches Dithyrambus ›Das Feuerzeichen‹, in: Benne, Zittel (Hrsg.), Nietzsche und die Lyrik (zit. Anm. 3), S. 359–375, hier: S. 374.

[6]) Spontaneität versteht Kant als Gegensatzkorrelat zur Rezeptivität sinnlicher Anschauung; sie ist ein allein aus Verstand und Vernunft entspringendes Erkenntnisvermögen. Dazu vgl. Immanuel Kant, Kritik der reinen Vernunft I, hrsg. von Wilhelm Weischedel, Frankfurt/M. 1974, S. 97f. (A 50 und folgende).

[7]) Andreas Urs Sommer hat in seinem Überblickskommentar zu den ›Dionysos-Dithyramben‹ die stilistischen Eigenheiten des Zyklus aufgelistet und beispielhaft dargelegt, wie Nietzsche

Bei Nietzsche ist das Plötzliche im Sinne eines Umschlagens – auch vom *nicht*-dialektischen Umbruch des Dionysischen ins Apollinische und umgekehrt – vorsokratisch grundiert. Fragment 30 von Heraklit veranschaulicht dies: das dauernde Feuer als Signum kosmischer ποίησις ergibt sich aus einem ebenso dauernden wechselseitigen Umschlagen von Entzünden und Auslöschen, von Aufgang und Untergang als Bewegung, vom Werden ins Vergehen. Man kann das Plötzliche also als eine Art Affekt bei Nietzsche deuten,[8]) verstanden als einen Stimmungsumschwung,[9]) was auf einer anderen Ebene eben jener Veränderung des Bewusstseins entspräche, die Karl Heinz Bohrer mit dem Augenblick des ästhetischen Scheins oder der Plötzlichkeit verbindet. Es bedürfe, so Bohrer, „eine[r] plötzliche[n] Veränderung des Bewusstseins" des Rezipienten, damit überhaupt ein ästhetisches Begreifen einsetzen könne. Diese Veränderung, ein Wendepunkt, kann herbeigeführt werden durch eine sprachliche Ruptur, die dem Text aber immanent ist; sie durchbricht die Illusion und gewährt dem Leser Einblick in den wahren Sachverhalt der jeweiligen Textstelle und womöglich des Textes insgesamt – und sei dies auch nur für einen Augenblick. Das Eruptieren des Plötzlichen entspräche daher einer schlagartigen Umkehr des Bewusstseins, die nicht von äußeren Faktoren abhängt. Seine Wirkungsweise ist im Innern des ästhetischen Konstrukts verankert – man benötigt, wie Bohrer behauptet, „nicht mehr Gott als das Andere [...], sondern das Andere [ist] in den ästhetischen Akt entdeckerischer Sprache selbst verlegt".[10])

---

z. B. in ›Nur Narr! Nur Dichter!‹ intensivierungsstrategisch „die durch die Punktierung intendierten Nachhalleffekte und die [...] durch einen Zeilensprung markierte pathosgeladene Kunstpause" einsetzt, um so, mittels einer „Ringkomposition", wie Sommer sie nennt, also wiederkehrender, sich gezielt wiederholender Elemente in sowohl thematischer als auch struktureller Hinsicht eine „verstärkende Echowirkung" zu erzielen, denn Nietzsche „begnügt[e] sich nicht mit der auf kurzen Distanzen einhämmernd wiederholten Exponierung der zentralen Aussage." (Ders., Kommentar zu Nietzsches ›Der Antichrist‹, ›Ecce homo‹, ›Dionysos-Dithyramben‹, ›Nietzsche contra Wagner‹ [= Historischer und kritischer Kommentar zu Friedrich Nietzsches Werken, 6/2], Berlin u. Boston 2013, S. 654f.)

[8]) Dazu: Volker Caysa, Ein Versuch, Nietzsches Affektenlehre systematisch zu verstehen, in: Volker Gerhardt, Renate Reschke (Hrsgg.), Friedrich Nietzsche – Geschichte, Affekte, Medien, Berlin 2008, S. 191–198.

[9]) Leidenschaften, die, um andauern zu können, „Leidenschaft der Erkenntnisse" werden (Kritische Studienausgabe in 15 Bänden, hrsg. von Giorgio Colli und Mazzino Montinari. 2. durchges. Auflage, München 1988 [= KSA], hier: 3, S. 264 f. u. S. 479)

[10]) Bohrer, Plötzlichkeit (zit. Anm. 2), S. 82. Man könnte noch etwas weiter ausgreifen und behaupten, dass der Augenblick des ästhetischen Scheins und die damit verbundene (ästhetische) Erkenntnis sich als distinkte Arten des Umgangs mit Gegenwart bezeichnen lassen, die eine, wie ich sie nennen möchte, spezifische Präsenzpoetik konstituieren. Präsenzpoetik wäre dabei analog zum Präsenzdenken in der Philosophie zu verstehen. Eine solche Präsenzpoetik würde jedoch im Gegensatz zum Präsenzdenken das Fragmentarische (oder Fraktale)

In ›Ecce Homo‹, eine „in nächster zeitlicher Nachbarschaft und partiell gleichzeitig entstandene, autogenealogische Schrift“, die Andreas Urs Sommer mit Bezug auf die ›Dionysos-Dithyramben‹ als „Quelle[] im engeren Sinne“ versteht,[11]) finden sich Ausführungen, die die sinnlich-reflektierte Form einer Art Phänomenologie des Plötzlichen wiedergeben; Nietzsche koppelt dabei Plötzlichkeit mit dem (umgewerteten) Begriff der ‚Offenbarung‘: „Der Begriff Offenbarung, in dem Sinn, dass *plötzlich* mit unsäglicher Sicherheit und Feinheit, Etwas sichtbar, hörbar wird, Etwas, das Einen im Tiefsten erschüttert und umwirft, beschreibt einfach den Thatbestand.“[12]) Überhaupt relativiert Nietzsche konventionelle Kausalität, wenn er in der ›Fröhlichen Wissenschaft‹ schreibt, die „Plötzlichkeit, mit der sich viele Wirkungen abheben“, führe „uns irre“ – wohlgemerkt, die plötzliche ‚Umkehr des Bewusstseins‘ nicht als absolute Erkenntnisquelle, sondern als subjektives Erlebnis verstanden.[13]) Es handle sich nämlich um eine „Plötzlichkeit für uns. Es gibt eine unendliche Menge von Vorgängen in dieser Secunde der Plötzlichkeit, die uns entgehen. Ein Intellect, der Ursache und Wirkung als continuum, nicht nach unserer Art als willkürliches Zertheilt- und Zerstücktsein, sähe, der den Fluß des Geschehens sähe, – würde den Begriff Ursache und Wirkung verwerfen und alle Bedingtheit leugnen.“[14]) Die Betonung liegt hier auf ‚Zertheilt-‘ und ‚Zerstücktsein‘, und damit auf Nietzsches Kritik am Prinzip der Kausalität, die zusammenhängt mit der Vorstellung einer Linearität, was aus seiner Sicht allzu eindimensionale Erklärungen bewirke.

---

nicht ausschließen, sondern sie vielmehr als aufeinander bezogene Voraussetzungen einer (ästhetischen) Präsenzerfahrung begreifen. Zu diskutieren und kritisch zu erörtern wäre freilich, ob das Plötzliche im Sinne Bohrers das Fragmentarische generiert, oder ob umgekehrt das Fragmentarische gleichsam ‚Aufbrüche‘ öffnet, d. h. Raum für den Einbruch des Plötzlichen schafft.

[11]) Sommer, Historischer und kritischer Kommentar zu Friedrich Nietzsches Werken (zit. Anm. 7), S. 643: „Als Quellen im engeren Sinn kommen daher besonders N.s eigene Werke, vor allem ›Zarathustra‹ und ›Ecce homo‹, in Betracht. Selbstreferentialität ist ein Grundzug in den letzten Jahren von N.s bewusstem Dasein“.

[12]) KSA, 6, S. 339. Wesentlich scheint mir hier der retrospektive Blick auf Plötzlichkeiten zu sein, die sich in seinem geistigen Leben einmal ereignet hatten. Doch auch der Beginn von ›Ecce homo‹ deutet darauf hin: Obwohl er sich diesen Text zum Geburtstag schreibt, also zu einem Phänomen kalendarischer Wiederholung, kann die Idee, es unter dem Signum des „Ecce homo“ zu tun, als ein plötzlicher Einfall gewertet werden.

[13]) Vgl. Bohrer, Plötzlichkeit (zit. Anm. 2), S. 117: „Bei Nietzsche aber gewinnen die besonderen Bedingungen der Wahrnehmung einen phänomenologischen Effekt, der diese Wahrnehmung zu einer ästhetischen, nicht erkenntnistheoretischen macht: sie vollzieht sich nämlich plötzlich […].“

[14]) KSA, 3, S. 473.

II

In einer philologisch grundierten, das heißt ‚textnahen' Analyse einschlägiger Textstellen möchte ich im Folgenden auf Grundlage zweier ›Dionysos-Dithyramben‹, freirhythmische, dem Gott Dionysos gewidmete Gedichte,[15]) exemplarisch aufzeigen, wie bei Nietzsche Plötzlichkeit zum lyrischen Ereignis wird oder sprachlich zum Vorschein kommt. Wobei es zu beachten gilt, dass die Rede von ‚Dithyrambos' nicht nur auf Ekstatisches verweist, sondern (auch) eine Art Ruptur meint, das Einbrechen des Ekstatischen in die gewöhnliche Sprache. Den Gedichtzyklus verstehe ich – obwohl Teile von ihm im Kontext eines anderen Werks stehen, nämlich in der in sich lyrisch gestimmten denkdramatischen Tetralogie ›Also sprach Zarathustra‹, die sicherlich „die zentrale Referenz und de[n] eigentliche[n] Resonanzraum des Gedichtzyklus" darstellt[16]) – als ein eigenständiges Werk oder eine Werkgruppe, eigens von Nietzsche zusammengestellt.[17]) Daher sind die Gedichte (auch) als eine sprachliche Gesamtkomposition zu verstehen, so dass sie, die Gedichte, *implizit* aufeinander verweisen und einen spezifischen Wechselbezug zueinander haben. In diesem Sinne kommt man nicht umhin, Analogiebildungen wahrzunehmen,[18]) und, was zunächst eher trivial anmuten mag, zu erkennen, dass die Gedichte

---

[15]) Die Frage ist immer wieder auch die, ob hier nicht Nietzsche in lyrischem Rollenspiel als/durch Dionysos spricht/sprechen will – zumindest als Option wäre das zunächst offenzuhalten und erst bei einer umfassenderen Analyse näher zu bestimmen; man kann aber festhalten, dass in den Dithyramben Zarathustra und Dionysos geradezu fusionieren, vgl. dazu auch Groddeck, Die Wahrheit im Dithyrambus (zit. Anm. 3), S. 319.

[16]) Eike Brock, „Zwischen zwei Nichtse eingekrümmt, ein Fragezeichen, ein müdes Räthsel". Nietzsches Dionysos-Dithyrambus ›Zwischen Raubvögeln‹ als Klimax einer nihilistischen Krise, in: Benne, Zittel (Hrsgg.), Nietzsche und die Lyrik (zit. Anm. 3), S. 350–358, hier: S. 350.

[17]) Die insgesamt neun Dithyramben sind die letzten von ihm selbst zum Druck bestimmten Texte; ihnen eignet mithin eine Art Vermächtnischarakter. Den Gedichtzyklus hatte Nietzsche aus sechs bereits vorhandenen, zum Teil nicht veröffentlichten, in einigen Fällen noch Fragment gebliebenen Gedichten konstituiert; darunter befanden sich die beiden für diesen Untersuchungszusammenhang signifikanten Dithyramben ›Zwischen Zwei Raubvögeln‹ und ›Das Feuerzeichen‹. Diese Gedichte bezeichnete Nietzsche als „die ersten 6 Lieder Zarathustras" und er tendierte zunächst dazu, sie als solche unter dem Titel ›Lieder Zarathustras‹ zu veröffentlichen, entschloss sich aber zuletzt, drei aus seinem damals nur privatim zuhandenen vierten Teil von ›Also sprach Zarathustra‹ stammende Gedichte in den bestehenden Zyklus zu integrieren. Die Publikation der neun ›Dithyramben‹ nach der von Nietzsche im Druckmanuskript, das offenbar am 3. Januar 1889 vorgelegen hatte, festgelegten Sequenz, erfolgte zehn Jahre später in der von Elisabeth Förster 1898 besorgten Ausgabe ›Gedichte und Sprüche‹. Zu einer detaillierten Darlegung der Überlieferungsgeschichte siehe vor allem: Friedrich Nietzsche, Dionysos-Dithyramben, 2 Bde., hrsg. von Wolfram Groddeck. Band 1: Textgenetische Edition der Vorstufen und Reinschriften, Berlin und New York 1991, und Sommer, Historischer und kritischer Kommentar zu Friedrich Nietzsches Werken (zit. Anm. 7), S. 640–702.

[18]) Brock, „Zwischen zwei Nichtse eingekrümmt […]" (zit. Anm. 16), S. 355.

„die Wörter zu gegenseitigem Bedingen und Kommentieren bring[en] und derart in ‚Kontexte‘ einbett[en]. Als Resultat entsteht dabei freilich mancher konkrete Sinn, jedoch keiner der einzelnen Wörter, sondern der im jeweiligen Kontext geschaffene, kein Wort-, sondern ein poetischer Sinn.“[19]) Im Allgemeineren kann man festhalten, dass, was für alle wichtigeren Gedichte Nietzsches gilt, auch die ›Dionysos-Dithyramben‹ durch ein „Wechselspiel von Wiederholung und Plötzlichkeit“ geprägt sind; herkömmliche Metaphern wie ‚der Blitz‘ signalisieren, vereinfacht gesagt, das Plötzliche, ‚das Meer‘ dagegen das „Ewig-Gleiche“.[20]) Sie oszillieren zwischen wiederholter Wiederholung und einschlägigem Gegenwarts- oder Jetztbezug.

In ›Zwischen Raubvögeln‹ wird durch die dreifache Wiederholung eines „Jetzt“ eine Präsenz-Konstellation erkennbar: Jedes einzelne „Jetzt“ setzt unmittelbar an, bricht aber sogleich ab, um, gebrochen und vermittelt über den Gedankenstrich – auf der gleichen Zeile wohlgemerkt, und von Nietzsche meist als sprachlich-musikalisches Pausenzeichen verwendet – überzugehen in seine Ausdehnung, die sich in den folgenden Versen materialisiert. Dort teilt sich uns der Jetzt-Gehalt mit, anders ausgedrückt: diese dem „Jetzt –“ nachfolgenden Verse stehen, paradoxerweise, für die Ausdehnung des Punktuellen.

1 […]
Jetzt –
von dir selber erjagt,
deine eigene Beute,
in dich selber eingebohrt …[21])

Diese Struktur, die hier in der Mitte einer Strophe ansetzt, wird in zwei weiteren (späteren) Strophen, und zwar jeweils am Anfang, wiederholt und in der Wiederholung variiert.

2 Jetzt –
einsam mit dir,
zwiesam im eigenen Wissen,
zwischen hundert Spiegeln
vor dir selber falsch,
zwischen hundert Erinnerungen
ungewiß,
an jeder Wunde müd,

---

[19]) Schädlich, „Dithyrambische Sprachproduktivität“ (zit. Anm. 5), S. 363.

[20]) Rüdiger Görner, Nietzsches Kunst. Annäherungen an einen Denkartisten, Frankfurt/M, Leipzig 2000, S. 244 f.

[21]) Zitiert nach der Ausgabe von Groddeck: Friedrich Nietzsche, Dionysos-Dithyramben (zit. Anm. 17), Bd. 1, S. 136.

an jedem Froste kalt,
in eigenen Stricken gewürgt,
Selbstkenner!
Selbsthenker![22])

Und schließlich in der vorletzten Strophe:

3 Jetzt –
zwischen zwei Nichtse
eingekrümmt,
ein Fragezeichen,
ein müdes Räthsel –
ein Räthsel für Raubvögel …[23])

Alle drei temporal fungierenden „Jetzt" verweisen auf ihre spezifische Art und Weise auf einen Zwischenraum, ja sie sind selbst dieser Raum. Mit anderen Worten, wir begegnen hier einem Jetzt-Bereich, einem *locus hoc ipso tempore.* In den ersten beiden Jetzt-Bezügen spiegelt sich eine Aufspaltung; dort findet nämlich eine Zwiesamkeit „im eigenen Wissen" statt, wie es im Gedicht heißt. Innerhalb dieses offenbar in sich selbst fragmentarischen Jetzt-Bereichs ist der Sprechende in sich „selber eingebohrt", und er befindet sich notgedrungen im Dazwischen, „zwischen hundert Spiegeln von dir selber falsch", „zwischen hundert Erinnerungen"; und erinnern heißt stets auch wiederholen, man könnte also ergänzen: *zwischen hundert Wiederholungen.* Im dritten und letzten „Jetzt" des Gedichts werden die beiden Seiten des Zwischenbereichs, das, was diesen Bereich umgibt, benannt; es handelt sich um „zwei Nichtse", – und zwischen diesen beiden, im Jetzt, ist „eingekrümmt, | ein Fragezeichen".

Die Parallele zwischen dem Sprechenden und dem Fragezeichen ist evident: jener ist „eingebohrt", dieses dagegen „eingekrümmt" im Jetzt-Bereich; daraus lässt sich ableiten, dass das Selbst sich zu einem Fragezeichen geworden ist, und umgekehrt.[24]) Will man diese Beobachtungen auf den ›Zarathustra‹-Kontext beziehen, lässt sich mit Eike Brock festhalten: „Auf diese Weise wird Zarathustra sich selbst fraglich. Er hat sich selber ‚gejagt' und ist als ‚Selbstkenner' zum ‚Selbsthenker' und vom ‚Gehängten' zum ‚Gehenkten' geworden."[25]) Was sich also *hier* zwischen diesen zwei Nichtse(n) ereignet, ist das *Jetzt.* Dieses *Hier und Jetzt* ließe sich als eine Schwelle bezeichnen, eine Art Ausnahmezustand, der, durch die Verbindung mit dem ‚Jetzt' eine absolute Gegenwärtigkeit ausstrah-

---

[22]) Ebenda.

[23]) Ebenda, S. 137 f.

[24]) Vgl. Groddeck, Die Wahrheit im Dithyrambus (zit. Anm. 3), S. 323: „radikale Selbstkritik der Zarathustra-Gestalt […], bei der die Selbstreflexion oder die Selbsterkenntnis tödlich wird".

[25]) Brock, „Zwischen zwei Nichtse eingekrümmt […]" (zit. Anm. 16), S. 357.

lend, seine eigene, nicht fassbare, augenblickliche Dauer hat. Dieser Jetzt-Zustand, eine verkürzte Form des *hic et nunc*, ist losgelöst von dem, was vorher war und dem, was noch kommen mag. Eine (Los-)Lösung, die im Gedicht nicht nur thematisch zum Vorschein kommt, sondern im wahrsten Sinne des Wortes vollzogen wird:[26])

> Jetzt –
> zwischen zwei Nichtse
> eingekrümmt,
> ein Fragezeichen,
> ein müdes Räthsel –
> ein Räthsel für Raubvögel ...
>
> – sie werden dich schon „lösen“,
> sie hungern schon nach deiner „Lösung“,
> sie flattern schon um dich, ihr Räthsel,
> um dich, Gehenkter! ...
> Selbstkenner! ...
> Selbsthenker! ...

Nach der Leerzeile setzen die letzten sechs Verse des Gedichts mit einem Gedankenstrich ein; dieser scheint dort weiterzuführen, wo vorher der primäre Sprachverlauf ausgesetzt hatte, nämlich im Gedankenstrich nach dem „Jetzt“, als gälte es den ruptural erzeugten Zwischenbereich, jenen zwischen Nichts und Nichts, wieder zu schließen, um so den lyrischen Fortgang abzurunden,[27]) und zu einem, womöglich nur scheinbaren, Ende bringen zu können. Wobei die Rede vom *lösen* und der *Lösung* eine Bedeutungs- und Bezugsverflechtung in Gang setzt, die schier ‚unlösbar‘ zu sein scheint; insbesondere, weil beide als einzige Wörter des Gedichts mit Anführungszeichen versehen sind und ihnen mithin eine Sonderstellung zukommt. Sind sie daher nicht wörtlich zu nehmen? Wäre demnach alles bis hierher Ausgesprochene buchstäblich und nicht als Metapher zu lesen? Handelt es sich um ein uneigentliches Sprechen, oder

---

[26]) Groddeck, Friedrich Nietzsche, Dionysos-Dithyramben (zit. Anm. 17), Band 2: Die Dionysos-Dithyramben. Bedeutung und Entstehung von Nietzsches letztem Werk, Berlin und New York, S. XXI, hat auf die „hochreflektierte Textstruktur“ der Dithyramben verwiesen, die sich in der Auseinandersetzung mit ihnen „als methodisches Verfahren“ erweist, was er ‚Poetologie‘ nennt, und weiter: „wenn darunter ein Verhalten zum Text verstanden wird, das diesen aus dem Ensemble seiner semantischen, topischen, formalen und autoreflexiven Elemente zu begreifen versucht. Gerade in der Unabschließbarkeit einer poetologischen Lektüre der ‚Dionysos-Dithyramben‘ sollte die Singularität des poetischen Textes kenntlich werden. Die poetologische Methode versteht sich darüber [...] als ‚Umweg‘ zum Text und zugleich als kontemplatives Verharren ihm gegenüber.“

[27]) Zur ringkompositionellen Abrundung vgl. Sommer, Historischer und kritischer Kommentar zu Friedrich Nietzsches Werken (zit. Anm. 7), S. 654 f.

müssen wir vielleicht: umwertend, gerade das in Anführungszeichen Stehende und dadurch Hervorstechende *wörtlich* verstehen? Die Verse entziehen sich einer verbindlichen, alleingültigen Bestimmung,[28]) die eine ansonsten dynamische Semantik zum Erstarren brächte.[29]) Ähnlich verhält es sich mit der ‚Lösung', die mittels der Leerzeile umgesetzt wird. Sie behauptet zwar auf der semantischen Ebene (auch) so etwas wie Entwirrung, meint zudem aber die Aufhebung von festen, starren (Bedeutungs-)Zusammenhängen. Was sich zwischen den Nichtsen befindet, ist das sich Losgelöste; es ist aus der Linearität gewissermaßen ausgebrochen (und hat diese dadurch aufgebrochen). Diese Spur des Plötzlichen wird in den letzten sechs Versen reflektiert.

Ist dieser Jetzt-Zustand losgelöst von einem Davor und einem Danach, lassen sich die zwei Nicht-Elemente, die besagten „zwei Nichtse", mit der Vergangenheit und der Zukunft gleichsetzen.[30]) Aus der Jetztperspektive ist alles was kommt, Zukünftiges, was war: Vergangenes, das gilt gewiss auch für das Voranschreiten der lyrischen Sprache; so gesehen (und rein lokal betrachtet), entspräche die letzte Strophe dem Zukünftigen, während alles vor dem Jetzt-Gedankenstrich in der Vergangenheit läge. Der ästhetische Reiz dieser Sprachkonstellation liegt im performativ erzeugten Präsentischen und wird dann virulent, wenn darin eine gewisse ‚Realpräsenz' entsteht und dadurch erfahrbar wird: ein Vergegenwärtigungsmoment, das sich im Kunstakt, hier dem literarischen, realisiert, das aber zugleich als ein notwendiges, weil für den Fortgang konstitutives ‚Bruchstück',[31]) wenn man so will, zwischen Vergangenheit und

---

[28]) Zu dieser Stelle im Gedicht vgl. z. B. Sommer, Historischer und kritischer Kommentar zu Friedrich Nietzsches Werken (zit. Anm. 7), S. 649: „N. imaginiert sich als Philosoph, dessen Denkprozess ihn selbst tödlich untergräbt, so dass er sich schließlich in einem Akt der Selbsterkenntnis als ‚Selbsthenker' bezeichnet, der am Galgen dieser Selbsterkenntnis hängend sich von den ‚Raubvögeln' einer alles zerfressenden Gedankenarbeit ‚gelöst' sieht".

[29]) Wie Rüdiger Görner in seiner Nietzsche-Studie ›Nietzsches Kunst‹ (zit. Anm. 20), S. 5, triftig festgehalten hat: „Um ein systematisches Erfassen seiner Denkkunst und seines Denkens über (oder anhand von) Kunst kann es dabei nicht gehen. Ohnehin stellt Nietzsche seine Interpreten immer wieder vor das grundsätzliche Problem, inwieweit ein betont systematischer Deutungsversuch eines bestimmten Aspekts seines Denkens überhaupt sinnvoll sein kann; denn dergleichen läuft oft genug nur darauf hinaus, Zusammenhänge dort zu rekonstruieren (oder neu herzustellen), wo Nietzsche sie emphatisch ablehnte. Nietzsches Anti-Systematik zu untersuchen, was wiederum voraussetzt, daß man die von ihm ‚zertrümmerten' Zusammenhänge zumindest aufscheinen läßt."

[30]) Dem im dritten Teil von ›Zarathustra‹ zur Sprache gebrachten Torweg entsprechend: „Sie widersprechen sich, diese Wege; sie stossen sich vor den Kopf: – und hier, an diesem Thorwege, ist es, wo sie zusammen kommen. Der Name des Thorwegs steht oben geschrieben: ‚Augenblick'". (›Vom Gesicht und Räthsel‹, in: KSA 4, S. 199 f.).

[31]) Zum Verhältnis von Sein und Werden bei Nietzsche siehe den eingehenden Artikel von Robin Small, Being, Becoming, and Time in Nietzsche, in: Ken Gemes, John Richardson (Hrsgg.), The Oxford Handbook of Nietzsche, Oxford 2013, S. 629–644. Dort erläutert Small: „the basic operation of human thinking is the introduction of ‚gaps' into becoming,

Zukunft in Erscheinung tritt.[32]) Nietzsche hatte dieses Phänomen in einem anderen Zusammenhang prägnant auf den Punkt gebracht, als er von „der Schwelle des Augenblicks“ sprach, womit er an jener Stelle – es handelt sich um seine ›Zweite Unzeitgemässe Betrachtung‹ – ein „alle Vergangenheiten“ Vergessen meinte.[33]) Hier aber verbindet die Schwelle, was sie trennt.

Der Übergang ins nächste Gedicht, ›Das Feuerzeichen‹, lässt sich als eine solche Schwelle bezeichnen; darin findet das hier beschriebene Phänomen seine Entsprechung. Auf der Schwelle ereignet sich ein derartiges *hic et nunc*, was man freilich erst von einem gewissen Standort, nämlich der ersten Strophe aus, rückblickend erfahren kann. Die augenblickliche Schwelle, die eine neue und andere Ebene eröffnet, die die Möglichkeit einer (retrospektiven) Plötzlichkeitserfahrung erzeugt. Dieses Gedicht ‚spricht‘ über das Gleiche, worüber im Gedicht zuvor ‚gesprochen‘ wurde, nur geschieht dies in einer verschiedenartigen Sprache, einer ihr eigenen Metaphorik, die aber bewusst das Vorangehende, wenn auch anders, evoziert.

[1] Hier, wo zwischen Meeren die Insel wuchs,
[2] ein Opferstein jäh hinaufgethürmt,
[3] hier zündet sich unter schwarzem Himmel
[4] Zarathustra seine Höhenfeuer an,
[5] Feuerzeichen für verschlagne Schiffer,
[6] Fragezeichen für Solche, die Antwort haben[34])

„Die Metapher-Wörter“, will man der Argumentation Na Schädlichs folgen, „schaffen im Gedicht Zusammenhänge, die oft im epischen Stil als Geschehnisse dargeboten werden. In jeder Strophe steht ein Geschehnis im Zentrum, und es lässt sich zeigen, dass alle Geschehnisse – und somit alle Einzelstrophen – etwas im Grunde Identisches reflektieren. Was das eine von dem anderen unterscheidet, macht die besondere Perspektivierung der Reflexion in der jeweiligen Strophe aus.“[35]) Dies ist freilich nur die halbe Wahrheit; die „Meta-

---

supported by ‚intermittence forms of the will‘ but giving rise to belief in stable and enduring things that undergo both motion and qualitative change“.

[32]) Zur ‚Realpräsenz‘ und dem Präsentischen in der Kunst siehe George Steiners Versuch ›Von realer Gegenwart‹ (1989) und die damals heftige Diskussion, die durch das Nachwort zur deutschen Ausgabe (1990) von Botho Strauß ausgelöst wurde. John W. Dunn, ›An Experiment with Time‹ (1927), ging von der gleichzeitigen Gegenwärtigkeit von Zukunft und Vergangenheit im Traum aus. Diese Co-Präsenz von Vergangenem und Künftigem als Traum-Simulacrum ist unmittelbares romantisches Erbe, bedenkt man die prinzipielle Fragmentarität des Traumes – und sei er noch so ‚schön‘. Dunn versuchte, das Lineare an/in der Zeit zu kontern – was ja Sinnkern der Rede vom Präsenzdenken ist: das Hervorbringen/Kreieren dieses Eindrucks.

[33]) KSA, 1, S. 250.

[34]) Groddeck: Friedrich Nietzsche, Dionysos-Dithyramben (zit. Anm. 17), Bd. 1, S. 139.

[35]) Schädlich, Dithyrambische Sprachproduktivität (zit. Anm. 5), S. 363.

pher-Wörter" wirken nicht nur lokal innerhalb eines Gedichts, sondern strahlen übergreifend auf den gesamten Gedichtzyklus aus. Die Verweise und Rückbezüge sind komplexer Art und betreffen die Gesamtheit der Komposition. Man kann mit Christoph König argumentieren, dass „die in einem Gedicht gewonnenen Wörter [...] in anderen Gedichten – zugeschliffener" wiederkehren, sie werfen ihre „lexikalische Bedeutung" ab und gewinnen dadurch „eine neue Bedeutung",[36]) wobei ich energischer, ja radikaler gar von der Potenzierung ihrer Bedeutung sprechen würde.

Während in ›Zwischen Raubvögeln‹ das „Jetzt" explizit benannt wurde, kommt nun in ›Das Feuerzeichen‹ das „Hier" ausdrücklich zum Tragen, hier, „wo zwischen zwei Meeren die Insel wuchs"; was also dort das „Jetzt" war, ist in dieser ersten Strophe das „Hier". Man kommt nicht umhin, analogisch zu verbinden: Die Insel, dieser Ort dazwischen, der sich erhebt aus dem Meer, dem ewig Gleichen, kommt dem Phänomen gleich, das vorher im „Jetzt" erkennbar war: die Insel, analog zum Sprechenden, befindet sich „zwischen zwei Nichtse", die Insel ist das in sich selbst Eingebohrte, sie ist das Fragezeichen (des vorangehenden Gedichts) – und wie wir nun, nachträglich, erfahren, steht das Feuerzeichen parallel zum Fragezeichen, das hier wiederholt wird; es handelt sich dabei offenbar um das immer gleiche Zeichen, dieses wird nur aus verschiedenen Perspektiven betrachtet – und je nach Perspektive hat es eine andere Erscheinungsform; den „verschlagne[n] Schiffer[n]" erscheint es als Feuer-, denjenigen, „die Antworten haben", als „Fragezeichen".

In dieser Strophe wird eines ersichtlich, dass nämlich im Jetzt-Bereich (nach dem Übergang) *etwas (sich) zündet*, wobei in ›Zwischen Raubvögeln‹ das Gewicht auf dem „Jetzt" liegt, das sich dann in ›Das Feuerzeichen‹ auf das „Hier" verlagert. Verweilt man vorerst im dritten Vers, ohne gleich in den dann folgenden überzugehen, lässt sich „zündet sich" als Vollverb lesen – ein Unbenanntes fängt Feuer; zwar bleibt der Vers rein grammatikalisch betrachtet in der Schwebe, doch eben dieser Schwebezustand kann als eine Ruptur im Versverlauf gedeutet werden, die ihre spezifische Funktion hat und allein mittels des Versumbruchs zur gänzlichen Entfaltung kommt.

Im Sinne einer Momentaufnahme darf man das „zündet sich" als ein absolutes Zünden lesen; es steht in keiner Relation zu etwas anderem. Im Übergang in den vierten Vers, retrospektiv, ändert sich die Perspektive – man bekommt Einblick in den ‚wahren' Sachverhalt: das namenlose Subjekt, das sich im vor-

---

36) Christoph König, „Ich bin dein Labyrinth...". Zur poetischen Klugheit in Nietzsches Dionysos-Dithyramben, in: Benne, Zittel (Hrsgg.), Nietzsche und die Lyrik (zit. Anm. 3), S. 331–349, hier: S. 331. „Der Prozess ist naturgemäß von Wort zu Wort, von Gedicht zu Gedicht – je verschieden." Aber „auf Einheit kommt es nicht an; im Vordergrund steht der Prozess".

angehenden Vers noch ‚selber zündet‘, tritt in Erscheinung, ebenso das Objekt, das gezündet wird: Zarathustra zündet sich seine (eigenen) *Höhenfeuer* an; das Prädikat verändert sich von einem ‚sich zünden‘ in ein ‚etwas anzünden‘.[37]) ‚Zünden‘ heißt implizit auch ‚entfachen‘, ‚erleuchten‘ – oder ‚Aufscheinen‘, einen Schein von sich geben, aufblitzen. Was zündet, tut es demnach in einem Augenblick, plötzlich, ohne Vermittlung. Im Plötzlichen ereignet sich das Anti-Prozessuale, anders gesagt: Was plötzlich in Erscheinung tritt, bildet sich nicht, daher lässt es sich auch nicht kausal eruieren, denn es bricht aus, entlädt sich, im Hier und Jetzt.

Was ich hier anhand einer detaillierten Analyse einzelner Strophen und Verse aufzuzeigen versucht habe, findet durchaus Widerhall in einem erweiterten Bedeutungsraum: In Nietzsches philosophischem Großprojekt etwa, der Umwertung aller Werte – einem gedanklich umfassenden Fragment – verbirgt sich die Frage nach dem Verhältnis von Umschlagen und Umwerten und der Rolle, die das Plötzliche dabei spielt. So begriff Nietzsche das Feuer des Ewigen, das sich laut Heraklit an immerwährenden Gegensätzen entzündet, als Energie im modernen Sinne.[38]) Das Plötzliche lässt sich bei ihm daher auch im Physiologischen als spontane Wärmezufuhr deuten – Umwertung des Blitzes, der seit Lichtenberg ein philosophisches Thema der Aufklärung ist.[39]) Der Gedanken-

---

[37]) König, „Ich bin dein Labyrinth…“ (zit. Anm. 36), S. 335f., hat mit Bezug auf den Zarathustra-Satz: „Nun heisse ich euch, mich verlieren und euch finden: und erst, wenn ihr mich Alle verleugnet habt, will ich euch wiederkehren“ ein ähnliches Phänomen beobachtet und wie folgt veranschaulicht: „Entscheidend ist hier die gedankliche Entwicklung des Sinns, den am Ende das Verb ‚wiederkehren‘ gewinnt, die Wiederkunft als Abstraktum gewissermaßen. […] Hier sind es vier Etappen: verlieren – euch finden – verleugnen – euch wiederkehren. Das Verlieren (a) wird zu einem aktiven Verleugnen (c) und setzt dabei die Aufforderung des Euch-Findens (b) voraus. Das ist der Sinn der Abfolge der Verben. Das Verleugnen wird in diesem Prozess, in der dritten Etappe, definiert (der Doppelpunkt zeigt die Definition an) durch die Verbindung von verlieren und sich finden. Nach der Zäsur, die durch die Negation (‚und erst‘) erfolgt, hat sich der abstrakte und von Zarathustra vorformulierte Wunsch verändert. Das Verlieren ist in seinem Sinn durch die Syntax des Satzes verändert worden – zu einem Verleugnen, das von den Jüngern ausgeht und deren Aktivität des Sich-Findens voraussetzt. Nun erst wird das Wiederkehren des Zarathustra ermöglicht, und zwar in einer speziellen Gestalt, nämlich als eine (durch den *dativus ethicus* ermöglichte) personale Verbindung. Das EUCH ist vom Dativ zum Akkusativ und wieder zum Dativ zurückgekehrt.“

[38]) Er kannte Robert Mayers ›Mechanik der Wärme‹ seit 1881 und war mit Hermann Helmholtz und seiner Farbentheorie vertraut. Bezeichnend ist dabei, dass er Mayers Wissenschaftlichkeit mit „Musik“ verglich und damit eine Ästhetik der Wissenschaft zumindest andeutet (Brief an Köselitz v. 16. April 1881, in: KSA 6, S. 84).

[39]) Nach Benjamin Franklins Erfindung des Blitzableiters im Jahre 1752 hat sich auch Lichtenberg experimentell mit Blitzableiteranlagen beschäftigt, vgl. dazu Georg Christoph Lichtenberg, Von einer neuen Art die Natur und Bewegung der elektrischen Materie zu erforschen, in: Schriften und Briefe, hrsg. von Wolfgang Promies, München 1972, 3, S. 24–34.

blitz ist dabei treffliche Analogie, um nicht zu sagen, Ableitung. Der Impuls gilt der Umwertung – einerseits bereitet sich die Umwertung lange vor (Teil des ›Zarathustra‹-Projekts), andererseits braucht die Umwertung einen Auslöser: etwa die Einsicht in die ewige Wiederkunft des Gleichen.

Was nun hat diese Untersuchung erbracht? Sie konnte gerade durch die vorgenommene ‚Engführung' zeigen, dass Nietzsche an einer philosophischen Reflexion des Augenblickshaften vermittels seiner lyrischen Gestaltung gelegen war. Damit stellte er poetisch eine kommunikative Situation her, die ihre eigene zeitliche Bedingtheit eigens zum lyrischen Thema macht – und das mit Hilfe aller probaten Sprachzeichen. Nietzsche schuf mit seinen ›Dionysos-Dithyramben‹ und gerade an den hier analysierten temporalen Scharnierstellen oder Schwellen sprachliche Momenterfahrungen von blitzartiger Belichtungsdauer, die ihren Erkenntniswert auch als ästhetisch-lyrische Erfahrung realisiert sehen. In diesen „Jetzt"-Momenten, dem *nunc* als Sprachzeitwert, zeigt sich eine situativ erhellte Welterkenntnis *in nuce*, die sich später bei Karl Jaspers zur orientierenden, wenn auch entästhetisierten und entschieden ethisch interpretierten „Daseinserhellung" erweitert sehen wird.[40])

Die im lyrischen Jetzt Nietzsches sich ereignende Apotheose unbedingter Gegenwart, dieser geradezu Jetzt-Taumel, der ursächlich zur Dionysischen Ekstase gehört, unterläuft das kritische Bewusstsein. Bereits Friedrich Würzbach befand in seinem wirkungsmächtigen, in München 1922 gehaltenen Vortrag ›Dionysos‹: „Das Bewußtsein ist das eigentliche Hemmnis dionysischen Erlebens".[41]) Nietzsches subtiles, ästhetisch produktives Sprachbewusstsein, das gerade in seiner (späten) Lyrik zum Ausdruck kommt, und damit verbunden seine Einsicht in die Wirkungsweise der Sprache, erzeugten gerade in diesen „Jetzt"-Momenten wie in einem dialektischen Umschlag oder eben einer „Umwertung" eine augenblickshafte Freiheit von Bewusstheit und ermöglichte damit eine sprachdionysische Erfahrung. Durch genaues Kalkül im sprachlichen Ausdruck konnte so der Eindruck entstehen, dass sich jegliche Intentionalität aufhebe und das Jetzt schwebe – und sei es nur für einige lyrische Augenblicke.

III

Was hier an zwei stilistisch wie denkpoetisch signifikanten Gedichten aufgezeigt werden konnte, die Ruptur als sprachliches Zeichen des Plötzlichen, hat für das von jähen Themenwechseln innerhalb seiner Schriften geprägte Werk Nietzsches weitreichende Bedeutung. Sie sei abschließend zumindest – umris-

---

[40]) Karl Jaspers, Philosophie. Bd. III: Metaphysik, Berlin 1932, S. 161.
[41]) Friedrich Würzbach, Dionysos, München 1922, S. 24.

sen. Von der Art her gesehen, wie er sein Denken bevorzugt darstellt, lässt sich behaupten, dass Nietzsche das Ummanteln von Gedanken vermied. Nicht das Falten – auch nicht im Sinne eines allmählichen Entfaltens – war seine Sache, sondern das Exponieren, Zuspitzen, Anreißen. Nicht die Falte, wie sie Gilles Deleuze als Denk- und Sprachmerkmal für Leibniz herausgearbeitet hat,[42]) war Nietzsches Darstellungsform, sondern eben der Riss, der zu seinem Sprach- und Denkkennzeichen wurde.

So erkennt er im Aphorismus, seitdem er ›Menschliches-Allzumenschliches‹ zu konzipieren beginnt (1876), die ihm mit allen seinen Variationen gemäße Denkform, eine stilistische Entscheidung, die einen wesentlichen Bruch mit seinen bisherigen entschieden diskursiven Schriften bezeichnet, wenn auch das Aphoristische in einigen seiner früheren Texte – auch in Teilen der ›Geburt der Tragödie‹ – angelegt war. Die einzelnen aphoristischen Abschnitte unterschiedlicher Länge markierte er nach dem jeweiligen, immer gesperrt geschriebenen Kurztitel durchgängig mit einem Punkt und Gedankenstrich,[43]) z. B. „Chemie der Begriffe und Empfindungen. –"[44]) Das Signal, das er damit offenbar geben wollte, war: Jeder Aphorismus bedeutet einen Einschnitt im Ablauf des Denkens, einen Einriss und damit ein notwendiges Innehalten in der hauptsächlich monologischen Sprachform des Reflexionsprozesses. Es handelt sich dabei um Unterbrechungen, die das von Nietzsche immer wieder geforderte ‚langsame Lesen' befördern sollten, das Innehalten-Müssen und den Übergang finden zu dem, was der Aphorismus dann ausführt. Die Brücke über den Riss oder Gedankenspalt zeigt Nietzsche wenn überhaupt, dann nur mittelbar; sie zu schlagen bleibt in erster Linie dem Leser überlassen, wenn er die Zeichen zu deuten versteht.

Akzentuierte Rupturen außerhalb der lyrischen Versuche finden sich bei Nietzsche vor allem dann, wenn er die monologische Struktur durchbricht, etwa im ersten Teil seiner Streitschrift ›Zur Genealogie der Moral‹, die einen diskursiven Dialog über das „Fabriziren von Idealen" simuliert. Das „Fabriziren" oder Konstruieren von bestimmten Werten unterläuft Nietzsche, indem er vorführt, wie ein Gespräch über solche Konstruktionen zerbricht. Den Dialog treibt ein mehrfach wiederholtes „– Weiter!" an, wobei dieser Ausruf mehr einen Riss bezeichnet als ein Element, das verschiedene Gedanken verbindet:

---

[42]) Siehe GILLES DELEUZE, Die Falte. Leibniz und der Barock, Frankfurt/M. 2000.

[43]) Hinlänglich bekannt ist Nietzsches Einsatz von *allen* verfügbaren Sprachzeichen als Merkmal seines Stils. Vgl. dazu u. a. HEINZ SCHLAFFER, Das entfesselte Wort. Nietzsches Stil und seine Folgen, München 2007.

[44]) KSA 2, S. 23.

Diese Werkstätte, wo man Ideale fabrizirt – mich dünkt, sie stinkt vor lauter Lügen. – Nein! Noch einen Augenblick! Sie sagten noch nichts von dem Meisterstücke dieser Schwarzkünstler, welche Weiss, Milch und Unschuld aus jedem Schwarz herstellen: – haben Sie nicht bemerkt, was ihre Vollendung im Raffinement ist, ihr kühnster, feinster, geistreichster, lügenreichster Artisten-Griff.[44])

Rupturen in den diskursiv-aphoristischen Texten belegen vor allem eines: Nietzsches Skepsis gegenüber den Prinzipien einer gleichförmigen Kausalität. So überrascht es nicht, im Dritten Buch der ›Fröhlichen Wissenschaft‹ gerade im Aphorismus zu „Ursache und Wirkung. –" einen solchen Riss im Denkablauf vorgeführt zu bekommen. Er hebt zudem noch das im Kontext von Nietzsches Lyrik behandelte Phänomen der Plötzlichkeit eigens hervor und stellt so einen scheinspontanen Zusammenhang zwischen Riss und jähem Zeitwert her, der zumindest für das Spätwerk Nietzsches konstitutiv werden sollte. Um noch einmal genauer auf das anfangs bereits zitierte Votum Nietzsches zur Bedeutung von Plötzlichkeit im Verhältnis zum Kausalitätsproblem einzugehen, sei hier der Schlussabschnitt dieses Aphorismus erneut angeführt:

Die Plötzlichkeit, mit der sich viele Wirkungen abheben, führt uns irre; es ist aber nur eine Plötzlichkeit für uns. Es giebt eine unendliche Menge von Vorgängen in dieser Secunde der Plötzlichkeit, die uns entgehen. Ein Intellect, der Ursache und Wirkung als continuum, nicht nach unserer Art als willkürliches Zertheilt- und Zerstücktsein, sähe, der den Fluss des Geschehens sähe, – würde den Begriff Ursache und Wirkung verwerfen und alle Bedingtheiten leugnen.[46])

Intellektuelle Leistung wäre demnach, Ursache und Wirkung im Denkfluss aufzulösen, aber auch den Einriss des Plötzlichen umzuwerten in ein Bewusstsein von Plötzlichkeitspartikeln, was uns überhaupt erst erlauben würde, Kontinuitäten über Rupturen hinweg zu erfahren. Das Plötzlichkeitsempfinden, von dem diese zitierte Stelle aus der ›Fröhlichen Wissenschaft‹ handelt, weist Nietzsche als ein betont subjektives aus („es ist aber nur eine Plötzlichkeit für uns"). So wie er im darauffolgenden Aphorismus behaupten wird, dass viel zusammenkommen und gehören müsse, „damit ein wissenschaftliches Denken" entstehe,[47]) gilt auch für die Plötzlichkeitserfahrung, dass viele Rupturen erlebt, sprachlich und denkpoetisch gestaltet sein wollen, bevor sie sich angemessen werten lässt. Das nach den herkömmlichen Kausalgesetzen vorgenommene Aufbrechen kognitiver, aber auch emotionaler und wahrnehmungsbedingter Zusammenhänge, dieses „Zertheilt- und Zerstücktsein", zu dem auch sprachliche Rupturen gehören, scheint freilich als Erfahrung notwendig zu sein, um

[45]) KSA 5, S. 282.
[46]) KSA 3, S. 473.
[47]) KSA 3, S. 473.

eine andere Art der Kausalität imaginieren und womöglich umsetzen zu können. Wohl auch deswegen hinderte sich Nietzsche nicht daran, bis zuletzt, bis hin zu ›Ecce homo‹, mit sprachlichen Rupturen zu arbeiten. Den Riss als Stilmittel zu verstehen, bedeutet demnach, einen wesentlichen Aspekt von Nietzsches Kultur- und Bewusstseinskritik sprachlich kenntlich machen zu können. Denn die Ruptur als Teil der Plötzlichkeitserfahrung war ihm Zeichen lyrischen Formvermögens und seiner Erkenntniskritik.

THE TRANSLATION OF DRAMA AS A TOOL OF NATIONALISM

José Echegaray's Works Staged by Central European Theatres in the Late 19th Century

By Beatriz Gómez-Pablos and Jana Laslavíková (Bratislava)

This study deals with the works of the Spanish playwright José Echegaray, the reception of their translations, and their adaptations in theatres in Vienna, Budapest and Pressburg (present-day Bratislava) in the late 19th century. With a view to the upcoming hundredth anniversary of signing the Treaty of Trianon, and of the establishment of the Slovak National Theatre (1920), the text considers translation as a tool to cement nationalism and shape the new countries in the early 20th century.

Dieser Beitrag beschäftigt sich mit den Werken des spanischen Dramatikers José Echegaray, der Rezeption ihrer Übersetzungen und deren Adaptionen für Theateraufführungen in Wien, Budapest und Pressburg (heute Bratislava) am Ende des 19. Jahrhunderts. Aus der Perspektive des hundertsten Jahrestags der Unterzeichnung von Trianon und in Hinblick auf die Gründung des slowakischen Nationaltheaters (1920) stellt sich Übersetzung als ein Mittel dar, um Nationalismus zu fördern und die neuen Nationen Anfang des 20. Jahrhunderts zu formen.

Introduction

As we know, in the second half of the 19th century, liberal views and democratic thinking began to surface in Europe, leading to the collapse of monarchies. At the same time, nationalist movements appeared which, in the Central European context, threatened the Austro-Hungarian Empire and ultimately caused its complete dissolution.[1]) At that time, the Habsburg territories were like a colourful mosaic of different cultures, languages and nations, and their consid-

[1]) Still useful for an introduction into the topic is the (still unfinished) extensive collection ›Die Habsburgermonarchie 1848–1918‹, ed. by Adam Wandruszka, Peter Urbanitsch, Wien 1973 ff. For a concise presentation of Austrian history see Erich Zöllner, Geschichte Österreichs. Von den Anfängen bis zur Gegenwart, Wien 1990; Pieter M. Judson, Habsburg. Geschichte eines Imperiums, 1740–1918, München 2017; Robert A. Kann, Das Nationalitätenproblem der Habsburgermonarchie. Geschichte und Ideengehalt der nationalen Bestrebungen vom Vormärz bis zur Auflösung des Reiches im Jahr 1918, Köln, Graz 1964.

SPRACHKUNST, Jg. LI/2020, 1. Halbband, 49–80

DOI: https://dx.doi.org/10.1553/spk51_1s49

erable political fragility, along with their increasingly artificial language unity, weakened their stability more and more. According to Johannes Feichtinger the "multitude of diversities" caused by "critical fractures of modernisation" inevitably resulted in strategies to somehow unify Central Europe. If the colonial act of erasing differences was directed outwards elsewhere, administrative tasks within the Habsburg multi-ethnic state pointed towards an inner colonisation. "[...] Here, dominant societal forces attempted to secure their economic, cultural and national hegemony. It is in this way, that the pressure to assimilate can be understood as an expression of inequal power dynamics, as marginal communities increasingly felt forced to submit to a dominant cultural narrative – an act of self-colonisation."[2]) Since the efforts to maintain the uniformity of the monarchy appeared too costly, threats to gain independence emerged and acquired momentum easily.

We will look at the topic from several perspectives. On the one hand, we will analyze the literary reception of Spanish writer José Echegaray, winner of the Nobel Prize in Literature in 1904. On the other hand, we will examine the translation aspect of his works, which were translated into French, German, Swedish, English and, from among the languages of the Austro-Hungarian Empire, into Czech, Hungarian and Polish, among others. In addition, we will look at their presence in towns like Weimar, Berlin, Vienna, Budapest, Prague and Pressburg (present-day Bratislava) through the theatre critiques that appeared in the press. The topic is novel because little attention has been paid to the translation of Echegaray's works and also because we will present them in a wider context: within the political and cultural reality of the time, without which we would not be able to understand how their translation became a tool of the nationalists, as we argue in this paper. For this reason, we think it is appropriate to outline the political and linguistic situation of the time.[3])

---

[2]) Johannes Feichtinger, Habsburg (post)-colonial. Anmerkungen zur inneren Kolonisierung in Zentraleuropa, in: Habsburg postcolonial. Machtstrukturen und kollektives Gedächtnis, Innsbruck u. a. 2003, pp. 13–31, here: p. 18: „(...) zog die Vielzahl der Diversitäten infolge der ‚krisenhaften Verwerfungen des Modernisierungsprozesses' in Zentraleuropa zwangsläufig Vereinheitlichungsmanöver nach sich. War der Akt der Verwischung von Differenzen anderswo in kolonialistischem Sinne nach außen gerichtet, so verweisen im habsburgischen Vielvölkerstaat verschiedene administrative Maßnahmen auf eine nach innen gekehrte Kolonisierung. [...] Hierbei versuchten dominante gesellschaftliche Schichten ihre ökonomische, kulturelle und nationale Vorherrschaft zu sichern. So lässt sich auch der Assimilationdruck als Ausdruck von ungleichen Machtverhältnissen verstehen, wenn marginale Gruppen zunehmend den Zwang verspürten, sich in einem Akt der Selbstkolonisierung dem dominanten kulturellen Narrativ zu unterwerfen."

[3]) On the subject of language policy in the Habsburg monarchy see: Lingua e politica. La politica linguistica della Duplice Monarchia e la sua attualità. Sprache und Politik. Die Sprachpolitik der Donaumonarchie und ihre Aktualität. Atti del simposio /Akten des Symposiums, Istituto Italiano di cultura di Vienna (31. 5. 1996), ed. by Umberto Rinaldi,

In the first half of the 19th century, the Hungarian idea of a 'nation' more closely resembled the French than the German one. The emphasis on language became a vital component of the Hungarian national movement. Like Gerhard Seewann remarks, "protagonists were entirely aware that Hungary was a multiethnic and multi-religious state. That is why they spoke of a Hungarian political nation which all nationalities, regardless of their ethnicity, could belong to. As Hungarians, however, they did claim supremacy, i.e. rule over all the communities living in the country. They also spoke of the necessity of Magyarisation, in line with the popular phrase "The nation lives in her language – *Nyelvében él a nemzet.*"[4])

The Austro-Hungarian Compromise and the consequent system of dualism treated the question of nationality differently in both parts of the empire. While Austria morphed into a federal state of various nationalities, Hungary developed into a distinct nation-state with a highly centralised administrative structure. In "Zisleithanien" the judicial framework for the nationality problem was dealt with in Article 19 of the 1867 "Constitution of the Fundamental Rights of the Citizens" (21. 12., "December Constitution"), in "Transleithanien" in Article 44 of the 1868 "Nationalities Act" (November 29th). Since language was the epicentre of Hungarian national politics, Hungarian was declared the official language. The strategy was to define norms in all linguistically relevant areas and enact measures which the elite hoped would have a nationalising effect. In "Zisleithanien", German was not declared the one and only official language, since the principle of equality of all languages was upheld.[5])

The multilingual situation in the monarchy enabled the works of several authors, written in other languages (e.g. in Czech, Hungarian, Polish or Croatian), to be translated into German. Naturally, these translations were not of the same quality, they differed from the original versions because they were made from the German translations of the works. Due to the obstacles put in place by the pro-Habsburg authorities, languages were emancipated only slow-

---

Rosita Rindler Schjerve, Michael Metzeltin, Gualtiero Boaglio, Wien 1997; Diglossie and Power. Language Policies and Practice in the 19th Century Habsburg Empire, ed. by. Rosita Rindler Schjerve, Berlin, New York 2003; Der Beitrag Österreichs zu einer europäischen Kultur der Differenz. Sprachliche Minderheiten und Migration unter die Lupe genommen, ed. by Rosita Rindler Schjerve, Peter H. Nelde (= Plurilingua, vol. XXVI), St. Augustin 2003.

[4]) Gerhard Seewann, Geschichte der Deutschen in Ungarn. Band 2: 1860 bis 2006, Marburg 2012, p. 5.

[5]) Hans Goebl, Kurze Einführung in die Sprachenvielfalt und Sprachenpolitik der Donaumonarchie in deren Spätphase (1848–1918), in: Die Sprache des Nachbarn. Die Fremdsprache Deutsch bei Italienern und Ladinern vom Mittelalter bis 1918, ed. by. Helmut Glück, Bamberg 2018, pp. 43–84, here: p. 52.

ly. Nevertheless, pressure from the subordinated nations clearly could be felt. Languages were codified, along with their own grammar and vocabulary, national awareness was becoming stronger thanks to the publishing of scientific works that contributed to the development and enrichment of the lexis, and works were published also on national history. Due to the improved technologies of printing and the rise of nationalism, book production also increased in Slavic communities. In addition, literary works of all genres (dramas, novels, short stories, poems) were appearing, since the idea of a unified nation, with a unified language, strengthened national identity. Michaela Wolf proves in her extensive work on translation in the Habsburg Empire that "the production of belletrist literature, consisting mostly of 'entertaining literature' but also of lyrical and dramatic works (in original language and translation) was remarkably high. Specifically, translations into and from Bosnian-Croatian-Serbian, Hungarian and Polish are well documented: This points to a mutual perception of literary production – at least for certain audiences.[6]) To increase literary production, a number of writers was needed that exceeded the capacity of newly emerging nations. Consequently, they had to produce translations. World classics and the works of contemporaneous authors were published, and the number of translations at that time was truly astonishing. Several works translated at the end of the 19th century have no other translations even today. Therefore, although we cannot claim with certainty that translating functioned as a tool, it evidently helped national thinking to emerge.

The above facts point to the enormous work translators did in the last decades of the 19th century and in the early 20th century. To translate means to show that Hungarian, Czech, Polish or Croatian are able to express the same things in the same way as world languages like English, French, Spanish or German. It is a way to come close to their level, and to prove that they are equally rich and capable in terms of lexis and morphosyntax. Consequently, not only literary works but also scientific works were translated, since the interest in the development of scientific terminology stood at the forefront. All this contributed to the fluency of the new language, which, in this way, was made to reach the same level as the language from which it was translated. It was a slow process, though. As explained above, initially, many works were translated through German[7]) (rather than from the source languages, which were poorly understood by translators), which meant a certain limitation in the selection of the

---

[6]) Michaela Wolf, Die vielsprachige Seele Kakaniens. Übersetzen und Dolmetschen in der Habsburgermonarchie 1848 bis 1918, Böhlau 2012, p. 224.

[7]) At other times, it was French through which the works were translated into other languages; only later, literature was translated from the original languages.

source texts themselves. Initially, German was a language that monopolized, determined and controlled cultural life throughout the Austro-Hungarian Empire. Later, however, its influence slowly waned.

The genre we deal with has certain peculiarities since this translation is of texts meant for the stage. We know that theatre was one of the main forms of entertainment at the end of the 19th century and in the early 20th century. It addressed high society and the bourgeoisie, so it can be considered as the entertainment of the elite. The press also helped in spreading general culture. The language of the press was Czech and German in the Czech and Moravian regions, and Hungarian and German in Hungary and Upper Hungary, that is present-day Slovakia. Literary criticism, therefore, had two addressees.

José Echegaray: Politician, Mathematician, Writer

José Echegaray (1832–1916), a person with very diverse interests, a qualified engineer, author of several books in the field of mathematics and physics, and an active politician, stands out from among the Spanish playwrights of the last third of the 19th century and the early 20th century. He held several posts. He was a member of the Royal Academy of Sciences and of the Spanish Royal Academy, the first president of the Spanish Mathematical Society, and a member of several cultural and literary associations, where he pursued his scientific, literary and political activities. This author, a Nobel laureate in literature in 1904 along with Frédéric Mistral, wrote sixty-two works in total, twenty-five of which were prose and the rest were written in verses, as was usual at the time. His works are hard to assign to any specific literary movement, partly due to his personal development in writing technique and his search for novel forms. However, his works show characteristics of neo-romanticism. Echegaray likes passion, and moral conflicts, such as infidelity, honour, jealousy, sorrow, suicide etc., are a recurring theme in his dramas. Nevertheless, there is no psychological analysis of the characters in his works because he concentrates primarily on the effect the drama invokes in the audience; accordingly, his plays may appear artificial or unnatural.

Echegaray's first staged play, ›El libro talonario‹ (1874) in one act, stood at the beginning of his prolific dramatic activities. At that time, he sometimes wrote as many as four dramas a year[8]). The real breakthrough came with ›El

---

[8]) Some of his works written before ›El gran Galeoto‹ were ›La esposa del vengador‹ (1874), ›La última noche‹ (1875), ›En el puño de la espada‹ (1875), ›Un sol que nace y un sol que muere‹ (1876), ›Cómo empieza y cómo acaba‹ (1876), ›O locura o santidad‹ (1877), ›Para tal culpa, tal pena‹ (1877), ›Lo que no puede decirse‹ (1877), ›En el pilar y en la cruz‹ (1878), ›Correr en

gran Galeoto‹[9]), staged by the Teatro Español in Madrid in 1881. The play was a real triumph for Echegaray. As contemporaneous witnesses put it:[10]) "after the performance ended, the audience gave him a thunderous applause and, glorifying him, followed him to his house, and they did this every day the play was performed in Madrid". The critics, however, were not very favourably disposed towards him; they described his play ›Cómo empieza y cómo acaba‹[11]) (1876) as quite improbable, repulsive and immoral. The author learnt from such critiques and when publishing ›El gran Galeoto‹, he wrote a brief foreword to it, in which he explained his intention. In that way, he covered himself against possible criticism and explained to the audience the message of the work that denounces gossip because, although we do not assign great importance to it, it can still have very harmful consequences.

The subject is simple. The main protagonists, Don Julian and his wife Teodora, have to face vicious slander due to Teodora's alleged affair with a young writer, Ernesto, Don Julian's protégé, who lives in the same house as the married couple. Although Don Julian has no doubts about his wife's chastity, he is nevertheless bitten by jealousy and decides to challenge Ernesto to a duel. Things get complicated when Teodora tries to prevent the duel and goes to Julian's quarters just before her husband appears there. The atmosphere becomes increasingly suffocating and culminates in Teodora and Ernesto falling in love with each other. The events unfold in a tragic way: Don Julian dies and the couple flees, this time as true lovers already. The blame goes to the superficial society, which spreads gossip light-mindedly, not caring about its possible consequences. As philologist María Díez Yáñez says:[12]) "In ›El gran Galeoto‹, neither good, nor virtue triumphs, because they are suppressed by evil and the society's hypocrisy."

Echegaray achieved his next success abroad with his play ›O locura o santidad‹, staged in Madrid in 1877. In this, he presents Lorenzo, a wealthy man, son

---

pos de un ideal‹ (1878), ›Algunas veces aquí‹ (1878), ›Morir por no despertar‹ (1879), ›En el seno de la muerte‹ (1879), ›Bodas trágicas‹ (1879), ›Mar sin orillas‹ (1879), ›La muerte en los labios‹ (1880).

9) The title of the work refers to the love affair of queen Ginebra and knight Lancelot (also known as Lanzarote), between whom Galeoto acts as an intermediary.

10) Javier Fornieles Alcaraz, José Echegaray: una interpretación global, in: Tonos digital (2017), p. 8.

10) The play ›Cómo empieza y cómo acaba‹ was premiered in November 1876 and immediately attracted a wave of negative criticism. For many people, depicting topics like infidelity and the murdering of one's husband went beyond the moral limits of the era. Javier Fornieles Alcaraz, José Echegaray: neorromanticismo y librecambio, in: Rilce (2017), p. 169.

12) María Díez Yáňez, Echegaray en Alemania: sobre la recepción de El gran Galeoto, in: La literatura española en Europa 1850 – 1914, ed. by Ana Freire López, Ana Isabel Ballesteros, Madrid 2017, p. 157.

of a duchess and a titleless father. Lorenzo's former nanny, Juana, discloses to him before her death that she is his real mother, and the wealthy parents, whom she served, only adopted him. To prove this, she shows him a letter. Lorenzo decides to renounce his noble title and possessions and explains to the duchess that her daughter cannot marry Eduardo because the scandal would then be revealed. Juana is devastated by the consequences of what she has done and burns the letter. Instead of the letter, she puts only a blank sheet of paper into the envelope, and dies. Lorenzo's friends and relatives begin to question his sanity. Therefore, Lorenzo decides he has to prove that he is not a fool, but when he opens the envelope and finds the empty sheet in it, he only strengthens the general negative opinion about him. The play reflects wonderfully the dramatic effect the writer intended to achieve.

Lastly, let us mention the play ›Mariana‹, staged in Madrid in 1891. This play also became very popular and was one of his most translated works. It describes a woman haunted by her own past: her mother abandoned her to be with a man called Alvarado, who later mistreated her mother and precipitated her death. This compels Mariana to feel an impulse to take revenge and humiliate all men, including poor Daniel, whom she loves in the farthest corner of her heart. Echegaray combines topics that keep recurring in various contexts in all his works: fighting against one's fate, predestination, wild passion, freedom as a limitation, misfortune and disappointment.

Supporters and Detractors: The Views of Echegaray's Contemporaries

›El gran Galeoto‹ became extremely popular among audiences. Probably tired of neo-classicist dramas, they longed for new topics and new literary techniques. Echegaray's dramas provided this change for them. Some literary critics, however, reacted negatively. Manuel Revilla for example, a professor of Spanish and general literature, and one of the most prestigious critics of his time, appreciated some of Echegaray's works but labelled others as vulgar, cynical, or even immoral. More liberal critics regarded Echegaray as a genius, able to reflect on the problems of a society that pretends to be moral but lives in the opposite way. For others, however, he was a writer who brought socially unacceptable subjects to the stage. Later critics and literary historians agree that, in an effort to astonish the audience, the author overemphasized passion as a dramatic element. His main aim was to impress the audience and "offer new dramaturgic ideas that corresponded to the development of European theatre."[13])

---

[13]) Diana Muela Bermejo, Violencia física y psicológica en el teatro de José Echegaray: la etapa de María Guerrero, in: Cartaphilus (2016), p. 249.

Menéndez Pelayo, in his ›Historia de los heterodoxos españoles‹, sharply criticizes Echegaray's works:

> Certain romantic and flamboyant vandalism is ruling over the theatre, aimed at transcendentality, spasmodism and epilepsy, in utter contrast with seriousness and purity. I am talking of the dramas of Mr. José de Echegaray, with immense understanding but without dramaticism. They appear to me so bad from the literary aspect, full of repulsive falseness inside, written so awkwardly, their verse so doggerel, permeated with the lyricism of the culteranismo and, moreover, so dark and dismal that I never made an effort to find out what mysterious esoteric doctrine they conceal and what intention the author had, nor did I ponder over the way in which they deal with (in the words of his admirers) grave social problems.[14])

Nevertheless, Echegaray's works began to achieve immense success among audiences as well as among contemporaneous critics ever since the publication of ›El gran Galeoto‹. Leopoldo Alas-Clarín, columnist of the ›El Globo‹, ›La Ilustración‹, ›Madrid Cómico‹ and ›El Imparcial‹ dailies at the time, said in his article ›Mar sin orillas‹: "Echegaray today, just like on the first day of his appearance on the Spanish scene, is a theatrical phenomenon; he deserves to be read thoroughly, in a way unbiased by prejudices."[15]) In an article written several years later, he points out the modern concept of his theatre. In his eyes, Echegaray is an innovator, not an imitator: "he represents a liberal impulse to finish with the past and turn to the future."[16]) This, however, does not prevent Alas-Clarín to also consider some of his plots unnecessarily wide, in which he agrees with the other literary critics.

Even novelist Pérez Galdós, renowned already at that time, talked about Echegaray with words full of enthusiasm and admiration, specifically in his novel ›Cánovas‹ from ›Episodios nacionales‹: "He was like a thunderous and luminous hurricane, who transformed discrete emotions into forceful manifestations of passion; he disturbed the old forms, brought new force and new sources to the dramatic art, electrified the audience and brought into the field of criticism burning enthusiasm that battles with lukewarm routine."[17]) The writer Pardo Bazán also devoted several pages to Echegaray. After describing the miserable condition of Spanish theatre, she highlighted Echegaray's merit in reviving it and urged him to continue his work: "Keep on writing comedies that, just like your first one, give us moments of delight and refreshment, and

---

[14]) Marcelino Menéndez Pelayo, Historia de los heterodoxos españoles, Tomo III, Madrid 1881, p. 814.

[15]) Leopoldo Alas, Mar sin orillas, in: Solos (1881), p. 123.

[16]) Librada Hernández, Clarín, Galdós y Pardo Bazán frente al teatro de José Echegaray, in: Anales de literatura española (1992), p. 102.

[17]) Benito Pérez Galdós, Cánovas, Madrid 1912, p. 65.

show us again that sap, sap, sap is circulating in Echegaray."[18]) The only thing she criticizes in him (and, in that, she agrees with Clarín) is that his plays are too long. Lastly, let us take a look at one more reference, from diplomat, politician and renowned writer Juan Valera, who underlined Echegaray's international acclaim: "What is beyond discussion, or, better to say, above any discussion, is Echegaray's prolific and magical genius, celebrated and admired throughout Spain and acknowledged already abroad, too, by the most cultured nations of Europe."[19])

It is evident that with the arrival of the 20th century, which brought changes in thinking and aesthetic feeling, the above-cited evaluations acquire a different, even opposite, meaning. Later generations criticized Echegaray's works for their excessive passion culminating in tragic endings and for their repetitive effect. In his lifetime, Echegaray became extremely popular because he managed to impress, surprise and astonish the audience despite his recurring subjects: infidelity, suicide, sorrow, physical and mental abuse, illegitimate children, the power of fate, pressure from society, fatality, outward impressions, hypocrisy, hidden passions, and tragic death. These topics are treated so masterfully in their dramatic texts, which are full of effects and extreme situations, that he dominated the Spanish theatrical scene for three full decades with them. As mentioned above, his works rest on three pillars: honour, fate and freedom – problems people face continually. Echegaray's theatre questions the religious beliefs and morality of his time and, in this sense, it is novel and inspiring. The truth is that any technique will become exhausted by time. Whatever was welcomed as novel at one moment is booed a few years later as outdated and wearisome. The emergence of the avant-garde in the 20th century brought unfavourable criticism for Echegaray and side-lined his works as remnants of the past.

International Acclaim

Echegaray's acclaim extended beyond the borders of Spain and his works were staged by prominent theatres in European metropolises (London, Paris, Berlin, Vienna, Budapest, Prague etc.). On January 4th, 1892, the ›Correo Militar‹ daily reported that "Echegaray's Gran Galeoto was played for four hundred nights in Berlin, three hundred nights in Vienna and almost as many in the Nether-

[18]) Emilia Pardo Bazán, La comedia de Echegaray: Un crítico incipiente. La Ilustración Artística 481, in: *Obras* III (1891), p. 968.

[19]) Juan Valera, La duda. Drama de don José Echegaray estrenado en el Teatro Español la noche del 11 de febrero, in: La Ilustración Española y América, 15/02/1898, vol. 42, no. 6, p. 90.

lands."[20]) The international acclaim also definitely helped the playwright to become a Nobel laureate in literature.

Echegaray achieved success in Sweden earlier than in any other European country. Nine of his works were translated and played in the ›Dramatiska Teatern‹ (Dramaten) in Stockholm and became known to the public in the following order: ›Helgon eller vansinning?‹ (›O locura o santidad‹, 1882)[21]), ›Den store Galeotto‹ (›El Gran Galeoto‹, 1888)[22]), ›Jern och blod‹ (›El hijo del hierro y el hijo de la carne‹, 1889)[23]), ›Bernardo Montilla‹ (›Lo sublime en lo vulgar‹, 1891)[24]), ›En kritikers debut‹ (›Un crítico incipiente‹, 1892), ›Med samma vapen‹ (›El libro talonario‹, 1894), ›Mariana‹ (›Mariana‹, 1894) a ›Offrad‹ (›Mancha que limpia‹, 1896)[25]).

---

[20]) Díez Yáñez, Echegaray en Alemania (cit. fn. 12), p. 158, note no. 3.

[21]) The translations were made at the request of Hugo von Feilitzen and contain a prologue by Th. Hagberg (Stockholm: H. Lindgren). Von Feilitzen (1854–1887) studied philosophy and Romance languages and became a professor at the University of Uppsala in 1883. Several translations and textbooks of French and German of his were published.

[22]) This first translation was based on Paul Lindau's German version. The name of the author is unknown. The author of the other version, this time translated from Spanish, was Karl August Hagberg (1865–1944), Spanish literary translator, son of Theodor Hagberg (who translated ›La vida es sueño‹ by Calderón de la Barca) and brother of August Hagberg (who translated ›Marianela‹ by Pérez Galdós). Hagberg graduated from Uppsala University in 1884. He travelled abroad several times between 1888 and 1890, visiting Spain and France. He worked for the press and for ›Aftonbladet publishing house‹. From 1908, he was a member of the Nobel Institute of the Swedish Academy (for Italian and, from 1910, also for Spanish literature). He was awarded the prestigious Letterstedtska prize for his translation of ›El gran Galeoto‹. He also translated ›El acero de Madrid‹ by Lope de Vega (1903), ›Los intereses creados‹ by de Jacinta Benavente (1922) and completed his father's translation of ›El príncipe firme‹ by Calderón de la Barca (1904). Echegaray's works were played in Stockholm in 1888 and then again in 1902, in Hagberg's version.

[23]) Åke W. Munthe (1859–1933), Swedish philologist and pedagogue, author of the translation. W. Munthe studied Spanish and Portuguese philology at Uppsala University. In 1890, he became the director of the ›Frans Schartaus Praktiska Handelsinstitut‹ (Frans Schartaus Practical Business Institute) in Stockholm. From 1905 to 1906, he travelled around Europe and America and studied teaching business and business negotiations. In 1896, he established the ›Nyfilologiska sällskapet‹ [›Association of New Philology‹] in Stockholm and was its president until 1916. His publications include ›Breve gramática española‹ (1919) and ›Libro de lecturas en español‹ (1920) and several scientific papers on the history of the Spanish language. He also published a series of research papers on special expressions in Swedish and their use in modern Swedish. Besides ›El hijo de hierro y el hijo de carne‹, he also translated ›Un crítico incipiente‹ by José Echegaray.

[24]) This translation was also based on Paul Lindau's German translation. It was staged in the same year under the title ›Familjelycka‹.

[25]) These last three works were translated by Carl Bovallius (1849–1907). Bovallius graduated from Uppsala University and became known to the world as a scientist and author of travel journals. He made a number of expeditions and journeys to study zoology around the northern countries, South America and the Caribbean. Thanks to his knowledge of Spanish, he translated several scripts for Swedish theatres. These were often "authorized" translations, although their quality cannot be regarded as high. He translated plays from English and Norwegian as well.

As we know, staging plays and their translation are parallel phenomena, although several plays are often adapted to the character of the particular theatre. The translator does not have as much scope for comments as the director of the theatre, who can afford so-called "explanatory inserts". In addition, we must not forget the fact that, at the end of the 19th century, Spanish was not as widely spoken or understood as German or French, so several Spanish works were translated from their French or German translations. Because of this, the quality of the original was made to seem less because certain details and minute specificities were inevitably lost in the process. Moreover, Echegaray's works were transformed into prose, since verse would have meant an additional translation difficulty; additionally, presenting them to a European audience meant they were produced under time pressure, since they were written by a popular author for whose works there was a high demand by the audience. In this respect, reviews of the translations were (and still are) absent when compared to the originals. It would be interesting to examine the influence German or French had on the translations into other languages.

The influence of German can be clearly felt even in the Czech and the Hungarian versions, where the correspondence of the titles of the works, given their later date of translation,[26]) clearly documents that the translators probably used the German translations as the source text for translating them into Czech and Hungarian. Here are some examples:

- ›El gran Galeoto‹ (1881), ›Der grosse Galeotto‹ in German (1887), ›Velký Galeotto‹ in Czech (1892), ›A nagy Galeotto‹ in Hungarian (1890)
- ›Mariana‹ (1891), ›Mariana‹ in German (1892), ›Mariana‹ in Czech (1894), ›Mariana‹ in Hungarian (1898)
- ›O locura o santidad‹ (1877), ›Wahnsinn oder Heiligkeit‹ in German (1889), ›Světec či blázen‹ in Czech (1893), ›Őrült-e vagy szent?‹ in Hungarian (1892 or 1898)
- ›Mancha que limpia‹ (1895), ›Mathilde oder Der Flecken der reinigt‹ in German (1896), ›A folt, a mely tisztít‹ in Hungarian (1898)
- ›Lo sublime en lo vulgar‹ (1888), ›Bernardo Montilla‹ in German (1890), ›Bernardo Montilla‹ in Hungarian (1895)
- ›El estigma‹ (1895), ›Das Brandmahl‹ in German (1900), ›Roberto de Pedrosa‹ in Czech (1898), ›A megbélyegzett‹ in Hungarian (1904)

As Károly Klemp put it, "the dramatic art of Buda and Pest was a clear reflection of the Viennese theatres."[27]) Viennese theatres served as a model that was

[26]) Moreover, German translations prevailed over translations into the other languages of the Austro-Hungarian Empire: ›Die Frau des Rächers‹ (1883), ›Schlechte Rasse‹ (1889), ›Lustiges Leben, trauriger Tod‹ (1891), ›Schlechte Erbschaften‹ (1904).

[27]) Eszter Katona, La recepción del teatro español en Hungría. Primeros pasos de una investigación en curso, in: Anagnórisis. Revista de investigación teatral (2017), p. 543.

followed by many towns throughout the empire. The situation was the same in Krakow, Brno, Prague and Pressburg. The works were played in the big cities and got to the provinces from there. In the most important towns, there was always a significant portion of German-speaking audience, so that plays, and not only Echegaray's, were often performed in two languages (Czech and German, Hungarian and German etc.). This was increasingly the case from the 1880s, when national awareness was gradually gaining momentum and national theatres were established.

Due to the extensiveness of Echegaray's works and their translations, we will focus on a chronological overview of the translations of his ›El gran Galeoto‹, by which Echegaray achieved his greatest success in Europe. Its first translation was made in 1883 by Marie-Laetitia Bonaparte-Wyse (Waterford, 1831 – Paris, 1903), known in Spain under the name María Rattazzi. This prolific but controversial French writer, known for her works centred around women's emancipation, published her version of ›El gran Galeoto‹ first in Spain and then in Paris (›Le grand Galeoto‹, Madrid: Rivadeneyra; Paris: Dentu). A few years later, in 1896, the work was translated into French again, this time by authors M. M. J. Schürmann[28]) and M. Jacques Lemaire (Paris: A. Charles). Unfortunately, hardly any information exists on the life of these latter translators. Inside the book, it says it is an adaptation.

Another language ›El gran Galeoto‹ was translated into was German. The translator was Paul Lindau (1839–1919), a writer, journalist, and one of the most prominent and most influential literary critics of his time. His translation is all the more important because it became a source for versions in other languages, such as Swedish,[29]) Polish,[30]) Dutch,[31]) Serbian,[32]) Russian[33]) and, presumably, also for the Czech and the Hungarian version. To have a German version published meant, to a certain extent, to have the doors to the other languages of the empire opened. Chronologically, the third translation of ›El gran Galeoto‹[34])

---

[28]) In the National Library of France, his name figures as Joseph J. Schürmann, playwright, translator and adaptor.

[29]) See note no. 22.

[30]) Galetto‹, Jan Kleczyinski, Krakow: Czas Społka Wyd. Polska, 1894.

[31]) ›Galetto‹, J.H. Rössig, Kampen: Laurens van Hulst, 1905.

[32]) ›Galetto‹, M. Milkjkovic, Milosevič: Bania Luka, 1900.

[33]) *Галеотто‹*, Saint Petersburg [the name of the publisher is not stated], 1899; according to the information in the National Library of Russia (Moscow), under shelfmarks F 56/333. The only thing we know about the translator is that his initials, L. G., appear next to the name of Paul Lindau, which suggests that he may have participated in the translation. A later translation of the work, with a slight change in its title, is known from the same source: *›Великий Галеотто‹ by L. B. Khavkin, Moscow: ›Польза‹* В. Антик и К [1908], under shelfmarks A 210/625; E 116/286; Рб 10/5455.

[34]) ›A nagy Galeotto‹, Budapest: Franklin-Társulat.

comes from 1890 and its author is Károly Patthy (1855–1930), a historian, litterateur and translator, and a teacher by profession. Besides Echegaray's works, he translated into Hungarian Henrik Ibsen's extensive drama ›Peer Gynt‹[35]). We do not presuppose that he had perfectly mastered as different languages as Spanish and Norwegian; it is more likely that he had mastered German, since it was the lingua franca and the language of several professions at the time within the Austro-Hungarian Empire. Bilingualism in administration and in other positions was common at that time. As Michaela Wolf confirms, "bi- or multilingualism in the Habsburg Monarchy [...] means that plenty of people in large parts of the monarchy, specifically in urban agglomerations, regularly used two or more languages to communicate. [...] At the same time, learning two or more languages and actively using them enabled a better integration into urban (working) society ("integrative bilinguality"). Migrants also took the effort to learn the basics of the language with their relatives, before even starting to work.[36])

›El gran Galeoto‹ was translated into Czech by Jan Baptist Kühnl[37]) (1848–1904), author of several dramas and comedies, and translator of plays (›Velký Galeoto‹, Prague: M. Knapp, 1892). The play was performed in the National Theatre in Prague in March 1893[38]). Somewhat earlier, in January 1889, the theatre staged Echegaray's ›O locura o santidad‹ and a year after the staging of ›El gran Galeoto‹, his ›Mariana‹ (1894) was played. This was the beginning of Echegaray's acclaim in Czech lands. It is highly probable that even this translation was based on Lindau's, since Kühnl mostly translated German and French authors and it is not known whether he translated other Spanish authors as well. The English version of ›El gran Galeoto‹ (London: John Lane) comes from 1895 and its author was Hannah Lynch (Dublin, 1859–1904), an Irish writer who was familiar with the works of José María Pereda[39]). ›El gran Galeoto‹ was published in the same edition as ›O locura o santidad‹ (›Folly or Saintliness‹). Within a couple of years, the work was translated into eight languages and staged by prominent European theatres. It became highly popular all over Europe, just like several other works of Echegaray.

---

[35]) The German translation is from 1881 (Leipzig: Schlicke), while Károly Patthy's translation is from 1918. It is highly probable that he also translated Ibsen's play into Hungarian from German.

[36]) Wolf, Die vielsprachige Seele Kakaniens (cit. fn. 6), p. 88–89.

[37]) He also used pseudonyms like Jan Kühnl, J. Kühnl, Robert Veselý, K. R.

[38]) According to the information gained from the archive of the Czech National Theatre, Jaroslav Vrchlický should be regarded as the author of the translation of this work. He probably made some changes to the production or it is simply an error. Vrchlický translated Echegaray's ›Mariana‹.

[39]) See Salvador García Castañeda, Pereda y Hannah Lynch o la pequeña historia de un malentendido, in: Siglo Diecinueve (1995), p. 139–157.

As stated above, the staging of the play was preceded by its translation, or adaptation, which were then reflected in theatre criticism. In several cases, press reviews from the late 19th century are subjective impressions rather than a systematic analysis. In their contents, they consist merely of words of praise or criticism, some humorous or ironic comments, sometimes even caustic ones, comments on the ovations, the costumes or the actors' renderings; other things are mentioned very rarely. Nevertheless, they are a rich storehouse for research on the reception of the plays, since they often captured the opinions of the audience. We do not want to go too deep into this area, however, since it would be practically impossible to adequately cover all the contemporaneous periodicals.[40])

We will try to highlight the nationalist tone hidden behind some of the theatre critiques. Rezső Rényi's[41]) review from 1891 in the Hungarian daily ›Nyugatmagyarországi Hiradó‹ serves as a good example of this. Besides praising the actors' performance and the dramatic qualities of Echegaray, he defended Hungarian national literature:[42]) *"Why do we have to watch foreign products on the Pressburg stage if we can boast our own ones, too?!* We have our *Katona, Czaljó, Hugó, Obernyik, Szigligeti* etc. Our *Kisfaludy's* comedies are so worthwhile that the National Theatre commemorated the playwright on 11 February this year, too. *The Muse is silent in Pressburg like a sleepy Homer, since Krecsányi seems to have forgotten that this day is the day of Károly Kisfaludy every year."*[43]) In Pressburg, four of Echegaray's works were staged in Hungarian: ›El gran Galeoto‹ (1891), ›Lo sublime en lo vulgar‹ (1895) ›Mariana‹ (1898) and ›Mancha que limpia‹ (1898). His two other works were played in the town at that time in German. This, too, shows a certain nationalist tendency and a desire to prove one's linguistic equality. Based on what we have described above, we can establish that not only translation was a tool that supported nationalistic ideas but the plays themselves and the press, too, served as an ideological tool for spreading the nationalistic spirit. Interestingly, in Pressburg, this took place in

---

[40]) Such a summation is absent not only in the case of Echegaray's works but also in the case of many other authors of various nationalities.

[41]) Rezső Rényi (1827–1899), literary and art historian; studied law in Timişoara and Győr. From 1865, he held the post of the highest judge and president of the court in Esztergom. From 1889, he worked as a lawyer in Pressburg. He published several works on Italian poetry: ›*Petrarca* mint hazafi, tudós és költő‹ (Budapest, 1875); ›Petrarca es Kisfaludy Sándor‹ (Budapest, 1880); ›Itália költészete a középkorban‹ (Budapest, 1887). His literary studies and studies on art history, along with his theatre critiques, appeared in newspapers and in the independent press.

[42]) Rényi Rezső, Irodalmi levelek III. A nagy Galeotto. [Literary Letters III. El gran Galeotto.] Nyugatmagyarországi Hiradó. 20/02/1891. vol. 4, no. 41, p. 3.

[43]) We cite in original form, i.e. we kept the italics as they were used in the Hungarian review.

an area where a trilingual population, Slovak, German, and Hungarian, lived together.

When looking at the reception of Echegaray's works, it is striking to see the contrast between his contemporaneous acclaim, which lasted almost three decades, and his current low esteem. It is difficult to judge the playwright's works from today's perspective. They do not fit into the regular schemes that map the development of Spanish literature, so today's literary scholars tend to mention him only in a few lines without clarifying the resonance and the discussions he evoked in his time. In Central Europe, he was one of the most performed Spanish playwrights in the late 19th century, and the above-mentioned translations and adaptations of his works played a major role in spreading his plays.

The Pressburgers' Loyalty between Vienna and Budapest

Pressburg, an ancient coronation town on the banks of the Danube, with a changing political and social situation after the Austro-Hungarian Compromise, was one of the most significant provincial towns in Hungary in the second half of the 19th century. Until the end of the 18th century, Pressburg was considered to be the centre of German cultural life in Hungary. However, when the central Hungarian authorities were transferred from Pressburg to Buda in 1783 and Pressburg became a provincial town, its proximity to Vienna served to maintain its reputation of a town of culture. The Napoleonic wars and the revolutionary years of 1848/1849 were important milestones for its socio-political development. Then the Austro-Hungarian Compromise (1867) and the Nationalities Law Nr. 44/1868 (1868) strengthened centralizing efforts and Hungarization tendencies; yet, as the preserved records reveal, no significant change in language policies immediately occurred. German continued to prevail over Hungarian in Pressburg even after the compromise.[44]) The change came only in the subsequent decades when, from the 1880s and, especially, from the 1890s onwards, the population was subjected to intensive efforts of Hungarization. Apart from the German and Hungarian speaking population, the censuses also revealed a considerably large number of citizens who thought of themselves as having a Slovak nationality. Right after the group of German-speaking citizens, they represented the second largest group even in the latter half of the 19th century.[45])

---

44) Zuzanna Francová, Obyvatelia – etnická, sociálna a konfesijná skladba [Population: Its Ethnic, Social and Religious Composition] in Bratislava: zborník Mestského múzea, vol. 10, Bratislava 1998, pp. 17–38, here: p. 22.

45) Ibidem.

However, they did not prominently participate in the town's cultural and social life.

Like Mannová and Tancer remark, German, Hungarian and Slovak were in no way considered equal, but had different symbolical status and were connected to different linguistic domains. Slovak, as the language of sub-urban farmers, had low prestige. German was estimated as the language of trade and some accent of it as the traditional language of down-to-earth Pressburgers (nicknamed "Kraxlhubers"). Hungarian acquired its status as the official language, the language of education and offered a chance for social advancement. This linguistic hierarchy was also marked by many speakers' diglossia and the use of dialect and standard-language in different domains. As in many other cities in the 19th and 20th century, Jiddish was considered to hold least value.[46])

At the end of the 19th century, Pressburg's bourgeoisie mostly consisted of German-speaking inhabitants labelled as German-Hungarians (Deutschungarn). They regarded Hungarian cultural traditions as their own and publicly declared their loyalty to the Hungarian Government.[47]) More important for them, however, was their commitment to Pressburg and they eagerly participated in the social and cultural development of the town. Social status was crucial in public life and German-speaking Pressburgers were willing to Magyarize their names just to maintain their status.[48]) However, in their private and cultural/social life, they remained loyal to their culture and participated in concerts and theatre performances whose character continued to be influenced by Viennese traditions.

That this was not a loss of ethnicity is illustrated by the fact that after 1918 a lot of Hungarian speaking Pressburgers embraced German nationality. Like Seewann astutely comments, "Assimilation is in no way an irreversible process, which marks the status of certain languages in certain situations and societal or political structures. It is for this reason that assimilation cannot, as up until now, inherently be connected to ethnic victory or loss." When status changed according to the new political relations, as was the case in 1918 following the

---

[46]) Elena Mannová, Jozef Tancer, Mehrsprachigkeit in Habsburg neu denken. Vielfalt und Ambivalenz in Zentraleuropa. 30 kulturwissenschaftliche Stichworte, ed. by Johannes Feichtinger, Heidemarie Uhl, Wien, Köln, Weimar 2016, pp. 133–139, here: p. 137.

[47]) Elena Mannová, Sebaprezentácia nemeckých stredných vrstiev v Bratislave v 19. storočí [The Self-presentation of the German Middle Class in Bratislava in the 19th Century], Slovenský národopis 43 (1995), no. 2, pp. 167–176, here: p. 170.

[48]) Jozef Tancer, Elena Mannová, Od uhorského patriotizmu k menšinovému nacionalizmu. Zmeny povedomia Nemcov na Slovensku v 18. až 20. Storočí ["From Hungarian Patriotism to Minority Nationalism. Changes in the Awareness of Germans in Slovakia from the 18th to the 20th Century"] in: My a tí druhí v modernej spoločnosti. Konštrukcie a transformácie kolektívnych identít, ed. by Gabriela Kilianová, Eva Kowalská, Eva Krekovičová, Bratislava 2009, pp. 351–415, here: p. 389.

redrawing of borders and the emergence of new states, so did linguistic behaviours and the social prestige of the languages. The "servants-language" Slovak became the official language, which was at once adopted by a plethora of citizens (and not only Slovaks).[49])

However, the situation was different at the end of the 19th century. The Nationalities-Law 1868, which declared Hungarian the official language, had its impact also in Pressburg. From the view of Budapest, the earlier multilingualism of Hungary was viewed at this time as an obstacle to building a unified country, and towns with a multilingual population, such as Pressburg, began to be regarded as spots that threatened the centralist goals of the government.[50]) The German population faced the dilemma of whether to preserve its social status in public life by mastering the Hungarian language and culture or to keep developing its own culture. Theatres became places people fought for, and the staged repertoire becamc one of the means to assert the interests of the Hungarian government.[51]) In this context, the reception of Echegaray's works performed by the Municipal Theatre in Pressburg appears to be an interesting example of oscillation between "domestic and foreign", or "local and translocal". At the same time, it provides an opportunity to analyse the productions and performances of a provincial Hungarian theatre through the plays of prominent European authors staged in Hungarian.

The Municipal Theatre in Pressburg and the Works of José Echegaray at the End of the 19th Century

The newly-built Municipal Theatre, designed by Viennese architects Ferdinand Fellner Jr. and Hermann Helmer, was ceremonially opened on September 22th 1886. The soloists of the Hungarian Royal Opera and actors of the National Theatre in Budapest performed a repertoire consisting of the works of prominent Hungarian authors, pointing to a new direction in the theatrical life of Pressburg, to an audience whose members included Hungarian Deputy Prime Minister Kálmán Tisza and other representatives of the government. The earlier, German, main programme was changed to a German-Hungarian one and, shortly after launching the operations of the theatre, the pro-Hungarian elite

---

49) Gerhard Seewann, Geschichte der Deutschen in Ungarn (cit. fn. 4), p. 58.

50) Moritz Csáky, Das Gedächtnis Zentraleuropas. Kulturelle und literarische Projektionen auf eine Region, Wien, Köln, Weimar 2019, p. 213.

51) Pressburg experienced a similar situation from 1920 onwards, when the new Czechoslovak government began a Slovakianization the city. See Iris Engemann, Die Slowakisierung Bratislavas 1918 – 1948: Universität, Theater und Kultusgemeinden 1918 – 1948 (= Studien zur Sozial- und Wirtschaftsgeschichte Ostmitteleuropas), Wiesbaden 2012.

associations in Pressburg, supported by the government, began to assert an increasing number of Hungarian performances – despite the fact that there was no large Hungarian audience in town and ensembles in this province did not have members of adequate artistic abilities.[52])

The repertoire of the German and the Hungarian theatre directors who came to Pressburg showed some similarities. Each of them tried to impress the audience by the most diverse possible entertainment repertoire (operettas, comedies, farces). The German theatre, thanks to the long-standing exchanges between Vienna and Pressburg, devoted attention not only to entertainment but also to the works of classics, and to conversational plays staged by the Hofburgtheater in an idealized style.[53]) The Hungarian theatre, on the contrary, adopted models from Budapest, where the number of the works of contemporaneous European playwrights translated into Hungarian increased at the end of the 19th century.

As for the works of Spanish playwright José Echegaray, the just-mentioned fact manifested itself in the German-speaking ensemble staging in 1889 his most famous work at that time, ›El gran Galeoto‹ (›Galeotto‹ in German, translated and adapted by Paul Lindau), the Viennese premiere of which took place in 1888 in the Hofburgtheater (the play formed part of its repertoire till 1907 and was performed 28 times in total). As for Echegaray's other works, the German-speaking ensemble performed another play of his, ›De mala raze‹ (›Schlechte Rasse‹ in German), in 1889. This reveals that, in the period from 1886 to 1899, i.e. from the time the new theatre was opened to the end of the century, the German ensemble in Pressburg staged only these two works by Echegaray. This fact points to the situation that prevailed in Pressburg: besides the above-mentioned premiere of ›Galeotto‹ and of the play ›Lo sublime en lo vulgar‹, performed in Alexander Grawein's German translation under the title ›Bernardo Montilla‹ and premiered in 1891 in Deutsches Volkstheater, Echegaray's works were not performed in Vienna, although they were part of the repertoire on other European stages.

The situation in Budapest was different. Between 1886 and 1899, theatres there premiered the following works by Echegaray: ›El gran Galeoto‹ (›A nagy Galeotto‹ in Hungarian, translated by Károly Patthy, National Theatre, 1891), ›Lo sublime en lo vulgar‹ (›Bernardo Montilla‹ in Hungarian, translated by Károly Patthy, National Theatre, 1895), ›Mariana‹ (›Mariana‹ in Hungarian,

---

52) Milena Cesnaková-Michalcová, Geschichte des deutschsprachigen Theaters in der Slowakei, Köln 1997, p. 159.

53) Elisabeth Grossegger, Theatermacher, in: Habsburg neu denken. Vielfalt und Ambivalenz in Zentraleuropa. 30 kulturwissenschaftliche Stichworte, ed. by Johannes Feichtinger, Heidemarie Uhl, Wien, Köln, Weimar 2016, p. 207–213, here: pp. 210 and 211.

translated by Emil Szalai, National Theatre, 1896), ›La mancha que limpia‹ (›A folt, a mely tisztít‹ in Hungarian, translated by Károly Patthy, National Theatre, 1898), ›O locura o santidad‹ (›Vagy őrült vagy szent‹ in Hungarian, translated by Emil Szalai, Comedy Theatre and National Theatre, 1898; this play was premiered already in 1892 in the National Theatre in the town of Kolozsvár; the author of the translation was Mór Fenyéri).

The Hungarian theatre in Pressburg wanted to "copy" the success of Echegaray's works in Budapest and began to stage the works of this Spanish playwright in the Municipal Theatre from 1891 onwards. It faced, however, the difficulty already mentioned: namely, low audience attendance of the Hungarian performances due to unfamiliarity with the language and disinterest in "foreign" works. The success new plays achieved in Vienna was decisive for their positive evaluation, but, in Echegaray's case, this applied only to ›El gran Galeoto‹. Therefore, his other works were received with great objections. On the one hand, the discourse conducted in the German and Hungarian newspapers in Pressburg, which we will discuss below, demonstrated the dissenting attitude of the German-speaking population of Pressburg to the centralization efforts of Budapest by rejecting the repertoire of the Budapest theatres. On the other hand, the newspapers analysed the development of the social and political events in the town that were reflected in the key decisions about the operations of the theatre in the late 19th century.

El gran Galeoto I

The Pressburg audience met with a work written by José Echegaray for the first time in 1889 when his ›El gran Galeoto‹ was premiered, performed by the German ensemble directed by theatre director Max Kmentt. The premiere of the play in Paul Lindau's German translation, under the title ›Galeotto‹, took place on February 4th, 1889. Director Kmentt's lease agreement of the Municipal Theatre expired at the end of the season and, since his three-year directorship of the theatre was viewed rather negatively, Kmentt decided to stage Echegaray's play that dominated the European theatres, including the Hofburgtheater in Vienna. Its premiere in Pressburg took place a year after its premiere in Vienna, but under very unfavourable conditions.

On January 30th, 1889, Crown Prince Rudolf died tragically. Theatre performances throughout the empire were cancelled for several days, the newspapers reported about the sorrow of the imperial family, and the "forbidden love" of Prince Rudolf and Mary Vetsera was widely discussed. Director Kmentt probably knew that staging the play under the given circumstances would be opposed by the elite of the town, including Archduke Friedrich, Duke of Teschen, seated in Pressburg, but, nevertheless, he did not cancel the premiere. As was the custom, the premiere was announced a few days ahead, and the positive reactions to the performances of the play in Vienna served as a good advertisement of it.

Because of the recent tragedy, the higher nobility did not attend the performances, and this lessened their festive atmosphere and resulted in weak public response. The work was received with satisfaction and labelled as the most thought-provoking novelty of the season. The critics appreciated the quality of the staging. The character of the husband, Don Manuel (in the German adaptation, Lindau changed the original name of the character Don Julian), was played by a young actor, and this changed the stereotype of an old man. The German daily ›Preßburger Zeitung‹ praised Lindau's translation and adaptation that contributed to the success of Echegaray's play. It compared the Spanish playwright to Ibsen (whose play ›Gengangere‹ premiered in Pressburg in the same season) by calling attention to the urgent need to fight against social falsehood, a theme that appears in the works of both authors. However, it labelled Ibsen a tragic artist because of his consistency in fighting for the truth, whereas it called Echegaray a dramatic artist willing to give in to the social situation: "Nur führt der kühne Norweger den Krieg gegen die gesellschaftliche Lüge bis zur letzten Konsequenz, und stellt die Wahrheit als das höchste Ideal der Menschheit hin, während der geschmeidigere Spanier zu Konzessionen bereit ist, und aus der Lüge die Wahrheit schälen will. Darum ist Ibsen ein Tragiker, Echegaray aber ein Dramatiker aus der Schule Emil Augier's."[54])

Another German daily, ›Westungarischer Grenzbote‹, published two extensive articles after the premiere, in which it used the tragic events that happened in the imperial family as a framework of the narration. On the motif of forbidden love, it assessed the behaviour of the main characters, condemned by society, and denounced the gossip and social falsehoods that led, and still lead, to the death of the innocent:[55])

> Ist es nicht der Volksmund, der den Tod des geliebten Fürstensohnes mit dem Gedanken umwebt, der Erbe der Krone sei wegen einer idealen, unbezwinglichen Liebe in den Tod gegangen? [...] Klatsch und Tratsch, Neid und Mißgunst, die wohlmeinenden Rathschläge und Meinungen zärtlicher Verwandten, denen die Ehre des Hauses so überaus heilig ist, stören den Frieden und Freundschaft, führen zu Tod und Verderben, ja, helfen sogar in Galeotto in originellen Weise, den Knoten zu lösen.

---

[54]) -a-: Theater- und Kunstnachrichten. Preßburger Zeitung, 05/02/1889, vol. 126, no. 35, p. 4.

[55]) Iván von Simonyi, Galeotto und Ralph William, in: Westungarischer Grenzbote, 06/02/1889, vol. 18, no. 5555, p. 1.

A few days later (on February 10th, as per the announcements in the newspapers), Echegaray's play was performed again at the request of the audience. The critics did not write about this performance.

Another play, corresponding in its contents to Echegaray's play, was performed for the first time close to the premiere of ›Galeotto‹. It was a novelty called ›Ralph William‹, written by a local author, Dr. Josef Julian (Count Josef Julian Zamoyski by his true name), premiered in the Municipal Theatre on January 17th, 1889. The critics looked for a connection between these two authors not only because of their thematic closeness but, mainly, because of their reception in Vienna. As the Viennese press had reported already in 1884 and, subsequently, in 1889, Julian's play was to be included in the repertoire of the Hofburgtheater, and its Pressburg premiere was an "experimental performance".[56]) The press also emphasised that Zamoyski wrote the play earlier (according to the ›Preßburger Zeitung‹, it was published by Rossner in 1884)[57]) than ›Galeotto‹ (meaning the German translation and adaptation of the play by Paul Lindau in 1887). By emphasizing this, they wanted to stress the originality of the work and its "right" to be performed in Vienna earlier. As the ›Allgemeine Kunst-Chronik‹ noted, however, Zamoyski's play would not make it to Vienna anytime soon because, at that time (in 1889), ›Galeotto‹ was being celebrated there and ›Ralph William‹ had similar contents.[58]) A comparison with Echegaray's play could have helped increase the popularity of Julian's play and place the author among experienced writers.

In the Pressburg press, the local author was appreciated more than Echegaray, since he treated the central motif in a "more considerate" way.[59]) In the end, the province outstripped the metropolis; we could not trace the staging of Julian's play in Vienna.

It is not clear whether director Max Kmentt achieved the success of the season thanks to Echegaray or to Julian, but it is a fact that the season was viewed positively and the town decided to renew Kmentt's contract for another three years. But because Kmentt transferred the theatre to a third party in the next season, which was a severe violation of contractual terms, the town terminated their collaboration prematurely. The tender was won by a German-speaking director, Emanuel Raul, who worked in Pressburg from 1890 to 1899 and entered into the history of the Municipal Theatre as a director who opened

---

56) Allgemeine Theaterzeitung, 09/08/1884, vol. 8, no. 32, p. 4 (annex) and Neues Wiener Tagblatt, 19/01/1889, vol. 23, no. 19, p. 8.

57) Theater- und Kunstnachrichten. Preßburger Zeitung, 16/01/1889, vol. 126, no. 16, p. 5.

58) Allgemeine Kunst-Chronik, erstes Februarheft 1889, no. 3, p. 83.

59) -t-: Theater- und Kunst-Nachrichten. Ralph William. Preßburger Zeitung, 18/01/1889, vol. 126, no. 18, p. 3.

the door to modern drama. During his directorship, he staged works such as ›Et dukkehjem‹, ›Samfundets støtter‹, ›Gengangere‹ (H. Ibsen), ›Die Schmetterlingsschlacht‹, ›Heimat‹, ›Die Ehre‹, ›Glück im Winkel‹ (H. Sudermann) and ›Die versunkene Glocke‹ (G. Hauptmann). It might have been assumed, therefore, that Echegaray's plays would find their way into the repertoire of Raul's ensemble. An overview of their daily programme plan, however, reveals that this did not happen. The reason was not Raul's indifference to modern drama, but the above-mentioned absence of Echegaray's works in Viennese theatres.

De mala raza

During the last season of director Max Kmentt, when his leaving Pressburg was already evident, the art director of Kmentt's ensemble, Emil Berl, whom Kmentt had entrusted with the direction of the Municipal Theatre, decided to stage Echegaray's ›De mala raza‹ (›Schlechte Rasse‹ in German) as a novelty. The announcement to the theatre office, published in the ›Preßburger Zeitung‹, pointed to Berl's intention to draw on the successful premiere of ›Galeotto‹ and present another work of this Spanish playwright to the audience.[60]) The fact that it was not the best choice, since it was an average play in terms of artistic qualities, lagging far behind ›Galeotto‹, can be seen in the critiques published right after the premiere that took place on November 8th, 1889. On the one hand, the ›Preßburger Zeitung‹ tried to give credit to Echegaray for his ›Galeotto‹, but it could not find anything positive in the cold-hearted doctrinal manner in which he treated his characters. It did not consider modern Spanish theatre worthy of much attention:

> Nur die Beweisführung ist zu gewaltthätig und zu grausam, und läßt die Muthmaßung zu, daß Echegaray eigentlich nur einen Angelpunkt suchte, um die Drahtpuppen seines Stückes kunstvoll in Bewegung setzen zu können. Daß er diese, wenigstens in den ersten Aufzügen, geschickt leitete, weist auf eine virtuose Technik. [...] Den spanischen Degen- und Mantelstücken ist man glücklich entronnen und es ist wenig Gefahr vorhanden, sich in dem Labyrinthe Echegaray'scher Dogmatik lange zu verlieren.[61])

The ›Westungarischer Grenzbote‹ commented on the premiere twice. In its first article, it focused on the performance of the members of the ensemble, who managed to render the play surprisingly well in spite of not being at their best due to the negative circumstances of the theatre direction.[62]) The second article was about the repeat of ›Schlechte Rasse‹ that took place on November 11th,

---

[60]) Theaternachricht. Preßburger Zeitung, 08/11/1889, vol. 126, no. 308, p. 4.
[61]) -a-: Schlechte Rasse. Preßburger Zeitung, 09/11/1889, vol. 126, no. 309, p. 5.
[62]) F: Stadttheater. Westungarischer Grenzbote, 09/11/1889, vol. 18, no. 5822, p. 7.

1889. In this text, signed by the same columnist and published two days after the first critique, the author very firmly rejected this play of Echegaray due to its technically bad treatment which, according to him, prevented the play from gaining a foothold in German theatres.[63]) The reason for this outspoken critique might have been the fact that this work had a repeat, which was not a matter of course in the case of other plays. The reception of Echegaray in Pressburg during the German seasons ended with his play ›Schlechte Rasse‹. The works of this playwright did not leave a very favourable impression on the German-speaking audience. Later, this manifested itself in the reception of Echegaray's other works too, as shown below.

El gran Galeoto II

Director Emanuel Raul's Hungarian colleague was Ignácz Krecsányi, a prominent provincial theatre director for many years, who came to Pressburg in 1889 and took care of the Hungarian performances in the Municipal Theatre until 1899. It was Krecsányi who introduced Echegaray's prominent plays to the Pressburg audience in Hungarian. During the summer operations, when he rented the summer theatre in Krisztinaváros in Budapest, and, thanks to his close contacts with directors of prominent Budapest theatres (including the National Theatre and the Comedy Theatre), Krecsányi had the opportunity to become familiar with the works of this Spanish playwright and obtain a license for staging them in this province.

The first play staged by Krecsányi's ensemble in Pressburg was ›El gran Galeoto‹, translated and adapted by Károly Patthy under the title ›A nagy Galeotto‹. The premiere took place on February 18th, 1891, at the beginning of the Hungarian season. The ›Preßburger Zeitung‹ (similarly as in the case of the premiere of ›Schlechte Rasse‹) noted the weak presence of Echegaray's works behind the Pyrenees due to the author's method of proving guilt inconsiderately in front of the audience: "Die Methode der rücksichtslosen Beweisführung auf den Brettern riecht stark nach Folterkammer und Scheiterhaufen. Dieses Verfahren, eine Eigenartigkeit Echegaray´s, verschuldete bisher auch, daß keines seiner Bühnenwerke über den Pyrenäen festen Boden fassen konnte."[64]) The ›Westungarischer Grenzbote‹ attributed the disinterest of the audience to the fact that the play was staged close to its German performance. This was not the first time this argument was used to "excuse" the disinterest of the German-speaking regular theatre-goers to attend performances they did not understand:

---

[63]) F: Stadttheater. Westungarischer Grenzbote, 11/11/1889, vol. 18, no. 5824, p. 3.

[64]) -a-: Theater. Preßburger Zeitung, 20/02/1891, vol. 128, no. 50, p. 5.

"Das Tendenz-Drama J. Echegaray's: 'A nagy Galeotto' ('Der große Galeotto') wurde schon in der früheren Saison durch die deutsche Schauspieler-Gesellschaft gegeben. Dies mag der Grund sein, daß auf die ungarische Reprise gestern nur wenige der Theaterbesucher neugierig waren."[65])

A different perspective on Echegaray's works was presented to the readers of the newly-established Hungarian daily in Pressburg, ›Nyugatmagyarországi Hiradó‹, by literary historian Rezső (Rezényi) Rényi, who interpreted the conflict of young Ernesto as a tragedy of a pure heart loving his benefactor Don Julian. Rényi described the culmination of the conflict as a family drama, a drama of people loving each other and tied to each other by the holiest of human bonds. He labelled Echegaray's calculation as noble and beautiful, and the manner in which he let his characters act, as correct:[66])

> Lehet-e valami tragikusabbat képzelni, mint midőn egy hálával eltölt szív, a vele rokonszenvező nagy jótevőjével, atyjával, barátjával, majd a rágalmak folytán önmagával és a világgal, majd meg a nővel, kiért szenved, tűr, s ki őt az anyai szeretet melegével szereti, jő conflictusba? És e valódi, tisztán emberi érzelmek küzdelme, mondhatni egy család tragikumává fejlődik, a legszorosabban egymáshoz tartozók, a legszentebb emberi kötelékkel egymáshoz füzöttek között. Lehet-e szebbet szebben gondolni egy költőnek?[67])

›A nagy Galeotto‹ never appeared again in the repertoire of Krecsányi's ensemble, so this was the last performance of this greatest play of Echegaray in Pressburg in the late 19th century.

Lo sublime en lo vulgar

The next play by Echegaray that Krecsányi added to the programme plan of the Hungarian season in Pressburg was his ›Lo sublime en lo vulgar‹, known in Károly Patthy's Hungarian translation as ›Bernardo Montilla‹. The great success this play achieved from its February 1895 premiere in the National Theatre in Budapest encouraged Krecsányi to stage it in the Municipal Theatre in Pressburg. According to the Pester Lloyd daily, this work was the novelty the

---

65) Pr.: Városi színház. Westungarischer Grenzbote, 20/02/1891, vol. 20, no. 6273, p. 5.

66) Rényi Rezső, Irodalmi levelek III. A nagy Galeotto. Nyugatmagyarországi Hiradó. 20/02/1891. vol. 4, no. 41, p. 2.

67) "Can anything more tragic be imagined than a heart filled with gratitude getting into conflict with his great benefactor, father and friend, who is sympathetic to him, and then, due to slander, even with himself and with the world and, ultimately, also with the woman for whom he suffers and who loves him with the warmth of maternal love? And the battle of these true, purely human emotions, one could say, develops into the tragedy of a family, of people belonging to each other in the closest way, tied to each other with the holiest of human bonds. Can a poet think of anything more beautiful in any way more beautiful than this?"

National Theatre had been waiting for. The central female character was played by Emília Márkus, the star of contemporaneous Budapest theatre. The reactions after the premiere suggested that ›Bernardo Montilla‹ would soon have a firm place in the repertoire: "[...] die heutige Novität hat unstreitig gepackt und wird nicht so bald aus dem Tagesgespräch, noch vom Repertoire verschwinden. [...] Der heutige Abend war ein Erfolg des Nationaltheaters, wie er lange sehnlichst herbeigewünscht wurde."[68])

The positive critiques, and Krecsányi's contacts with the theatre world in Budapest, were the reason why the director tried to obtain a license for the performance of this novelty in Pressburg as soon as possible. It was staged on 7th April 1895, merely two months after its Budapest premiere. This time, the conservatively oriented daily, ›Preßburger Zeitung‹, labelled Echegaray as the best-known Spanish playwright of his time, celebrated in Budapest. However, it described the author's literary procedures as disturbing. The play came across as strange and did not leave any strong impression, which, according to the ›Preßburger Zeitung‹, was due to the low qualities of the actors: "Um der fremdartigen Neuheit eine intensive Wirkung zu geben, müssen eben fertige Künstler herangezogen werden. [...] Das Echegaray'sche Stücke ging vorüber und dürfte kaum mehr auf unserer Bühne erscheinen."[69])

The ›Westungarischer Grenzbote‹ daily, in an article written by Gustav Mauthner, who was known mainly as a music critic, showed its role as a supporter of modern Hungary. It labelled José Echegaray as a powerful stage technician, whose works were excellent, with great effects, and highly impressive to the audience, but it admitted the poor performance by Krecsányi's ensemble: "Die Mache des Dramas ist vortrefflich, wirksam und dabei freilich auch kraß, wie alle Stücke dieses gewaltigen Bühnentechnikers. [...] Die Aufführung war nicht gerade tadellos. [...] Vielleicht wird sich die wirksame Komödie[70]) nach Ostern glücklicher besetzen lassen."[71])

When comparing the reception in these prominent German-speaking dailies in Pressburg (the critique in the Hungarian daily is not available), their ideological orientation and their effort to gain prevalence in the Municipal Theatre stand at the forefront. Actually, in 1895, intense negotiations were going

---

[68]) Dr. Adolf Silberstein, Bernardo Montilla, in: Pester Lloyd, 02/02/1895, vol. 42, no. 29, p. 6.

[69]) -a-: Theater. Preßburger Zeitung, 08/04/1895, vol. 132, no. 96, p. 3.

[70]) In German, the subtitle of Echegaray's plays was 'Comödie', based on the original designation of the Spanish plays (comedias). Mauthner's labelling the work as a 'comedy' refers to this source.

[71]) Gustav Mauthner, Bernardo Montilla, in: Westungarischer Grenzbote, 08/04/1895, vol. 24, no. 7724, p. 3.

on about changes in the theatre operations, with the pro-Hungarian elite circles asserting significant limitations to the German programme despite the long-standing weak attendance and, consequently, significant financial deficit of the Hungarian programme.[72]) The reason for this was the millennial festivities to be held the following year, which were to help stabilize Hungarian theatre in the provinces, especially in Pressburg. The members of the pro-Hungarian associations and, at the same time, representatives of the town, including the editor-in-chief of the ›Westungarischer Grenzbote‹, Iván Simonyi, argued that Hungarian theatre had few opportunities to gain the favour of a regular audience.[73]) They assumed that staging prominent local and foreign authors in Hungarian may convince the audience about the qualities of Hungarian theatre. No change took place this time, and the German season continued to function in the same way until 1899.

Mariana

In 1898, two of Echegaray's plays were premiered in Pressburg. The first one was ›Mariana‹, the Budapest premiere of which took place in December 1896 in the National Theatre, with actress Emília Márkus heading the ensemble again. Her rendering of the main protagonist[74]) "left no one untouched." It is noteworthy that, from that year on, there was a notable increase in the reception of Echegaray's works in the Budapest press, triggered by the premiere of ›Mariana‹. Each performance of Echegaray's works in Budapest, and in the world, was commented on by the press, with news on the author and his works in progress appearing in the dailies. There was major interest in ›Mariana‹ also in the provinces, and the directors wanted to obtain this successful new play as soon as possible. However, since the translator did not grant licence for performing the play outside Budapest, a dispute arose between him and the theatre in the town of Miskolc, which violated the licence, with the Budapest press bringing extensive information about the case.[75])

›Mariana‹ made its way to Pressburg less than two years later, again thanks to the efforts of director Krecsányi. It was premiered at the beginning of the Hungarian season, on February 15th, 1898. This time, no critique appeared in the ›Westungarischer Grenzbote‹, but the ›Preßburger Zeitung‹ commented on

---

72) Eleonóra Babejová, Fin-de-Siecle Pressburg: Conflict & Cultural Coexistence in Bratislava 1897 — 1914, New York 2003, p. 80.

73) M-r. [Mauthner]: Die Stabilisierung des ungarischen Theaters. Westungarischer Grenzbote, 25/02/1895, vol. 24, no. 7683, pp. 2–3.

74) Dr. Adolf Silberstein, Marianne, in: Pester Lloyd, 19/12/1896, vol. 43, no. 308, p. 4.

75) Ein literarischer Prozeß. Pester Lloyd, 14/02/1897, vol. 44, no. 39, p. 13.

the premiere, and the ›Nyugatmagyarországi Hiradó‹ published an extensive article about it, including a detailed review. The first of the above-mentioned dailies noted that the new work, which was similar to Dumas's play ›L'Étrangère‹, stood far behind Echegaray's ›Galeotto‹ and that it could stand its ground on the Pressburg stage only thanks to the excellent performance of Krecsányi's ensemble: "So kam auch das Drama 'Marianna' dort zu einer Aufführung, welche die Schwächen dieses Werkes mit der Darstellungskunst zu verdecken weiß, denn dieses Stück steht, wenn es gleich Echegaray's unheimlich wirkende Technik aufweist, weitaus hinter dem 'Galeotto' zurück."[76])

Given the fact that the standard of the ensemble had been criticized every year, this was an important commendation by the German press. At the same time, we must note that a final decision was made in 1898 about the cancellation of the bilingual season in the Municipal Theatre in Pressburg, with its two respective directors, and about its replacement by the engagement of a single, Hungarian director heading a bilingual ensemble. The positive review of the Hungarian performance was meant to suggest that the existing system provided performances of a good standard in both languages. The coming change and the proposed lower number of members in both the ensembles was to result in a lower artistic quality.

The ›Nyugatmagyarországi Hiradó‹ daily, in an article written by writer and literary critic Mózes Gaal, praised the Hungarian translation of the work by Emil Szalay and highly appreciated Echegaray's mastery, labelling his works as part of modern Romanticism:[77]) „A régi romanticizmus egy része ujul fel Jósé Echegaray müvében. Az ő költészetében ölelkezik a régi romantika a modern felfogással, a régi poezis, a szalonok hangjával."[78]) As a literary critic, Gaal praised Echegaray's ability to create passionate and intoxicating poetry from everyday words:[79])

> Az ember valósággal élvezi a darab művészi fölépítését, a zséni erejével és a gyakorlott drámaíró biztosságával megrajzolt alakokat, a szebbnél szebb jelenetek logikusan összefüggő egymásutánját, a párbeszédek brillians tüzét, mely a köszörült gyémánt szikrázásához hasonlítható és azt a szenvedélyes, mámorba ejtő költészetet, a mivel ez a nagy spanyol poéta a hétköznapi élet prózáját föl tudja ékesíteni.[80])

---

[76]) -a-: Marianna. Preßburger Zeitung, 17/02/1898, vol. 135, no. 47, p. 4.

[77]) Mózes Gaal, Marianna, in: Nyugatmagyarországi Hiradó. 17/02/1898. vol. 11, no. 38, p. 2.

[78]) "José Echegaray's works revive part of the old romanticism. In his poetry, old romanticism is intertwined with modern thinking and old poetry with the voice of the saloons."

[79]) Mózes Gaal, Marianna, in: Nyugatmagyarországi Hiradó.17/02/1898. vol. 11, no. 38, p. 1.

[80]) "One can only enjoy the artistic structure of the play, the characters depicted with the force of a genius and the certainty of an experienced playwright, the logically interconnected sequence of beautiful scenes, the brilliant fire of the dialogues, which can be compared to the sparkling of a polished diamond, and the passionate, intoxicating poetry by which this great Spanish poet can embellish the prose of everyday life."

To savour the nuances of the language, however, one had to understand Hungarian well, which was not the case with the regular German-speaking audience. Therefore, the theatre was half empty, and the success, according to Gaal, was that this small audience remained in the theatre till the end of the performance.

Mancha que limpia

Echegaray's last play staged by Krecsányi's ensemble in the Municipal Theatre in Pressburg and, at the same time, the second Echegaray premiere in 1898, was his play ›Mancha que limpia‹, known in its Hungarian translation as ›A folt, a mely tisztít‹. Similarly to the previous premieres, its Pressburg staging was connected to its Budapest premiere in the National Theatre in January 1898. Again it was Emília Márkus who played the central female character of Mathilde, and the critiques that appeared in the press in Budapest and Vienna revealed that it was to the actress's merit that this, not so good, play gained a foothold in the National Theatre.[81]) Even José Echegaray himself realized Márkus' contribution to its successful staging, and he sent her a congratulating telegram.[82]) The play was translated by Károly Patthy. In the same year, however, it was premiered also in the town of Kolozsvár, where it was staged in Emil Szalai's translation.

The work became so successful that, in November 1898, the Pester Lloyd newspaper announced its 26th repeat[83]) and this success, which brought considerable profit to the theatre, became an argument for constructing a new, larger theatre building.[84]) The success story of the play continued in the following year, too. It became, so to say, part of the "folklore" and was performed at entertainment events during the carnival season, and was even parodied. A fundraising performance took place in April 1899 for the pension fund of the National Theatre and the Hungarian Royal Opera, and the organizers selected ›A folt, a mely tisztít‹ for the main programme of the evening, trusting the success of the work featuring Emília Márkus.[85]) In the summer of the same year, ›A folt, a mely tisztít‹ was played in the summer theatre in Városliget in Budapest, and this shows its popularity among the wider population.

---

[81]) Dr. Adolf Silberstein, Ein Fleck, der reinigt, in: Pester Lloyd, 15/01/1898, vol. 45, no. 13, p. 5; Nadir: Budapester Theaterbriefe. Der Humorist, 20/01/1898, vol. 18, no. 3, p. 5.

[82]) Theater, Kunst und Literatur. Pester Lloyd, 01/02/1898, vol. 45, no. 27, p. 6.

[83]) Die Ehre des Nationaltheaters. Pester Lloyd, 18/01/1898, vol. 45, no. 15, p. 6.

[84]) Dr. Adolf Silberstein, Vom Nationaltheater, in: Pester Lloyd, 06/03/1898, vol. 45, no. 56, p. 2.

[85]) Pester Lloyd, 29/04/1899, vol. 46, no. 105, p. 7.

Krecsányi chose March 5th, 1898 as the date for the Pressburg premiere of ›A folt, a mely tisztít‹, less than two months after the Budapest premiere. It was then repeated on March 8th and April 1st, and this last performance was, at the same time, a farewell to actress Margit Tóvölgyi, member of Krecsányi's ensemble and the main representative of the female characters in Echegaray's plays. Given the reactions that accompanied the premiere, the ›Westungarischer Grenzbote‹ felt obliged to comment on the nerve-racking plot: "Für schwache Nerven kein Stück. Keiner versteht es so wie Echegaray, die Gemüther in solcher Aufregung zu erhalten, daß man am Schluß der Vorstellung total erschöpft ist."[86])

The ›Preßburger Zeitung‹ restricted itself to a brief comment on the plot and praised the excellent performance of the ensemble.[87]) A few days later, however, it published an extensive review by Dr. Heinrich Pach, who appreciated Echegaray's play from the perspective of its examination of female stereotypes: "Auch die Bühne, wohl der machtvollste Faktor der Zivilisation, ist seit langer Zeit als berufener Ort bekannt, wo die soziale Stellung der Frau von verschiedensten Standpunkten beleuchtet werden konnte."[88])

As could be expected, it was the Hungarian daily ›Nyugatmagyarországi Hiradó‹ that reported on the premiere in most detail, with Mózes Gaál again describing Echegaray's literary mastery. Wherever the play appeared to be artificial and completely unreal, he interpreted it as the author's effort to depict extreme passions in a masterful way:[89]) „Echegaray célja nem egy a békességes közönség óhajtásával; a képet nemcsak háromnegyed részben, hanem egészen megakarta festeni, meg kellett festenie, s ez természetszerűleg maga után vonta az idegbolygató, de mindvégig érdekes negyedik felvonást."[90]) The fact that the play ›A folt, a mely tisztít‹ was repeated twice evoked the impression that the interest of the Pressburg audience in Echegaray's works increased. Also, it was to signal that the audience began to master Hungarian and was able to understand theatre performances. The dailies did not write about the first repeat, they only reported the last performance of Margit Tóvölgyi, focusing on the actress and her achievements in Krecsány's ensemble.

---

[86]) Theater und Kunst. Westungarischer Grenzbote, 07/03/1898, vol. 27, no. 8748, p. 3.

[87]) -a-: Theater. Preßburger Zeitung, 07/03/1898, vol. 135, no. 65, p. 3.

[88]) Dr. Heinrich Poch, Don José Echegaray's "Fleck auf der Ehre", in: Preßburger Zeitung, 09/03/1898, vol. 135, no. 67, p. 4.

[89]) Mózes Gaal, A folt, a mely tisztít, in: Nyugatmagyarországi Hiradó. 08/03/1898. vol. 11, no. 54, p. 1.

[90]) "Echegaray's aim is not identical with the wishes of a peaceful audience; he wanted to paint, and he had to paint, the picture not only partially but in its entirety, and this, naturally, led to the nerve-racking but thoroughly interesting Act Four."

The play ›A folt, a mely tisztít‹ made its way back to the stage of the Municipal Theatre in the following year for two nights. Its first performance took place on February 20th, 1899, with very low attendance, and the second one on April 11th, 1899, with excellent attendance because the star actress Emília Márkus had been invited to Pressburg. The ›Preßburger Zeitung‹ highly appreciated her high-quality acting and compared her to Adele Sandrock. It openly admitted, however, that Echegaray was hard to understand and that his characters were subject to sheer chance, defying all reason: "Ihm, nämlich dem Zufall, sind bei Echegaray die Personen, ob sie nun gut sind oder schlecht, blind ausgeliefert."[91]) The ›Westungarischer Grenzbote‹ was in search of words to describe the excellent performance, and gladly noted the high standard of the local ensemble that exceeded the provincial conditions. It did not comment on the author himself.[92])

›Mancha que limpia‹ was Echegaray's last play staged by Krecsányi in Pressburg because he left the town for good after the end of the Hungarian season in 1899. In the next season, the new Hungarian director, Ivan Relle, staged ›Mariana‹ in Hungarian. But because his ensemble was not in good enough condition, this performance did not get much of a response from the Pressburg audience. As for the German performances, Austrian director Paul Blasel brought a new staging of ›El gran Galeoto‹ in 1909, but Echegaray's works were already on the decline at that time.

Conclusion

Research into the ideological elements of the reception of the works of José Echegaray, one of the most significant Spanish authors of the late 19th century, staged by the Municipal Theatre in Pressburg, has resulted in interesting findings. Firstly, it enables a critical revision of the generally accepted fact that the Viennese Hofburgtheater had a major influence on the repertoire performed in Budapest. As the comparison of the programme plans of the Viennese and the Budapest theatres revealed, the positive reception of Echegaray's works in Budapest was connected to their translations into Hungarian and their subsequent staging by prominent Budapest theatres, with the exceptional personality of actress Emília Márkus in the forefront. In this case, Viennese theatres did not play any role. On the contrary, with Echegaray, Budapest saw an opportunity to overcome its longstanding dependence on the Viennese cultural milieu.

---

91) -rr-: Theater. Erstes Gastspiel der Frau Pulszky-Márkus, in: Preßburger Zeitung, 12/04/1899, vol. 136, no. 100, p. 4.

92) y. J.: Theater und Kunst, in: Westungarischer Grenzbote, 12/04/1899, vol. 28, no. 9131, p. 4.

Secondly, it reveals details about cultural transfers between Pressburg and Vienna. The absence of Echegaray's plays in Viennese theatres resulted in omitting the plays of this playwright from the programme plans of the German-speaking ensembles in Pressburg, as well as the negative reception of his works by the German press during the Hungarian season. Echegaray's presence in the Municipal Theatre was clearly connected, in terms of content as well as time, to the premieres of his works in Budapest. The Hungarian director tried to bring his newly translated works to Pressburg as soon as possible (in an effort for primacy), to establish a new dramatic repertoire in the Pressburg theatre (to prove the modernity of Hungarian culture) and, thereby, to show the literary richness of the Hungarian language (an important argument to assert the use of Hungarian, a single language all over Hungary).

As the daily press reveals with respect to reception, the audience gradually accepted the modern dramas written by Ibsen, Sudermann and Hauptmann, but their plays never became an integral part of the daily programme plans. Moreover, Echegaray's plays were accompanied by their rejection in Vienna. The Pressburg audience had an impression of the author aptly described by Hungarian literary historian Gyula Haraszti in his extensive study written in 1891, which relied on the notes of Ricardo Blanco Asenjo. According to Haraszti, "Echegaray's influence was revolutionary rather than artistic. He destroyed, invented, aroused, prepared, but without providing any reasons, not confirming anything, and not creating anything. He inspired by reaction and systematic anarchy."[93]) This literary and dramatic way was strange to the Pressburg audience, and it could not find a close connection with Echegaray even after several successful performances of his works. For many, his plays remained unknown indeed.

With respect to the development of European theatre in the late 19th century, the clarification of the formerly unknown facts about Echegaray's reception in Budapest and Pressburg can lead to a revision and updating of statements about the reception of modern drama staged by the Municipal Theatre – statements that have been frequently unverified for many years. The fact that this author is completely unknown to today's Slovak audience does not reduce the importance of research on his works. On the contrary, it urges us to re-evaluate our attitude to the period, frequently labelled as "provincial" in a superficial way, that preceded the birth of the Slovak National Theatre (1920). By revealing the connections between both periods, one can argue that the earlier period was a

---

[93]) Gyula Haraszti, Echegaray, in: Budapesti Szemle 3 (1891), p. 348.

significant pre-history that reached beyond the Central European area and that deserves our attention.[94])

---

[94]) This study came into being as part of the VEGA Grant No. 2/0040/18 Musical Theatre in Bratislava from the Second Half of the 19th Century to the First Half of the 20th Century (Personalities, Institutions, Repertoire, Reflections) research conducted at the Institute of History of the Slovak Academy of Sciences and was written as part of the APVV-15-0764 Slovak Theatre and Contemporary European Theatre Culture – Continuity and Discontinuity research project carried out at the Institute of Theatre and Film Research of the Art Research Centre of the Slovak Academy of Sciences.

THE AESTHETICS OF MUSIC AND MYTH: JOYCE, MANN, NIETZSCHE

By Josh Torabi (London)

This essay expounds the intrinsic relationship between music and myth, first given explicit license in Nietzsche's ›The Birth of Tragedy‹, and explores how it occurs in Joyce's ›Ulysses‹ and Mann's ›Doctor Faustus‹. It juxtaposes Nietzsche's "Apollo/Dionysus dichotomy" and his conception of "Dionysian music" with Joyce and Mann's literary depictions of music and myth, thereby elucidating the major themes, characters and narrative of both novels and shedding light on the music-myth configuration.

Dieser Beitrag untersucht am ›Ulysses‹ von Joyce und Manns ›Dr. Faustus‹ eine innere Beziehung zwischen Musik und Mythos, wie sie erstmals Nietzsches ›Geburt der Tragödie‹ thematisiert. Die Dichotomie von Apollinischem und Dionysischem, die Nietzsche für sein Konzept einer „dionysischen Musik" gebraucht, wird dabei dem Bild gegenübergestellt, das Joyce und Mann für Musik und Mythos entwickeln. Diese Konfiguration wirft dabei jeweils ein Licht auf die wichtigsten Themen, Charaktere und Erzählweisen der beiden Romane.

1. Forging the Connection: Music and Myth from Nietzsche to the Modern Novel

Music and myth have perpetually functioned as sources of inspiration for artists, philosophers and writers over the centuries. Friedrich Nietzsche (1844–1900) was amongst the first to communicate the significance of the relationship between the two in his first major published work ›The Birth of Tragedy‹ (1872). Nietzsche's preoccupation with music and his conception of the "Dionysian", remain a central focus throughout his œuvre, in his philosophical writings (for which he is most famous), but also in his poetry (particularly the ›Dithyrambs of Dionysus‹, 1888) and, naturally, evidenced by his musical compositions.[1]) Nietzsche considered himself,[2]) and is remembered, as one of the great stylists in the German language, and in his writing the poetic, musical and philosoph-

[1]) For examples listen to: Friedrich Nietzsche, ›Compositions of his Youth‹ (1857–63) released in 1995 and ›Compositions of His Mature Years‹ (1864–82) released in 1996, Albany Records (Albany, NY).

[2]) See "Why I Write Such Good Books" in: Friedrich Nietzsche, Ecce Homo: How To Become What You Are, trans. by Duncan Large, Oxford 2007, pp. 36–88.

SPRACHKUNST, Jg. LI/2020, 1. Halbband, 81–110

DOI: https://dx.doi.org/10.1553/spk51_1s81

ical often converge. For the generation of writers who came after Nietzsche, who were interested in breaking down disciplinary and artistic boundaries, his presence was unavoidable. This essay seeks to expound the music and myth connection in relation to Nietzsche's early aesthetic thought, in particular his conception of the Apollo/Dionysus dichotomy and Dionysian music, which has remained surprisingly underexplored in relation to the modern novel. For Nietzsche, in ›The Birth of Tragedy‹, the Apollonian and Dionysian are symbolic of artistic impulses which, when combined, result in the pinnacle of tragic art, last observed in pre-Socratic Greek tragedy. The Apollonian is representative of the rational, the image, it appeals to logic and is best represented in the plastic arts. The Dionysian by contrast represents the irrational, intoxication, it appeals to emotions and instincts and is best represented in music. Nietzsche attributes the annihilation of Greek tragedy to Socrates, and his disciple, Euripides, who elevated the Apollonian (to a new form 'Socratic') at the cost of repressing the Dionysian in tragic art. This interrelationship, as will be evidenced, is palpable in two of the twentieth century's great novels: James Joyce's ›Ulysses‹ (1922) and Thomas Mann's ›Doctor Faustus‹ (1947).[3])

There are myriad factors that led to the resurgence of music and myth as subjects in the modern novel. Following on from the rise of the novel in nineteenth century Europe, the early to mid-twentieth century saw an unprecedented shift in the novel's role as an artistic medium. The novelists of this period of literary modernity sought to renounce, modify and in some instances abandon altogether the rules and conventions of the traditional novel in a bid to inject new life into what they considered to be a stagnant artform and thus make it a suitable vehicle through which to tell the story of their turbulent epoch. As such, the novel became one of the most successful art forms in which to explicate the cultural crisis of the first half of the twentieth century. Artistic introspection, the quest to understand the "creative impulse" and artistic creation *per se*, along with the hyper-aesthetic representation of life in all its grandeur and minutiae, became entwined in the modern novel. This experimentation led to a number of philosophical questions: *what is art? What is the role of the artist?*

---

[3]) Alongside these two novels (and others by Joyce and Mann), there are numerous works of literary prose in the first half of the twentieth century which depict music and can be read successfully in terms of Nietzsche's dichotomy, for instance: D'ANNUNZIO's ›The Flame‹ (›Il fuoco‹, 1900), E. M. FORSTER's ›Howard's End‹ (1910), ROMAIN ROLLAND's ›Jean-Christophe‹ (1904–1912), PROUST's ›In Search of Lost Time‹ (›À la recherche du temps perdu‹, 1913–1927) and HERMANN HESSE's ›Steppenwolf‹ (1927). All these texts allude to the conflict between the sober act of artistic creation and the intoxicating effects music, fictional or otherwise. Though less explicit in terms of the Apollo/Dionysus dichotomy, one could add to this list works of fiction by D. H. LAWRENCE, VIRGINIA WOOLF, DOROTHY RICHARDSON and many others.

Where does the "creative impulse" come from? What is artistic creation? How do the arts interact? Indeed, it led to a more fundamental questioning of "man's position and function in the universe."[4]) It is therefore unsurprising that so many artists of the period sought to represent alternative artistic media in their own, leading to a deeper exploration of the role and nature of art and culture in a manifestly tumultuous period of world history. This re-evaluation ultimately led to an interplay of artistic media which is still being cultivated today.

Joyce's ›Ulysses‹ and Mann's ›Doctor Faustus‹ span the first half of the twentieth century, a politically tempestuous though artistically rich period, in which the novel underwent this radical transformation. The long novel offered a unique platform in which authors could attempt to re-create an emotional and performative condition of music in prose (as opposed to rendering music in its more closely related medium, poetry), as well as providing a medium in which to explicate technical and philosophical ideas about music. The prominence of music as a subject, and indeed of fictional composers, in late nineteenth and early twentieth century literature evidences this development of an interplay of the arts. In much the same way as the Romantic composers looked to myth, to classical literature and beyond, for stories to set to music, modern novelists looked to music, and philosophies of music, to achieve something like the emotional resonance and artistic unity of which that particular artform is distinctly capable. However, the relationship between music and literature is by no means one-sided: as Peter Dayan emphatically declares: "without literature's demonstration of the import of that which escapes and cannot be seen, thought, analysed, or represented, we would have no means to maintain that music, as such and in general, could exist",[5]) denoting the close and symbiotic relationship between the two art forms.

The relationship between music and literature is, however, often nebulous. Joyce and Mann, among numerous other modern authors, were drawn to the ineffability of music, however this preoccupation has led, as Emilie Carpoulet noted, to a muddying of the term "musicality" in literary criticism. Carpoulet questions "If musicality denotes the inherent musical qualities of music, then what do we make of a musical novel whose musicality cannot be understood apart from its non-musical context, since a musical novel is not an association of two distinct media but a fusion of the two?"[6]) Carpoulet's solution is to see

---

[4]) John A. Cuddon rev. by Claire E. Preston, The Penguin Dictionary of Literary Terms and Literary Theory, London 1979, p. 516.

[5]) Peter Dayan, Music Writing Literature: From Sand via Debussy to Derrida, Surrey 2006, p. 95.

[6]) Emilie Carpoulet, Voicing the Music in Literature, in: European Journal of English Studies, 13:1 (2009), pp. 79–91, p. 86.

"musicality" as "a travelling concept which belongs neither to music nor to literature" and that we should "consider [...] music in terms of a living, fluid and unbounded musicality, that we may legitimately study the implications of a musical conception of art."[7]) Following from Carpoulet's evocation of Mieke Bal's ›Travelling Concepts in the Humanities: A Rough Guide‹ (2002), in which Bal (and subsequently Carpoulet) argues that the issue at stake is not whether the concept of musicality "is used rightly or wrongly but whether it is used relevantly"[8]) and "whether it may help us to better understand, express and communicate our thoughts rather than merely stirring up the already muddied terminological waters of interdisciplinary scholarship."[9]) This essay seeks to explore a notion of musicality in ›Ulysses‹ and ›Doctor Faustus‹ in order to elucidate some of the most challenging prose fiction ever written. The two novels exist on a distinct musical spectrum: Joyce presents the reader with radical musical poetics in language, most famously in fugal form in his "Sirens" episode; and Mann offers a meditative, technical and evocative explication of music in a faux biography of an anti-heroic, modern fictional composer. The innovative approach of this essay, however, is to explore the unique musicality of each novel via the intrinsic connection that exists between music and myth.

In an atmosphere of crisis modern writers felt a profound disillusionment with a cumulative and therefore positive teleological view of history and, like countless artists and thinkers before them, they felt the pull of myth. As J. B. Foster points out: "myth is [...] a direct response to the mood of modernity, since it is capable of providing a long-term continuity to replace the one that was lost, of giving a better perspective from which to assess the significance of the loss, or of creating a sense for new cultural possibilities."[10]) Nietzsche had captured the spirit of the interplay between music and myth in ›The Birth of Tragedy‹, a book which, though he would later scathingly critique in his "At-

---

[7]) Ibid., p. 89.

[8]) Mieke Bal, Travelling Concepts in the Humanities: A Rough Guide, Toronto 2002, p. 32. Cit. in Carpoulet, Voicing (cit. fn 6), p. 89.

[9]) Ibid., p. 82.

[10]) John B. Foster, Heirs to Dionysus: A Nietzschean Current in Literary Modernism, New Jersey 1981, p. 418. This incredibly useful study denotes the significance of Nietzsche's early aesthetic thought, including the relevance of the Apollo/Dionysus dichotomy, to literary modernism. Foster's primary literary examples are D. H. Lawrence, André Gide, André Malaraux, and Thomas Mann. While this study does point toward the often overlooked significance of ›The Birth of Tragedy‹ to literary modernism, it does not address what the present essay seeks to analyse: the intrinsic relationship between music and myth in modern literature. Foster does explore the relevance of ›The Birth of Tragedy‹ to Mann's ›Doctor Faustus‹ but he only makes cursory reference to Joyce. Moreover, Foster's study is not much concerned with music, its relation to myth, or indeed the relationship between music and literature, all of which are of central concern to this essay.

tempt at a Self-Criticism" (1886), had great appeal for writers attempting to grapple with the relationship between intellect and life, instinct and rationality. Nietzsche's compelling cultural analysis, which anticipated the mood of modernity and encapsulated its crisis, was expressed in a highly literary prose style, which understandably appealed to the authors that followed him. There are myriad fruitful points of connection between Nietzsche and the modern novelists of the early to mid-twentieth century, however, rather than attempt a further study of influence (of which there are now a plethora), the aim here will be to expound the relationship between music and myth that Nietzsche gave license to in his first major work. Nietzsche's aesthetic mythology, in relation to the "spirit of music", is the basis, he argues, of all art. Of the few notable literary scholars who have worked on myth and modernism, Michael Bell in ›Literature, Modernism and Myth‹ (1997) has come closest to uncovering the significance of the relationship between music and myth, and its relevance to modernist writing. This occurs in his discussion of the "Sirens" episode of ›Ulysses‹. Bell rightly observes that "music has been a vital metaphor and structural device for modernist writers seeking a transcendence of time."[11]) In addition, he states that Bloom's mathematic musings about music (which, in keeping with the Homeric myth, ultimately free him from its intoxicating effects and allow him to journey on) can "direct us towards the corresponding aspect of the narrative technique: what is perceived as an emotional or spiritual experience in time is in fact a structure of mathematical, spatialised relations."[12]) The link to myth becomes palpable when Bell implicitly moves from Bloom's response to the music in "Sirens" to his broader role as Odysseus and the Homeric myth in general:

> The timeless order apparently enshrined in myth is the product of a secular aesthetic structure, as when Nietzsche spoke of putting 'the stamp of the eternal' on experience. The aesthetic is the condition by which modern sensibility creates an *equivalent* of the mythic. The story of Odysseus, in so far as it is a cultural myth, suggests a timeless structure of experience given to the writer, but Joyce's spatialising holds the archaic structure in *counterpoint* to its modern re-enactment. As the modern *construction* of a world enfolds the older sense of a *given* form, neither has its complete meaning by itself. Mann's sense of the mythic [...] as being at once a primitive condition from which it is necessary to escape and the most sophisticated condition to which one should strive, is embodied in this self-conscious reconstruction of the already given.[13])

---

[11]) Michael Bell, Modernism and Myth: Belief and Responsibility in the Twentieth Century, Cambridge 1997, p. 76.

[12]) Ibid., p. 77.

[13]) Ibid., pp. 77–78.

In linking the timelessness of music and myth (and the attraction of modern writers to such timeless qualities), as well as invoking Nietzsche's aesthetics and Mann's view of myth, Bell is implicitly denoting the striking significance of the relationship between the two, a connection that this essay makes explicit. Bell also continually stresses the importance of Nietzsche and Mann to modernist conceptions of myth: Mann, he claims, owing to his "self-consciousness about the mythic makes him an excellent lens through which to consider both modernism and the period of its break-up."[14]) Indeed Bell's study takes as its broadest line of enquiry the notion that modernist writers, in their self-conscious mythopoeia (to use Bell's preferred term), recognise a world view as such (i.e. as a world view) while "living it as conviction, [...] a paradox formulated by Thomas Mann: 'although in the life of the human race the mythic is indeed an early and primitive stage, in the life of the individual it is a late and mature one'."[15]) Bell continually returns to Mann's phrase in his theorisation of myth and discussion of literary modernism. However, Bell's study, besides this transitory foray into the musical dimension of the "Sirens" episode of ›Ulysses‹, is not overtly concerned with music and therefore his brief discussion of Nietzsche's ›The Birth of Tragedy‹[16]) does not rely heavily on the Apollo/Dionysus dichotomy, nor does it contain any substantial evaluation of Dionysian music, the central bases for this work. Musicologists have long been fascinated with composers who set myth to music,[17]) as myth often functions as an emblem of a kind of literature which transcends conventional historical subject matter and compliments the idea of "universality". For modern novelists, too, music performed this function; music's ineffability paradoxically provides a similarly holistic, universal expression to myth. The intersection of music and myth therefore poses a unique challenge for those writers, such as Joyce and Mann, who attempt to grapple with it.

It is the assertion of this essay that by considering this intersection of literary uses of music and myth, first given explicit license in Nietzsche's ›The Birth of Tragedy‹, one can attain a deeper insight into ›Ulysses‹ and ›Doctor Faustus‹. In both music and myth, Joyce and Mann saw the attractive paradox of choosing to represent ineffable subject matter that also performed the function of offering a more universal form of expression (music creating an emotional response via its universal language, myth with its ancient and evocative symbol-

---

[14]) Ibid., p. 161.
[15]) Ibid., p. 2.
[16]) Ibid., pp. 24–30.
[17]) For more on various composers' attraction to the aesthetics of myth see Eero Tarasti, Myth and Music: a semiotic approach to the aesthetics of myth in music, especially that of Wagner, Sibelius and Stravinsky, The Hague 1979.

ism). The retelling of the Sirens and Faust myth, and the musical qualities of the prose through which they are expressed, evokes a vivid and rich image in the reader's imagination and exposes both authors' artistic and philosophical preoccupations. We know that Thomas Mann was aware of Harry Levin's critical introduction to Joyce, and as Hans Rudolf Vaget has pointed out, it led him to describe Joyce as a "brother" and "the greatest literary genius of our epoch."[18]) Vaget also rightly emphasises however, that Mann did not confront any of Joyce's works directly. The significance of the relationship between the two writers comes then not in their personal relationship[19]) but in their literary preoccupation with music and myth. As Mann himself wrote to the mythologist Karl Kerényi: "It appears that a confrontation with the mythical sphere becomes the crowning, the chosen task of the greatest novelists."[20]) Moreover, for Mann, the exposition of Nietzsche's (via Wagner's conception) of myth is particularly palpable as he, and indeed his protagonist, are placed firmly in German intellectual lineage. The theory of myth as a subject with ancient origins, which offers a more holistic form of expression than conventional historical subject matter, was powerfully attractive to the literary modernists, as it was to Wagner and Nietzsche before them. Joyce and Mann saw myths functioning as living symbols containing universal, primordial properties which can transcend history. It is this aspect of myth that made it such a popular subject for Romantic composers; it is also clear that myths in which music plays a central role, such as the Sirens, Orpheus and Eurydice, Don Juan and so on, were particularly attractive to modernist authors.

Ernest Schonfield, in one of the few comparative studies of Joyce and Mann, writes that both novelists "update myth and relativize it by subjecting it to contemporary psychology."[21]) This is indeed the crux from which to approach

---

[18]) Hans Rudolf Vaget, Mann, Joyce, Wagner: The Question of Modernism in *Doctor Faustus*, in: Herbert Lehnert, Peter C. Pfeiffer (eds.), Thomas Mann's 'Doctor Faustus': A Novel at the Margin of Modernism, Columbia 1991, pp. 167–169, p. 168.

[19]) Mann often compares himself to Joyce as shown in a letter to Erich Kahler dated 23 December 1944: "[...] I have sometimes ventured to regard Joyce as a playmate, although also as an antagonist; for I am a decided traditionalist, even though I have often had my fun with the old forms and have – reverently – taken liberties with them". In: An Exceptional Friendship: The Correspondence of Thomas Mann and Erich Kahler. Translated by Richard and Clara Winston, Ithaca, London 1975, p. 95. For more on Mann's reception of Joyce see: Eva Schmidt-Schütz, Doktor Faustus zwischen Tradition und Moderne: Eine quellenkritische und rezeptionsgeschichtliche Untersuchung zu Thomas Manns literarischem Selbstbild, Frankfurt/M. 2003, especially the chapter "Joyce mit Maßen", pp. 29–109.

[20]) Mythology and Humanism: the correspondence of Thomas Mann and Karl Kerényi. Translated by Alexander Gelley, Ithaca, London 1975, pp. 44–45.

[21]) Ernest Schonfield, Mann re-Joyces: The Dissemination of Myth in *Ulysses* and *Joseph*, *Finegans Wake* and *Doctor Faustus*, in: Comparative Critical Studies, vol. 3, no. 3 (2006), pp. 269–290, p. 270.

Joyce and Mann's retelling of myth, given that both of their preoccupations was to tell the story of their age and to do so from distinct national perspectives (Irish and German), while keeping the eternal and transcendental in mind as they transpose their respective myths onto the landscape of modern Europe. Moreover, when we consider Joyce and Mann's retelling of myth in relation to their aesthetic rendering of music in prose (given the proximity of music and myth in ›Ulysses‹ and ›Doctor Faustus‹), we move closer towards an understanding of the possibilities and range of the long novel as an art form. To represent the intersection of two ineffable subjects (music and myth), is both an artistic challenge and a literary innovation; Joyce thus makes the music of the ›Odyssey‹ modern and Mann makes the Faust myth musical.

2. From Apollo to Bloom: Resisting Songs in the "Sirens"

Since I wrote the *Sirens* I find it impossible to listen to music of any kind...
– Letter from Joyce to Harriet Weaver on 20 July, 1919

Much ink has been spilled in an attempt to resolve the musical conundrums of the "Sirens" episode of ›Ulysses‹. The latest study which addresses the question of whether the episode can be considered according to the eight regular parts of a "fuga per canonem", has been undertaken by Michelle Witen in ›James Joyce and Absolute Music‹ (2018). Witen argues that "the National Library of Ireland's 2002 acquisition of Joyce's papers requires that critics rethink prior dismissals and interpretations of Joyce's claim of having written an eight-part *fuga per canonem.*"[22]) Witen refers back to Joyce's early handwritten drafts and offers a highly convincing argument demonstrating the manifest ways in which he structured the "Sirens" episode to contain "all the eight regular parts of a *fuga per canonem.*"[23]) Witen's conclusive study demonstrates the manifest ways in which Joyce incorporated a fugue in the "Sirens", arguing that Joyce did not need external musical reference points but rather relied on his own demonstrable musical knowledge. The musical allusions in Joyce have also received much attention, most notably in work of Zack Bowen.[24]) However, rather than focus on the technical musical structure of the "Sirens" and the musical allusions in it, let us turn to Joyce's performative use of prose via varied musical techniques, and its connection to the retelling of the ancient myth of the Sirens, with reference to the central tenets of Nietzsche's ›The Birth of Tragedy‹.

---

[22]) Michelle Witen, James Joyce and Absolute Music, London 2018, p. 126.
[23]) Ibid., p. 163.
[24]) See: Zack R. Bowen, Musical Allusions in the Works of James Joyce: Early Poetry Through Ulysses, Albany 1975.

Joyce uses numerous conventional literary techniques to evoke the condition of music and its emotional resonance, in particular: alliteration (including sibilance and assonance), onomatopoeia, puns and wordplay. These literary devices are ancient in origin, but the unique and experimental way in which they are used in ›Ulysses‹ elevates them to modernist status. Joyce's playfulness with language is unparalleled in the period in which he is writing and the force with which he uses language to create a musical impression almost leaves the music of his prose ringing in the "internal ear" of ›Ulysses‹' readers. The sound of Joyce's prose is one of its highest merits and the "Sirens" episode of ›Ulysses‹ is one of the more explicitly musical in the novel; when read aloud the text begins to reveal Joyce's musical preoccupations. The sound and repetition of the affirmative "yes" that ends the novel lead Derrida to his ›Ulysses Gramophone: Hear Say Yes in Joyce?‹. As Derrida proclaims in this work: "*Yes* in *Ulysses* can […] only be a mark that is both spoken and written, vocalized as grapheme and written as phoneme, yes, in *a word gramophoned.*"[25]) The visual and aural qualities of written language in Joyce are thus, if we follow Derrida to his conclusion, of equal importance, the latter of seemingly greater import if we consider Joyce's explicit musicality. An additional layer can be read here in relation to Nietzsche's Apollo/Dionysus dichotomy, and in comparison, to Mann's notion of the "earman" and "eyeman" in ›Doctor Faustus‹, which will soon be elucidated. However, to return to the immediate performative/musical aspects of the prose, an excerpt of the introduction to the "Sirens" will evidence the intrinsic musicality of this episode:

Chips, picking chips off rocky thumbnail, chips. Horrid! And gold flushed more.
A husky fifenote blew.
Blew. Blue bloom is on the
Gold pinnacled hair.
A jumping rose on satiny breasts of satin, rose of Castille.
Trilling, trilling: I dolores.
Peep! Who's in the... peepofgold?
Tink cried to bronze in pity.
And a call, pure, long and throbbing. Longindying call.
Decoy. Soft word. But look! The bright stars fade. O rose! Notes chirruping
answer. Castille. The morn is breaking.
Jingle jingle jaunted jingling.
Coin rang. Clock clacked.
Avowal. Sonnez. I could. Rebound of garter. Not leave thee. Smack. La cloche!
Thigh smack. Avowal. Warm. Sweetheart, goodbye!
Jingle. Bloo.

---

25) Andrew J. Mitchell, Sam Slote, Derrida and Joyce: Texts and Contexts, New York 2013, p. 49.

Boomed crashing chords. When love absorbs. War! War! The tympanum.
A sail! A veil awave upon the waves. (U, 11.1–21)

The opening lines of the "Sirens", or the "prelude"[26]) to the episode, are meaningless without the pages that follow.[27]) They initially appear to the reader as random sonorous phrases which demonstrate a preoccupation with sound rather than narrative. However, after a close reading of the chapter, one soon realizes that it actually comprises of a series of leitmotifs introducing the themes, songs, characters and what Lawrence L. Levin has called the "voices" of the "Sirens" episode, all interwoven to evoke a practical and emotional condition of music which simultaneously sustains the ancient myth of the Sirens. Levin points out that "these voices would be those of Miss Douce and Miss Kennedy (the Sirens), Bloom, Simon Dedalus, Lenehan, Boylan, the piano tuner, Dollard, and Pat the waiter, with Cowley, Lidwell, Kernan, and Goulding functioning as free counterpoint."[28]) Timothy Martin developed Levin's idea and deliberates on what might be called Joyce's "narrative counterpoint" – the idea that "Five characters in "Sirens" have what amount to their own leitmotifs. Bloom's "Bloowho," Boylan's "jingle," the piano tuner's "tap," Miss Kennedy's "gold," and Miss Douce's "bronze." They form a quintet of three men and two women who move independently through the chapter [...] and pursue their own thoughts."[29]) This seems a plausible reading of the leitmotifs in "Sirens". Indeed, the characters' leitmotifs reoccur and develop poignantly throughout the novel: Miss Kennedy's "gold" and Miss Douce's "bronze" leitmotifs are an obvious example of this development, as they comingle and are replayed throughout ›Ulysses‹.

As Joyce said, "Writing a novel [...] was like composing music, with the same elements involved. But how can chords or motifs be incorporated in writing? Joyce answered his own question, 'A man might eat kidneys in one chapter, suffer from a kidney disease in another, and one of his friends could be kicked in the kidney in another chapter.'"[30]) The opening immediately demonstrates

---

[26]) Some scholars refer to the opening of the "Sirens" as an "overture" but as Witen highlights, those who have focused on music in ›Ulysses‹, such as Alan Shockley, Heath Lees, Werner Wolf, and Brad Bucknell, refer to it as a prelude, which she concurs is more plausible. See: WITEN, Absolute Music (cit. fn. 22), p. 120 and p. 166.

[27]) As early as 1941 Levin in his classic ›James Joyce: A Critical Introduction‹ claimed that "The introductory pages should be read as a thematic index to the following pages, but without the sequel they are meaningless." HARRY LEVIN, James Joyce: A Critical Introduction, Connecticut 1941, p. 99.

[28]) LAWRENCE L. LEVIN, The Sirens as Music: Joyce's Experiment in Prose Polyphony, in: James Joyce Quarterly, vol. 3, no. 1 (1965), pp. 12–24, p. 14.

[29]) RUTH BAUERLE (ed.), Picking up Airs: Hearing the Music in Joyce's Text, Urbana, Chicago 1993, pp. 107–108.

[30]) RICHARD ELLMANN, James Joyce. New and revised edition, New York 1983, p. 436.

the parallels Joyce marks between score and narrative, music and literature, by populating his introduction with literary leitmotifs. That Joyce develops and utilizes a musical technique that flowered in Wagner's music drama is no surprise: as Slote highlights, Joyce's paper "Drama and Life," delivered in Dublin in 1900, takes inspiration not just in name from Wagner's "Opera and Drama" (1851) but also in the idea that drama has the ability to overpower other literary forms because of its ability to portray truth through an interplay of passions, resulting in a communal art.[31]) The leitmotif (assigning each character their own sonorous phrase) is central to this and thus we see Joyce pushing the limits of the novel by incorporating techniques typical to music drama. As Martin writes "much of *Ulysses* is composed of repeated words and phrases that function as leitmotifs – both literary and Wagnerian – do: helping from the stream of narration, providing 'rhythmic' form, developing texture as well as structure."[32]) This perhaps offers partial explanation as to why Eliot raises the question of ›Ulysses‹ in relation to the limits of the novel as a form[33]) or Harry Levin having described it as a "novel to end all novels."[34]) Joyce's musical success as an author however lies in the variety of techniques he uses to express music. As previously mentioned, the musicality of the prose itself via such literary techniques is impressive, however Joyce's uses of literary cadences, leitmotifs, trills and even a literary "tuning up" of the "orchestra" (i.e. of his characters) elevate the musical qualities of "Sirens". This tuning up can be evidenced by such narrative description as: "Miss Kennedy sauntered sadly from bright light, twining a loose hair behind an ear. Sauntering sadly, gold no more, she twisted twined a hair. Sadly she twined in sauntering gold hair behind a curving ear" (U, 11.80–83). The variation of the same phrase is much like a string player tuning up, emphasising Miss Kennedy's place in the quintet. Moreover, we later encounter further evidence of this kind of technique: "Bloom unwound slowly the elastic band of his packet. [...] Bloom wound a skein round four forkfingers, stretched it, relaxed, and wound it round his troubled double, fourfold, in octave, gyved them fast" (U, 11.681–684).

The elastic band here is often described as representing the bands that tied Odysseus to the mast of his ship, solidifying the link with the original myth.[35]) I would suggest in addition however, that Bloom's motion of winding and unwinding the band evokes the tension and release of tuning strings, demons-

---

31) Sam Slote, Joyce's Nietzschean Ethics, New York 2013, pp. 6–7.

32) Timothy Martin, Joyce and Wagner: A Study of Influence, Cambridge 1991, pp. 158–159.

33) T. S. Eliot, 'Ulysses', Order and Myth, in: The Dial, LXXV (Nov. 1923), pp.480–483, p. 483.

34) Levin, Critical introduction (cit. fn. 27), p. 207.

35) Declan Kiberd, Ulysses and Us: The Art of Everyday Living, London 2009, p. 174.

trating Bloom's part in the quintet alluded to earlier, providing yet another instance of the connection between music and myth. Joyce himself told Georges Borach in 1919: "I finished the Sirens chapter during the last few days. A big job. I wrote this chapter with the technical resources of music [...]: *piano, forte, rallentando,* and so on. A quintet occurs in it, too, as in *Die Meistersinger*, my favorite Wagnerian opera [...]."[36]) This description reminds us of two famous letters from Joyce dated 20 July and 6 August 1919 to Harriet Shaw Weaver, a patron and supporter of his, where he relates how he found it impossible to listen to music after composing the "Sirens" episode and confirms that it was written according to the "eight regular parts of a *fuga per canonem:* and I did not know in what other way to describe the seductions of music beyond which Ulysses travels."[37]) The interweaving of literary techniques and orchestral parallels as a means to evoke music is where we see Joyce exercising his linguistic virtuosity, and when we consider this in relation to his treatment of the original Homeric myth, we see Joyce at his most accomplished.

Joyce's use of abstraction and literary technique evokes both the "condition" and "sound" of music while simultaneously sketching out the events and action that unfolds in the chapter, an additional level of complexity is added when we consider this in relation to his depiction of myth. The artistic preoccupation with myth is a trope of Romantic music, in which composers see in myth an emblem, with ancient origins, of a type of literature in which the conventional mimetic properties of language are transcended. In literary modernism, music too provides this function, it offers a form of expression that lies beyond language. Therefore, myths in which music plays a central role, such as the Sirens myth, are of particular interest to modern novelists such as Joyce, as they provide a model of related ineffable subjects that pose an exciting and testing challenge to represent in prose. The following quote exemplifies how Joyce deals with the myth of the Sirens (as told in Homer's ›Odyssey‹) in relation to Bloom, his hero, and his Odysseus:

> Draw near, illustrious Odysseus, man of many tales, great glory of the Achaeans, and bring your ship to rest so that you may hear our voices. No seaman ever sailed his black ship past this spot without listening to the honey-sweet tones that flow from our lips and no one who has listened has not been delighted and gone on his way a wiser man. For we know all that the Argives and Trojans suffered on the broad plain of Troy by the will of the gods, and we know whatever happens on this fruitful earth. (Hom. Od. 12.185–193)[38])

---

36) Georges Borach, Joseph Prescott, Conversations with James Joyce, in: College English, vol. 15, no. 6 (Mar., 1954), pp. 325–327, pp. 326–327.

37) Letters of James Joyce, vol. 1. Ed. by Stuart Gilbert, New York 1957; reissued with corrections 1966, p. 129. Henceforth *JL* 1 in the text.

38) Homer, The Odyssey. Translated by Robert Fagles, London 1997, pp. 161–162.

–O greasy eyes! Imagine being married to a man like that! She cried. With his bit of beard!
[...]
–Married to the greasy nose! She yelled.
Shrill, with deep laughter, after, gold after bronze, they urged each each to peal after peal, ringing in changes, bronzegold, goldbronze, shrilldeep, to laughter after laughter. And then laughed more. Greasy I knows. Exhausted, breathless, their shaken heads they laid, braided and pinnacled by glossycombed, against the countderledge. All flushed (O!), panting, sweating (O!), all breathless.
Married to Bloom, to greaseabloom. (U, 11.169–180)

This comic parody of the "Sirens song" emphasizes the significance of the music and myth connection. This example is as close to the sound of the Sirens' song that we get in ›Ulysses‹. Their "song" is not melodic, lyrical or beautiful but sexual, animalistic and cacophonous as the Sirens "shriek," "pant," "laugh," and so on. Throughout the episode however, men sing, often beautiful lieder; this clever inversion of the Sirens myth illustrates how Joyce expands and retells the myth in a bid to articulate music – he uses the musicality of his prose to elucidate this inversion of the Sirens myth while keeping "actual" music playing in the background of the narrative, striking through intermittently with key lyrics of the songs, often verging on puns and alluding to major themes and events of the novel. On a more banal level it is also representative of the period, as women would not have been allowed in the bars and pubs and therefore, unlike in the home where families would sing together, in public places, men must be the singers. This is exemplified in the songs: "Love and War", "M'appari" (from Flotow's comic opera ›Martha‹), and "The Croppy Boy", to which we will return later. The inversion of the Sirens myth also points to the fact that one of the primary functions of the Sirens is to distract Bloom from the startling recollection that Blazes Boylan will soon cuckold him. All the language of this passage suggests as much, the "bronzegold" of Miss Douce and Miss Kennedy, our Sirens, convey their narrative function to distract: the bronze and gold allude to the shimmering of their hair and clothes and as vocalists they are abrasive and hard to ignore. Joyce has inverted the myth of the Sirens as its traditional function is no longer fit for modern purposes, "they still want to draw their victims back into the past: but their outmoded art offers little benefit to modern-day people, among whom only the elite are still given the chance to listen to it (e.g. opera)."[39])

In spite of the unconventional functions of the Sirens in this chapter, the link to ancient mythology is palpable, as Kiberd notes: the Sirens "stand beside the 'reef' of their counter, their shoes and stockings cracked and dirty like the

---

[39]) Kiberd, Ulysses and Us (cit. fn. 35), p. 174.

unseen fishtails of beautiful mermaids, while their satin blouses shimmer."[40]) Moreover, the amused barmaid's depiction of Bloom's "greasy eyes" on to his "greasy nose", culminating in the cadence repetition and a trill: "married to Bloom, to greaseabloom", denotes a reference to the sea as domain of the Sirens and a uniting of the sea image with Bloom and subsequently Odysseus.[41]) This description also curiously leaves out the body part that the episode is dedicated to: the ear. Bloom, as voyeur, also "eyes" a "poster, a swaying mermaid smoking mid nice waves. Smoke, mermaids, coolest which of all. Hair steaming: lovelorn" (U, 11.299–301). The episode is full of such subtleties which unite music and myth. Finally, and most unambiguously, Simon Dedalaus (Stephen's father) declares to one of the Sirens "That was exceedingly naughty of you, [...] Tempting poor simple males" (U, 11.201–202), though noticeably they did not tempt these males with their "song". The union of high (myth) and low (music) culture in this episode is symptomatic of Joyce's major literary preoccupation on unifying high- and low-brow subjects. In his motivation to present lowly subjects with dignity in his narrative, and by analysing the relationship between myth in relation to music, we are able to attain a deeper insight into both Joyce's concerns as an artist and ›Ulysses‹ itself.

Conversely to the points made earlier, Joyce also uses music to articulate myth: the song "Love and War" sung by Cowley and Dollard and whose text reveals the major conflicts of the episode harks back, obliquely, to the Homeric source: the Sirens' song promises love's pleasures after the perils of war. Like the lover and the warrior in the song, Bowen observes: "the boys in the Ormond Bar decide musically to blend love's wounds with battle's scars / And call in Bacchus, all divine / To cure both pains with rosy wine."[42]) The songs sung in the Sirens episode, such as "Love and War", are multifaceted and serve many purposes. The quote below refers to the scene in which the song "Love and War"[43]) features most prominently in ›Ulysses‹:

[Dollard's] gouty paws plumped chords. Plumped, stopped abrupt. [...]
Jingle a tinkle jaunted.
Bloom heard a little sound. He's off. Light sob of breath Bloom sighed on the silent bluehued flowers. Jingling. He's gone. Jingle. Hear.
–*Love and War*, Ben, Mr Dedalus said. [...]
Over their voices Dollard bassooned attack, booming over bombarding chords:
–*When love absorbs my ardent soul* . . . [...]
–War! War! cried Father Cowley. You're the warrior.

---

[40]) Ibid., p. 171.
[41]) Levin, The Sirens (cit. fn. 28), p. 17.
[42]) Bowen, Musical Allusions (cit. fn. 24), p. 171.
[43]) See ibid., pp. 170–171 for the full song "Love and War", where the constituent "Lover" (tenor) and "Soldier" (bass) sing the last stanza in unison.

–So I am, Ben Warrior laughed. I was thinking of your landlord. Love or money. [...]
–. . . . .*my ardent soul*
I care not for the morrow.
In liver gravy Bloom mashed potatoes. *Love and War* someone is. Ben Dollard's famous. Night he ran round to us to borrow a dress suit for that concert. Trousers tight as a drum on him. Musical porkers. Molly did laugh when he went out. Threw herself back across the bed, screaming, kicking. With all his belongings on show. (U, 11.452–557)

The passage illustrates Joyce's technique and intentions well: Bloom hears Boylan's developed leitmotif, "Jingle a tinkle jaunted" which reminds him that Boylan is now leaving to embark on his lover's tryst with Molly. The lyrics of the song intersperse the narrative which itself is music in prose: the sibilance of Boylan's "jingle" is followed by the "bassooned", "booming" of Dollard's bass over "bombarding chords" pointing to the fact that Ben Dollard is singing the wrong part, he is a bass and thus should be singing the "War" while Cowley takes up the tenor "Love". The "War! War!" also recalls one of the opening lines, once again signifying how Joyce develops leitmotifs introduced at the beginning of the episode. Moreover, the song forces Bloom to recall the past: Molly laughing at Dollard's inappropriate clothing on a previous evening. This all reinforces my observation that songs and the Sirens function independently to tempt Bloom into distraction, and though he occasionally succumbs, like Odysseus he is bound for home. The utilisation of music and myth here is emblematic of Joyce undertaking with precision and skill Ezra Pound's modernist imperative to "make it new". In other words, we have evidence of Joyce modernising the Sirens myth so it is fit for purpose: functioning on an aesthetic level (the Sirens' physical and sexual attraction) and on a musical level (the songs sung by men in the bar), combining to form differing powerful forms of temptation and distraction. Songs such as the aria Simon Dedalus sings from the opera ›Martha‹ also affect Bloom, leading him to mediate in stream-of-consciousness narrative with amusing puns such as: "Tenors get women by the score. Throw flower at his feet. When will we meet? My head it simply. Jingle all delighted" (U, 11.686–687); the "jingle" here referring once more to Boylan and his leitmotif, soon to be "delighted" by his sexual encounter with Molly. Moreover, the singing of Ireland's "native doric", "The Croppy Boy", also tempts Bloom to distraction and to reflect on the fact that he is the "last of his race", more apt, of his name, due to the untimely death of his only son, Rudy, a running theme in the novel. Nevertheless, Bloom ultimately resists temptation, as the effect of music is "too irrational for a man as measured as he"[44]) as Kiberd describes him. One passage in particular leads us to this assumption:

[44]) Kiberd, Ulysses and Us (cit. fn. 35), p. 180.

Numbers it is. All music when you come to think. Two multiplied by two divided by half is twice one. Vibrations: chords those are. One plus two plus six is seven. Do anything you like with figures juggling. Always find out this equal to that. Symmetry under a cemetery wall. He doesn't see my mourning. Callous: all for his own gut. Musemathematics. And you think you're listening to the ethereal. But suppose you said it like: Martha, seven times nine minus x is thirtyfive thousand. Fall quite flat. It's on account of the sound it is. (U, 11 228)

Bloom's meditation on the essence of music in mathematical terms is typical of his rationale and consequently he, like Odysseus, escapes the intoxicating effects of music. This is not to say that Bloom was not susceptible earlier in the chapter to the intoxicating effects of music, as Witen suggest with reference to the fugal form of the "Sirens" episode:

The fugue, as the highest form of absolute music, uses its subject (fugue) as both its material and its structure. "Sirens" is structured as a fugue but the episode also incorporates the thematic material of the fugue in order to generate the condition of music of the fugue (flight, forgetting). Bloom's susceptibility to the condition of music is demonstrated by his dissolution of self into music and the degeneration of the narrative into the swarm of Bloom's impressions.[45])

Rather than have Bloom physically restrained, Joyce depicts Bloom as having psychologically transcended the intoxication of the Sirens.[46]) Bloom reduces music to its mathematical and scientific properties (vibrations, symmetry, numbers and so on) in his psyche, which has a sobering effect on our reading of the inebriating experience of the last hour at the Ormond Bar.[47]) The dichotomy between the intoxicating power of music and the materialist essence of it, which occurs in Bloom's stream of consciousness, is a trope in philosophy, musicology and literature of the nineteenth and twentieth centuries, and one which is dealt with explicitly in ›Doctor Faustus‹. Furthermore, this dialectical relationship can be read as a response to, and development of, Nietzsche's main argument in ›The Birth of Tragedy‹, in which he demonstrates how the rational impulse, the Apollonian, has been favoured to such a degree that it has morphed into the Socratic, principally by Socrates' disciple Euripides in art. This trend, which has lasted for millennia, has overshadowed the intoxicating Dionysian and thus, for Nietzsche, *true* tragic art and culture has declined into obscurity.

The coexistence of the two artistic forces represented by the Greek myths, Apollo and Dionysus, is, according to Nietzsche, not only the foundation of all

---

45) Witen, Absolute Music (cit. fn. 22), p. 39.

46) This is typical of Joyce's method of myth updating in that he shifts action from the physical to the psychological. For example, Bloom will "mentally" slay Molly's suitors in "Ithaca".

47) The narrative here also foreshadows the style of "Ithaca" in which Joyce posits science (Bloom) against art and religion (Stephen) offering a significant contrast to Stephen's stream of consciousness in "Proteus" and lecture in "Scylla and Charybdis".

art but where art reaches its peak and what artists must strive towards. Thus, we see Bloom has his foundations in the Apollonian (or Socratic) in ›Ulysses‹ (as expressed by his stream of consciousness on the rational, mathematical qualities of music here) contrasted by Stephen Dedalus, with his Dionysian characteristics, evidenced by his literal (drunkenness) and intellectual (artistic) states of intoxication. The key development being that Joyce retreats from the mythic sphere and brings these two deities into the modern world. Stephen's self-destructive nature echoes a Dionysian longing for suffering, for dissolution, which occurs later in "Circe". In "Sirens" however, Stephen is conspicuous by his absence: as he represents the Dionysian in ›Ulysses‹, he is not necessary to this episode. Bloom's psyche is however made clearer in Joyce's music chapter, where we are presented with his Apollonian affinities: his temporary intoxication, distraction, is as much a result of the plastic qualities of the barmaids (their clothes, hair and so on) as the music. Bloom often thinks of them in sculptural and pictorial terms. His Apollonian rationale is made plain in his mathematical reflection on sonic art. It is uncanny how directly Joyce appears to be responding to Nietzsche's conception of aesthetic mythology in relation to the spirit of music as the foundation of all art, presented in ›The Birth of Tragedy‹ in the form of the Apollo/Dionysus dichotomy.

Harking back to his Homeric source, Joyce investigates the power of music: sonically by evoking music in prose via avant-garde literary techniques and aesthetically by rewriting the myth of the Sirens. In the "Sirens" episode we see an instance of the "musicalization" of myth and the "mythologization" of music. Indeed, in focusing on the music-myth connection in ›Ulysses‹, we begin to see the cultivation of Joyce's ultimate artistic aims.[48]) Harry Levin wrote that: "Joyce's efforts to achieve immediacy lead him to equate form and content, to ignore the distinction between things he is describing and the words he is using to describe them".[49]) This description is certainly applicable to the performative musicality of the "Sirens" episode, as has hopefully been made clear. However, the definition of "musicality" needs some qualification here, given that Joyce's use of music in ›Ulysses‹, and particularly in the "Sirens" episode,

---

48) Timothy Martin in his excellent ›Joyce and Wagner‹ (cit. fn. 32) informs us that "myth and leitmotif are intimately related in Joyce's last work, as they are in the works of Thomas Mann, for a tenet of mythic art, that history repeats itself with a difference, is reflected in the repetition and variation of these hundreds of leitmotifs throughout the text" (p. 159). Martin believes the myth/leitmotif connection is taken to its extreme in Joyce's last novel, in that "both history and leitmotif repeat themselves with a difference in *Finnegans Wake*" (p. 160). This is certainly the case and on the surface, this connection seems more pertinent to ›Finnegans Wake‹ than ›Ulysses‹. However, it is in ›Ulysses‹ that Joyce begins experimenting seriously with the leitmotif as a literary technique and explores its potential.

49) Levin, Critical introduction (cit. fn. 27), p. 87.

is often nebulous. Joyce wrote to Harriet Shaw Weaver on 18 March, 1930: "I have always insisted that I know little about literature, less about music, nothing about painting and less than nothing about sculpture; but I do know something about singing, I think."[50])

As Witen rightly clarifies, Joyce's false modesty in this letter functions to highlight his superior knowledge of singing rather than denigrate his knowledge of music and literature, particularly given that he wrote this letter in the aftermath of the publication of ›Ulysses‹.[51]) Aside from stressing Joyce's belief in his own practical knowledge of singing, this letter hints at the significance of song vs music in ›Ulysses‹. For example, Joyce liberally employs songs in the "Sirens" episode, but, more notably, he mimics musical form and uses musical techniques to achieve a level of sonority in his language that makes the prose performative, resulting in a distinct musical poetics. Joyce presents the reader with sonic segments of language, as well as song lyrics, which are presented in a way that is congruous with the strict fugal form in which they are rendered. In other words, songs appear as the chief instance of "real" music in "Sirens", but the chapter simultaneously adopts a musical form and techniques typical to instrumental music to add an additional layer to the musicality of the prose. In this sense the very definition of "music" becomes multifaceted, as has been evidenced in the "Sirens" where Joyce presents his unique musical poetics in a bid to define how language can recreate a practical condition of music while simultaneously depicting "actual" songs that are being played and sung in the bar, that Joyce achieves this in a musical architecture as strict as fugal form is a testament to the complexity and aspiration of Joyce's music chapter. In the following section on Mann's music novel we will see an altogether different method of musical depiction, yet arguably nowhere does the musicality of the prose reach such intensity as in the "Sirens", where Joyce pushes his musical poetics to its limit.

3. Apollo, Dionysus and Faust in Mann's ›Doctor Faustus‹

As with Joyce's ›Ulysses‹, a unique and elucidatory reading experience emerges when one focuses on the depiction of music and myth (and the relationship between the two) in Thomas Mann's ›Doctor Faustus‹. Mann notes that he first had the idea of conceiving a Faust story in relation to ›Tonio Kröger‹ in 1901,[52])

---

[50]) LI, p. 291

[51]) WITEN, Absolute Music (cit. fn. 22), p. 1.

[52]) "I have down for the 27th. 'Dug up the three-line outline of the Dr. Faust of 1901. Association with the Tonio Kröger period.'" THOMAS MANN, The Story of a Novel: The Genesis of Doctor Faustus. Translated by RICHARD and CLARA WINSTON, New York 1961, pp. 17–18.

however, it will be forty-six years between this demonic impulse and the publication of ›Doctor Faustus‹. Thomas Mann's friend and colleague Erich Kahler offers the explanation in his classic study ›The Orbit of Thomas Mann‹ that ›Tonio Kröger‹ treats "The innate conflict between the bourgeois and the artist, the inevitable, inborn alienation of the artist from the common world [...]. This personal problem of his, together with the corresponding outer problem of the cultural situation in which he grew up, directed Thomas Mann toward the Faustus motif".[53]) It is significant however that Mann, consciously or not, waited until writing his "music novel" before realizing his Faust story. In having his Faust character be a musician Mann is both responding to a historically productive relationship (that between music and myth which we find in the work of Romantic composers) and stating the explicit cultural and artistic "Germanness" of his protagonist. For Mann, the very best of Germany is represented by her music: it is therefore unsurprising that he conceives of Adrian Leverkühn as a musical genius in the line stemming from Bach to Beethoven to Wagner.[54]) Leverkühn also acts as a surrogate composer for Mann's contemporary Schoenberg and his ilk.

In response to Nietzsche's challenge that "without myth every culture loses the healthy natural power of its creativity"[55]) Mann places Leverkühn firmly within the German Faust tradition and portrays him as a Dionysian anti-hero (in Nietzsche's sense) so as to reinstate both the value of myth and reflect the tragedy of their shared culture. Mann's retelling of the Faust myth aligns most closely with the tales set out in the ›Faustbuch‹, a pseudo-biographical chapbook of stories concerning the life of Johann Georg Faust (Doctor Faustus) published by Johann Spies in 1587[56]) and yet in many ways, as with Leverkühn's

---

53) Erich Kahler, The Orbit of Thomas Mann, New Jersey 1969, p. 111.

54) This recalls Nietzsche's claim that "Out of the Dionysian root of the German spirit a power has arisen which, having nothing in common with the primitive conditions of Socratic culture, can neither be explained nor excused by it, but which is rather felt by this culture as something terribly inexplicable and overwhelmingly hostile – *German music* as we must understand it, particularly in its vast solar orbit from Bach to Beethoven, from Beethoven to Wagner". Friedrich Nietzsche, The Birth of Tragedy and The Case of Wagner, translated by Walter Kaufmann, New York 1967, p. 119. All further references will be to this edition, henceforth shortened to BT in the body of the text.

55) Ibid., p. 35.

56) As Kahler pointed out, there are two major features Mann lifts from the Spies Faust book, firstly "that Faust was of humble but respectable parentage, but so precociously clever that a wealthy relative adopted him and paid for his schooling and university studies. Here, then, is the psychological genesis of an aspiring, arrogant, and perverted mind turning from theology to black magic. The second important feature is, of course, the pact with the Devil. So swiftly says the Spies book, did Faust advance in the art of magic that he was soon a position to trace the magic circle and summon up an evil spirit". Kahler, The Orbit of Thomas Mann (cit. fn. 53), pp. 98–99.

"Lamentation" in relation to Beethoven's Ninth symphony, it is a reaction to, and negation of, the Faust stories that came before it, particularly Goethe's ›Faust‹. In linking the fate of his Faust with that of Germany in the early twentieth century, Mann, unlike Goethe, leaves the fate of his Faust and the possibility of redemption lingering in the air, unresolved. Yet in having his Faust be a musician, Mann is also extending the traditional confines of the myth itself, as conventionally the Faust figure is willing to trade his soul for worldly knowledge, experiences that happen during his time on earth. Leverkühn however makes his pact in exchange for intoxicating time in which to create authentic, revolutionary music that will live on after his death; in other words, Leverkühn trades his soul, his mental sanity and ultimately his life, for the possibility of immortality in music. This music, which Leverkühn, prompted by the devil, believes will break through the cultural epoch is the only hope for redemption that Mann provides us with.

This draws on one of the more complicated aspects of the myth: whether the corrupted soul, or in this case the corrupted music, can ever be saved; and in keeping with the allegory, Mann invites us to reflect on whether Germany can be redeemed after the horrors of National Socialism and the Second World War. Mann seems to imply that the possibility of such salvation will come from the spheres of art and culture. The privileged position of music in German intellectual history (and the relationship between music and the demonic) has been mentioned in the first half of this article and will be discussed here in relation to the Faust myth. The demonic music is aided by the devil and is the result of Adrian's "signing of the pact" marked by the syphilitic infection that comes from his sexual union with the prostitute Esmerelda.[57]) The main complication of Mann's nefarious retelling of the Faust myth here stems from the fact that the incident with Esmerelda is seemingly of secondary importance when considering Adrian's "fate." The reader infers that the decision to enter into a pact with the devil, along with Adrian's decision to become a musician, were established much earlier in the novel. Mann's retelling of the Faustian myth, his negation of the prior versions of the myth, along with various episodic negations of high cultural achievements, such as Beethoven's Ninth Symphony, give the novel an air of finality. In essence, ›Doctor Faustus‹ is a novel of conclusions, both in music and myth, in which the fate of both are intimately bound to the fate of Germany.

---

[57]) The inspiration for the meeting between Adrian and Esmerelda is based on an anecdote of Nietzsche's visit to a brothel as a student, which Mann reproduces almost verbatim in his novel from Nietzsche's friend Paul Jakob Deussen's account of the incident: PAUL DEUSSEN, Erinnerungen an Friedrich Nietzsche, Leipzig 1901, p. 29.

Mann's tendency to rewrite myth is of the utmost importance and we must consider not only his rewriting of the Faust myth but also his response to the Apollo/Dionysus dichotomy and the concept of Dionysian music, set out by Nietzsche in ›The Birth of Tragedy‹ as the foundation of all art, an idea in which the union of music and myth is at the fore. The dichotomy is particularly prevalent in Zeitblom's narrative description of the devilish oratorio "Apocalipsis cum figuris". The description of Adrian's creative process (post-infection) evokes the Dionysian: when composing "Apocalypse", Leverkühn remained "in a state of high tension [...] his rush of ideas gave him no rest, made him their slave" (DF, 378).[58]) Zeitblom's language not only alludes to the Faustian pact in which Leverkühn is promised "[g]reat time, mad time, most devilish time, in which to soar higher and higher" (DF, 246) but also makes explicit the Dionysian presence in Leverkühn's creative process and in the composition itself. This is not to suggest that the myths of Faust and Dionysus are interchangeable, as T. J. Reed perceptively points out: "the Dionysia[n] is not a myth like Faust. It is a way of describing forces observable in man and society."[59]) Thomas Mann's preoccupation with Dionysus does more than affirm the Adrian-Nietzsche link, which has been well documented by a number of scholars,[60]) it is fundamental to our understanding of the novel. To emphasise the Dionysian in Leverkühn, whose life and work reflects the period in which he lives, is to insinuate "that political and social phenomena, [...] are psychological in origin [...] And that origin is shown to be Dionysian".[61]) This is evident if one subscribes to the prevailing view that Mann's novel is a reflection on and diagnosis of Germany's decline into Nazism and attempts to understand and salvage Germany's culture and identity; "Dionysus was after all the god of regeneration, something German culture and Mann himself had been seeking".[62]) It is clear then, that Mann's preoccupation with Faust and Dionysus in the text is multifaceted – evidenced by Leverkühn's artistic process, the return to primitivism and barbarism, and as suggested by Reed, the psychological origin of Germany's descent into Nazism.

To explore the links between Leverkühn, Germany, music and myth in more detail I will turn to Zeitblom's description of the "Apocalypse" oratorio itself:

---

[58]) All subsequent references to the English edition are taken from: THOMAS MANN, Doctor Faustus: The Life of the German Composer Adrian Leverkühn As Told by a Friend, translated by JOHN E. WOODS, New York 1999.

[59]) TERENCE J. REED, Thomas Mann, The Uses of Tradition, second edition, Oxford 1996, p. 397.

[60]) One thinks of, for example, ERICH HEINTEL's 1950 study Adrian Leverkühn und Nietzsche.

[61]) REED, Thomas Mann (cit. fn. 59), p. 399.

[62]) Ibid., p. 406.

> Frozen within in it [ordered music], as a [...] barbaric rudiment of premusical days, is the sliding tone, the glissando – a musical device [...] in which I have always tended to hear something anticultural, indeed anti-human, even demonic. What I have in mind is Leverkühn's [...] extraordinary frequent use of the sliding tone [...] that its dissonance is the expression of everything that is lofty, serious, devout, and spiritual, while the harmonic and tonal elements are restricted to the world of hell [...] Adrian's powers of sardonic imitation, deeply rooted in the melancholy of his own nature, become productive here in parodies of the diverse musical styles in which hell's insipid excess indulges: burlesqued French impressionism, bourgeois drawing-room music, Tchaikovsky, music hall songs, the syncopations and rhythms and rhythmic somersaults of jazz – it all whirls round like a brightly glittering tilting march, yet always sustained by the main orchestra, speaking its serious, dark, difficult language and asserting with radical rigor of the work's intellectual status. (DF, 394–95)

The use of the glissando, which Zeitblom describes as "anticultural", "anti-human", and "demonic", conveys Leverkühn's conscious lapse into barbarism which indicates the fulfilment of the Devil's prophecy that Adrian: "will break through the age itself, the cultural epoch [...] and dare at barbarism [...] because it comes after humanitarianism [...] barbarism has a better understanding [...] than does a culture [...] which saw only culture, only humanitarianism, but not excess, not the paradox, the mystical passion, the ordeal so utterly outside bourgeois experience" (DF, 258–59). This is significant as it not only elucidates Mann's own unsettling view that barbarism is itself born out of liberal humanism, but also reinforces the Nietzschean view that it is a necessary condition for art in order to reaffirm a spiritual unity between the artist and Dionysus. Leverkühn's "sardonic imitation" imbued with the "melancholy of his own nature" results in the parodies referred to in the last quote. These parodies are described by Zeitblom as "productive" as Adrian is simultaneously avoiding artistic sterility, pre-empting the development of the formally rigorous twelve-tone system and mirroring Germany's descent into barbarism; the latter of which Zeitblom is either seemingly unaware or in denial. This is shown by Zeitblom's consistent rejection of the claim that Leverkühn's work could be seen as an example of barbarism as he states: "Soullessness! – I know very well that is what people mean when they attach the word "barbarism" to Adrian's creation. Have they ever, if only with the reading eye, listened to certain lyrical passages [...] in the *Apocalypse* – pieces of song, accompanied by a chamber orchestra, which, like a fervent plea for a soul, could bring tears to the eyes of a harder man than I?" (DF, 396–97).

Here it is the Apollonian lyric and not the Dionysian music that Zeitblom is defending against charges of barbarism. In other words, the lyrical passages appear as language: we are told they have the capacity to appeal to "the reading eye", and are therefore outside the realm of absolute, or pure, instrumental music which underscores these vocal passages with such rigour that it can reduce listeners to tears. Mann is weaving Nietzsche's complex dialectic between Apollo and Dionysus into Zeitblom's reaction to and defence of the "Apocalypse" here: as Nietzsche proclaims in ›The Birth of Tragedy‹, "Apollonian *illusion* whose influence aims to deliver us from the Dionysian flood and excess" (BT, 129). It is clear that Zeitblom is susceptible to such an Apollonian illusion whereas Leverkühn, having consciously made his Faustian pact, is not; indeed, Mann's depiction of Leverkühn almost leads the reader to believe he is conscious of the dialectic between the two myths throughout the novel, as exemplified by his conflicting emotional and physical states during composition and *in* the compositions themselves. The "Apocalypse" foreshadows both Leverkühn and Germany's downfall and although Zeitblom cannot accept the charge of barbarism, he is inclined to "see some objective connection or symbolic parallel" (DF, 360) between Leverkühn's health and Germany's impending disaster. The allegory of the Faustian bargain leading Leverkühn and Germany into such decline is expressed entirely through musical composition, taking the connection between music and myth to its most extreme.

The description of the "Apocalypse" reminds the reader of the contents of the letter outlining Adrian's conversation with the devil in Palestrina. Amongst varied topics of debate recounted in the letter, there is a brief moment when the devil discusses the limits of language. When asked by Adrian to give a description of hell, the devil retorts that it "is the secret delight and security of hell [...] that it lies hidden from language" (DF 261). This would suggest that there are certain things, hell in this case, which are outside the boundaries of language, as language is merely capable of providing "weak symbols" (DF 261) to represent what it fails to describe. A parallel can be drawn between hell and music as in this instance Mann is talking of the unknowable, the supernatural, just as one cannot *know* Adrian's music, as it is fictional. However, it is interesting that immediately following the devil's discourse, Mann provides a vivid description of hell:

> That is the secret delight and security of hell, that it cannot be denounced, that it lies hidden from language, [...] which is why the words 'subterranean,' 'cellar,' 'thick walls,' 'soundlessness,' 'oblivion,' 'hopelessness,' are but weak symbols. One must, my good man, be entirely content with *symbolis* when one speaks of hell [...]. It is right to say that it will be quite loud in a sound-tight hell, loud beyond measure, filling the ear to more than overflowing with bawling and squalling, yowling, moaning, bellowing, gurgling, screeching, wailing, croaking, pleading, and exuberant tortured cries, so that no one will hear his own tune, for it is smothered in the general, tight, dense, hellish jubilee and abject trilling extracted by the enteral of the unbelievable and unanswerable. (DF, 260–261)

The onomatopoeic "bawling and squalling, yowling, moaning, bellowing, gurgling, screeching, wailing, croaking, pleading, and exuberant tortured cries", is a clear parallel of Zeitblom's later description of the hellish music of Leverkühn's "Apocalypse" with its "yowls, yelps, screeches, bleats, bellows, howls, and whinnies, to the mocking, triumphant laughter of hell" (DF, 397).[63]) The language employed by both the devil and Zeitblom is emotive and creates a vivid image of hell and Adrian's music in the reader's imagination. Mann's use of onomatopoeia and the rapid succession of words also demonstrate how he uses language to musical effect and reminds us of the "Sirens" episode of ›Ulysses‹, though the latter takes these literary devices to their extreme. This, I would argue, implies that Mann is rejecting the assumption that language is *ipso facto* incapable of representing music; just as the devil nullifies his declaration that hell cannot be represented by language. In essence Mann treats music as a novelist treats any subject, and although there are clear examples of Adrian's music being grounded in reality, such as the irresistible comparison between his early orchestral impressionism and Debussy and Ravel, his development of twelve-tone technique and Schönberg (to whom it is really indebted) and a later comparison of the Faust cantata to Beethoven's "Ode to Joy", it is ultimately irrelevant to *hear* Leverkühn's music outside of Mann's literary depiction of it.[64])

Leverkühn's music resides outside the aural realm, but the question of how Mann represents his music is still highly significant. Thus we turn to Mann's representation of Leverkühn's music and technique via literary methods in the novel: firstly, the incorporation of the H-E-A-E-Es (B-E-A-E-E-flat in English notation) motif, and secondly the incorporation of the twelve-tone technique of composition; as evidenced in both the "Brentano Cycle" and Leverkühn's

---

[63]) The effect here is much the same in the original German: „Das ist die geheime Lust und Sicherheit der Höllen, daß sie nicht denunzierbar, daß sie vor der Sprache geborgen ist, daß sie eben nur ist, aber nicht in die Zeitung kommen, nicht publik werden, durch kein Wort zur kritisierenden Kenntnis gebracht werden kann, wofür eben die Wörter ‚unterirdisch', ‚Keller', ‚dicke' ‚Mauern', ‚Lautlosigkeit', ‚Vergessenheit', ‚Rettungslosigkeit', die schwachen Symbole sind. Mit symbolis, mein Guter, muß man sich durchaus begnügen, wenn man von der Höllen spricht [...] Richtig ist, daß es in der Schalldichtigkeit recht laut, maßlos und bei weitem das Ohr überfüllend laut sein wird von Gilfen und Girren, Heulen, Stöhnen, Brüllen, Gurgeln, Kreischen, Zetern, Griesgramen, Betteln und Folterjubel, so daß keiner sein eigenes Singen vernehmen wird, weils in dem allgemeinen erstickt, dem dichten, dicken Höllengejauchz und Schandgetriller, entlockt von der ewigen Zufügung des Unglaublichen und Unverantwortlichen." Thomas Mann, Doktor Faustus: Das Leben des deutschen Tonsetzers Adrian Leverkühn erzählt von einem Freunde, Frankfurt/M.1980, pp. 330–331.

[64]) This is not to say composers haven't tried to realise Adrian's music, for example: Geoffrey Gordon's ›The Doktor Faustus Concerto for Cello and Orchestra‹, commissioned by the Copenhagen Philharmonic, which first premiered on 31 January 2014, at the Royal Danish Academy of Music, under guest conductor Rory Macdonald.

final and most significant composition the "Lamentation of Dr. Faustus". One of the major ways Mann incorporates musical technique in the novel is through Leverkühn's use of the note sequence signifying the name "Hetaera Esmeralda", the prostitute from whom Leverkühn knowingly contracts syphilis – solidifying his Faustian pact. It appears chiefly in the song which Zeitblom describes as "probably the most beautiful of the thirteen Brentano lieder [...] "Oh sweet maiden, how bad you are," [...] and then in [...] *Lamentation of Dr. Faustus*" (DF, 166). This motif foreshadows Leverkühn's development of the twelve-tone technique and functions in "Oh Sweet Maiden" as the closest example thus far of "strict style", as Leverkühn outlines in the following:

> "Just once, in the Brentano cycle," he said, "in the song 'Oh Sweet Maiden.' It all comes from [...] a row of intervals capable of multiple variation, taken from the five notes B-E-A-E-E-flat – both the horizontal and vertical lines are determined and governed by it [...] It is like a word, a key word that leaves its signature everywhere in the song and would like to determine it entirely. [...] One would have to proceed from here and build longer words from the twelve steps of the tempered semi-tone alphabet, words of twelve letters, specific combinations and interrelations of the twelve semi-tones, rows of notes – from which, then, the piece, a given movement, or a whole work of several movements would be strictly derived. [...] Free notes would no longer exist. That is what I would call strict style." (DF, 205)

Leverkühn likens his musical technique to "a key word that leaves its signature everywhere in the song", a description that both implies Wagnerian leitmotif; the disease which will leave its mark, physically and mentally, on the composer; and demonstrates instances of language being *necessary* to represent music. It is worth pointing out at this juncture that nowhere in the novel does Mann incorporate musical notation, even though it would be entirely justifiable given the faux-biography style. Therefore, one can only assume that Mann believed language to be a satisfactory tool to express even the most technical of musical ideas. The motif itself constitutes an example of the dichotomy between Apollonian and Dionysian forces at work in Leverkühn: Adrian, although Dionysian in his pursuit and development of a strict rational mathematical method to create enharmonic music, ultimately creates an Apollonian system of composition whilst remaining entirely Dionysian in his passion for Esmeralda,[65]) for whom the work is cryptically devoted. Here we have a palpable example of how music and myth are inextricably linked. Moreover, we see the first true example of Leverkühn experimenting with musical style and technique, and as Reed argues, the piece is "actually born out of intoxication, not just in that Adrian's

---

[65]) Osman Durrani, The Tearful Teacher: The Role of Serenus Zeitblom in Thomas Mann's *Doktor Faustus*, in: The Modern Language Review, vol. 80, no. 3 (1985), pp. 652–658, p. 657.

serial method is invented after he infects himself, but because it stems from the source of his infection: Esmeralda",[66]) alluding to his Faustian pact and the Dionysian state from which the piece was composed. This is further evidence of the configuration of music and myth in the novel. It is from this moment, however, that Leverkühn alternates between bouts of productive ecstasy and unproductive ill health, a feature of Nietzsche's own life. The representation of Leverkühn's music in conjunction with the Faust myth can shed light on aspects of his character that may otherwise have been overlooked: it is through his music that we discover the details of his life.

Leverkühn's five-tone motif anticipates the development of his version of twelve-tone technique and is grounded in the phrase "For I die as both a wicked and good Christian" (DF, p. 512) [„denn ich sterbe als ein böser und guter Christ"], which of course consists of twelve syllables. This technique is the chief mode of composition used in Adrian's final work "The Lamentation of Dr. Faustus" and the piece as a whole is worth discussing as it can illuminate many of the novel's themes. Firstly, the "Faust" cantata is described as being laden with "echo effects" (DF, 510): Mann repeats the word "echo" to induce its sound effect in the reader's imagination and to allude to the memory of Leverkühn's recently deceased nephew, known to him as Echo – who died, we infer, as a result of Leverkühn's breaching of his Faustian pact. The mournful echo effect of the cantata is a small but poignant example of how Mann uses music via myth to convey key events of the novel. This incident demonstrates how the music reinforces ideas that the reader is already aware of, but there are many other incidents where music through myth functions as the *only* tool through which to understand Mann's intentions and the overarching themes of the novel. The major theme of the piece of ›Faustus‹ is worth looking at in detail:

> The words, "For I die as both a wicked and good Christian," provide the general theme for this work of variations. If one counts syllables, one finds twelve in all, and the theme is set to all twelve tones of the chromatic scale, [...] The theme lies at the basis of every sound heard, or better, it lies almost like a musical key, behind everything and builds the single identity of the most varied forms – the same identity that reigns between the crystal chorus of angels and the howls of hell in the *Apocalypse* [...] what a profoundly demonic jest! – as a result of the absoluteness of the form, music is liberated as language. (DF, 512)

Zeitblom's narrative description of this music functions in various ways and informs our reading of Leverkühn's fate. To die as both a "wicked and good Christian" is the theme that "lies at the basis of every sound heard [...] like a musical key", a somewhat juxtaposing assertion theologically speaking, but

[66]) Reed, Thomas Mann (cit. fn. 59), p. 386.

significant nonetheless as it is from this dichotomy that the reader's subjectivity comes into play, as we must determine whether there is hope for Leverkühn after his imminent death. The theme provides the musical key because within this mode of composition there can be no formal key, as Leverkühn earlier discovered as a music student when discussing the cycle of fifths, which informs his development of this strict style. Pre-sensual-intoxication, Leverkühn was unable to harness what he was on the verge of discovering as a student, i.e. strict style, and formulate it into a liberating technique of composition; conversely, post-sensual-intoxication, he not only nurtures this technique but masters it. As Robert Vilain points out, Leverkühn "is fascinated by music, not as a form of emotional self-expression but for its abstract intellectuality, the arithmetical and geometric patterns discernible in it or creatable with it".[67]) The Dionysian intoxication symbolized by his signing the pact with the devil (and his physical encounter with Esmeralda), results paradoxically in this intellectually cool form of compositional technique from which "purely expressive" music occurs. The sense of the Dionysian is most prevalent in the music in Faust's descent into hell in which "an orchestral piece of grand ballet music, a gallop of fantastic rhythmic variety" is described by Zeitblom as "an overwhelming eruption of lamentation after an orgy of infernal gaiety" (DF, 513). That this is born out of a work of the "utmost calculation" is the essence of Nietzsche's argument in ›The Birth of Tragedy‹: "Dionysus speaks the language of Apollo; and Apollo, finally the language of Dionysus; and so the highest goal of tragedy and of all art is attained" (BT, p. 130).

In approaching Leverkühn's music through a consideration of myth we are confronted with questions surrounding his fate and the possibility of salvation. It is clear that Leverkühn is consciously concerned with redemption: he confesses his sins to his peers and by implication appeals to the outside world from which he has isolated himself. This emotional appeal is as uncharacteristic as the purely expressive "Faustus" composition, but it does reveal a sense of hope for his music, as ultimately it is for the music that Leverkühn died and through which he may enter into posterity. This offers a partial explanation as to why our somewhat unreliable narrator, Zeitblom, perceives to hear the high G of the cello resonating in the quiet after all other instruments have ceased playing "Faustus". Foreshadowing the melancholy fact that after Adrian's collapse and eventual death all that is left is his music. It appears a perfectly sensible reading of the novel to assume there is hope for Leverkühn's music, if, as has been well established by numerous scholars, there is indeed a link between Germany and

[67]) Robert Vilain, Mann, Doktor Faustus, in: Peter Hutchinson (ed.), Landmarks in the German Novel (1), Oxford 2007, p. 206.

Leverkühn; it follows that if there is hope for Germany's cultural future there must also be hope for Leverkühn's music: this is the crux from which to understand the "Faustus" composition.

The purely orchestral conclusion of the piece is described as taking "the opposite path of the ›Ode to Joy‹, negating by its genius that transition from symphony to vocal jubilation. It is a revocation" (DF, p. 514). In other words, music is born out of language, as the opposite is true of Beethoven's piece. This may function as a productive way of understanding the novel as a whole; while it is perhaps an attractive proposition to identify Leverkühn and his music with existing composers and compositions, Mann, I would argue, is creating fictional music in his narrative for the realm of the imagination, for literary purposes, and to "hear" it is irrelevant. This is not to say that it is unhelpful to have aural reference points, particularly in the work of Beethoven, Wagner and Schoenberg, but we should not lose sight of the fact that Mann's primary focus is, of course, literary. If one recalls Kretzschmar's "terrifying tale" (DF, p. 62) at the beginning of the novel, of Beethoven struggling to finish the Credo with its problematic fugue (DF, pp. 62–63), it is noteworthy that Beethoven would not "hear" his late work in the strictest sense either. This is not so different from Leverkühn's own situation: he does not actually hear any of his work performed and in a heightened dramatic and rare moment in which Adrian is about to perform parts of "Faustus" for a private audience, he collapses in a Dionysian fashion, striking a "strongly dissonant chord" (DF, p. 527), reminding us of his visit to the brothel where he first saw Esmeralda (DF, p. 152) and Nietzsche's collapse in Turin.[68]) The association with Beethoven and finality is made most obvious by Zeitblom who refers to the "Lament" as an "Ode to Sorrow" (DF, p. 514), the melancholic counterpoint to Beethoven's Ninth Symphony.

4. *The Aesthetic Interplay of Music and Myth*

The aesthetics of music and myth denote a literary preoccupation in the first half of the twentieth century (and beyond) that has been strikingly neglected. This essay has demonstrated how the central tenets of Nietzsche's ›The Birth of Tragedy‹ can assist in uncovering fundamental features of two famously complex novels that may otherwise have been overlooked. While there remains work to be done on this topic given the broader context of literary modernism, this essay has indicated a productive literary configuration that aims towards a profound notion of artistic intermediality. For Joyce, Odysseus is the most

[68]) Karl S. Guthke, Genius and Insanity: Nietzsche's Collapse as Seen from Paraguay, in: Exploring the Interior: Essays on Literary and Cultural History, Cambridge 2018, pp. 319–336, p. 320.

complete character in literary history, he is at once father, son, warrior, husband, lover, and so on. Joyce retells the myth by making the extraordinary hero ordinary, but no less multifaceted. For Mann, Faust is the archetypal tragic German antihero, and Mann reopens the issue of Faust's fate in a bid to draw parallels with the relationship between art and nation, progress and destruction. Joyce and Mann, as well as updating Homeric and Faustian myths, both depict, respond to and reformulate Nietzsche's early aesthetic mythology. The dichotomy between the intoxicating power of music and the rational method of composition is explored explicitly in the "Sirens" episode of ›Ulysses‹, in which it occurs in Bloom's stream of consciousness as he reflects on the music being played in the Ormond bar and it occurs in ›Doctor Faustus‹ at length through the representation of Mann's Dionysian antihero Adrian Leverkühn and his music.

Perhaps most fundamentally of all, this essay has sought to expound the often nebulous issue of representing an artform (music) belonging to the sphere of Dionysus in another art form belonging to that of Apollo (the novel). The musicality of Joyce's writing, particularly in the "Sirens", aptly recalls Walter Pater's famous declaration that "all art constantly aspires towards the condition of music".[69]) As Samuel Beckett, in relation to Joyce's final novel, "Work in Progress" (later ›Finnegans Wake‹), lucidly tells us: Joyce's prose "is not about something, it *is that something itself*."[70]) Conversely, this essay has presented an argument against the primacy of music in ›Doctor Faustus‹; Mann's technique being more reflective than imitative, provides a philosophical meditation on the relationship between music, myth and nationhood with the theme of finality underscoring the narrative. In ›Ulysses‹, Joyce exercises his linguistic virtuosity and grasp of modernist technique to push the boundaries and explore the potentialities of the English language, resulting in a radically new musical poetics, while simultaneously grounding his story and characters' in a prehistoric myth that lies at the foundation of Western literature. In ›Doctor Faustus‹, Mann provides a deep and sustained technical and philosophical meditation on the essence of music by conveying with great plausibility the genesis of an antiheroic genius composer, culminating in his development of an avant-garde compositional technique, fuelled by a Faustian pact; a highly original retelling of the myth which makes Faust a musician.[71]) In both ›Ulysses‹ and ›Doctor

---

[69]) Walter Pater, The Renaissance: Studies in Art and Poetry, ed. and intro. by Adam Philips, Oxford 1986, p. 86.

[70]) Samuel Beckett et al., Our Exagmination Round his Factification for Incamination of Work in Progress, London 1929, p. 14.

[71]) Patrick Carnegy's ›Faust as Musician: a study of Thomas Mann's novel Doctor Faustus‹ (1973) remains the best study of this fascinating aspect of the novel.

Faustus‹ there is much subtle and explicit material in the narrative depiction of music and myth which highlights the intrinsic relationship between the two. In approaching the relationship between music and myth in the modern novel we can cultivate a more profound understanding of the overarching themes, characters and narrative of the literary work as well as elucidate the broader artistic and philosophical aims of the author. It is in such prose writings as ›Ulysses‹ and ›Doctor Faustus‹ that the interplay of music and myth reaches its zenith.

(AUF-)BEGEHRENDE TEXTKÖRPER

Intertextuelle Verführungsspiele zwischen Nina Bouraoui und Marguerite Duras

Von Sophia Schnack (Wien)

Der vorliegende Beitrag setzt sich mit intertextuellen Bezügen zwischen Marguerite Duras und der zeitgenössischen algerisch-französischen Autorin Nina Bouraoui auseinander. Dabei wird zum einen ›La Voyeuse interdite‹ (1991) als „algerische Melodie" von ›Moderato cantabile‹ (1958) gelesen. Zum anderen wird veranschaulicht, inwiefern der Roman ›Appelez-moi par mon prénom‹ (2008) von Nina Bouraoui explizit Marguerite Duras und Yann Andréa gewidmet ist.

This essay analyses intertextual references between Marguerite Duras and the contemporary french-algerian writer Nina Bouraoui. On the one hand ›La Voyeuse interdite‹ (1991) will be read as an algerian melody of ›Moderato cantabile‹ (1958). On the other hand we will illustrate to what extent Bouraoui's novel ›Appelez-moi par mon prénom‹ is explicitely dedicated to Marguerite Duras and Yann Andréa.

L'amour et l'écriture ont la même origine charnelle,
ils viennent du même brasier.[1])

In Nina Bouraouis Romanen äußern sich intertextuelle Bezüge auf mehreren Ebenen: neben expliziten Verweisen in Form von kurzen Zitaten oder Kommentaren, beispielsweise wiederholt aus und von narrativen Texten von Hervé Guibert oder Violette Leduc, finden sich subtilere Anspielungen wie die Übernahme von Motiven oder ‚Rhythmen' aus fest in der französischen Literaturgeschichte verankerten AutorInnen und Texten.[2]) Hierbei scheint der Begriff der „trace intertextuelle"[3]) nach Riffaterre, auf den Genette verweist, der Art

---

[1]) Nina Bouraoui, Interview von Dominique Simonnet, ›Ecrire, c'est retrouver ses fantômes‹, in : L'Express, 31.5. 2004. https://www.lexpress.fr/culture/livre/ecrire-c-est-retrouver-ses-fantomes_819681.html [24.11. 2019]

[2]) Beispielsweise wird ›La Voyeuse interdite‹ gern als maghrebinische Version von Sartres ›La Nausée‹ (1938) gelesen, und auch der Roman ›Standard‹ (2014) weist eine thematische und ästhetische Nähe zu diesem existentialistischen Roman auf.

[3]) Gérard Genette, Palimpsestes, La littérature au second degré, Paris 1982, S. 9.

SPRACHKUNST, Jg. LI/2020, 1. Halbband, 111–127

DOI: https://dx.doi.org/10.1553/spk51_1s111

von intertextuellen Verweisen in Bouraouis Texten am besten gerecht zu werden; er wird im Folgenden insbesondere im Sinne von thematischen beziehungsweise motivischen sowie stilistischen Anlehnungen verstanden. Die „traces durassiennes“ treten in den Romanen Bouraouis besonders stark hervor: so kreuzen sich ›L'Amant‹ (1984) und ›Le Garçon manqué‹ (2000) beispielsweise als Kindheits- und Jugenderzählungen unter anderem in der Kolonialthematik, der Erfahrung des ersten – auch gleichgeschlechtlichen – „désir“ oder den fließenden Geschlechtergrenzen der Protagonistinnen.[4])

Dieser Artikel konzentriert sich zum einen auf Bouraouis Roman ›Appelez-moi par mon prénom‹ (2008): dieser ist explizit der Beziehung zwischen Marguerite Duras und Yann Andréa gewidmet und bietet regelrecht ein literarisches Verführungsspiel. Zum anderen schlägt er eine Lektüre von ›La Voyeuse interdite‹ (1991) als algerische Version und ‚Rhythmisierung' von ›Moderato cantabile‹ (1958) vor, da hier stilistisch und motivische Anlehnungen besonders stark zur Geltung kommen. Dabei wird zunächst die Frage nach den verwandten schreib- und literaturtheoretischen Überlegungen von Nina Bouraoui und Marguerite Duras gestellt. Deren als „körperlich“ beziehungsweise tabubrechend verstandener Schreibakt wird anschließend in Verbindung zu Konzepten der „écriture féminine“ gebracht und soll an der Gegenüberstellung von ›Moderato cantabile‹ und ›La Voyeuse interdite‹ einerseits sowie an den auf mehreren Ebenen hervortretenden Verflechtungen von ›Appelez-moi par mon prénom‹ (2008) mit Marguertie Duras' ›Yann Andréa Steiner‹ (1992) und Yann Andréas ›Cet amour-là‹ (1999) andererseits veranschaulicht werden.

In Rezensionen[5]) zu Neuerscheinungen von Nina Bouraoui wird ihr Schreibstil gern in Verbindung mit Marguerite Duras' „écriture sauvage“ gebracht.

---

[4]) Der Aspekt der hybriden Identität steht im Zentrum der wissenschaftlichen Auseinandersetzung mit Bouraouis Prosa. Siehe hierzu insbesondere :
Kirsten Husung, Hybridité et genre chez Assia Djebar et Nina Bouraoui, Paris 2014.
Martina Ortrud Hertrampf, Mediterrane Grenz-passagen: Hybride Identitätskonstruktionen in Nina Bouraouis Le Jour du séisme und Garçon manqué, in: Mittelmeerdiskurse in Literatur und Film/La Méditerranée: représentations littéraires et cinématographiques, hrsg. v. Elisabeth Arend u. a., Frankfurt/Main u. a. 2010, S. 113–130.

[5]) Die Besprechung und regelmäßige Präsenz von Nina Bouraoui in den französischen Medien steht einerseits in einem besonders starken Kontrast zu einer algerischen Stille oder Zurückhaltung rund um das Werk der Autorin; andererseits, während separat erscheinende Artikel sehr wohl auch exklusiv auf Nina Bouraoui eingehen, findet die – noch sehr überschaubare – wissenschaftliche Auseinandersetzung mit Nina Bouraouis Prosawerk in ausführlichen Studien (Monographien und Sammelbänden) in der Regel im Rahmen einer komparatistischen – und oft in einen maghrebinischen Kontext eingebetteten – Studie statt. Beispiele dafür sind (neben den in Am. 4 genannten Studien): Anne-Marie Nahlovsky, La femme au livre. Itinéraire d'une reconstruction de soi dans les relais d'une écriture romanesque. Les écrivaines algériennes de langue française, Paris 2010; Trudy Agar-Mendousse, Violence et créativité de l'écriture algérienne au féminin, Paris 2006.

Beispielsweise wird in Le Figaro ›La Voyeuse interdite‹ als ein „requiem, beau, grave et sans pitié" beschrieben, welches mit Marguerite Duras „en plus hanté"[6]) verglichen wird, und auch Jacques-Pierre Amette nennt die Autorinnen in einem Atemzug:

Visiblement nourrie de phrases farouches et d'interviews prophétiques de notre Duras nationale, Nina Bouraoui, torche enflammée, est tout à fait représentative de ces nouvelles romancières qui écrivent au bord de la crise de nerfs, dans ces tons crus d'un rouge almodovarien pour dénoncer le racisme et le gangstérisme des rapports humains.[7])

Viel expliziter werden die Vergleiche bisher nicht ausgeführt. Nina Bouraoui selbst erwähnt in Gesprächen regelmäßig Duras als eine der Autorinnen, die sie geprägt hätten, begründet diese Aussage aber ebenso wenig: „Jusqu'à l'âge de 15, 16 ans j'ai dévoré Marguerite Duras que j'adorais ..."[8]), sagt sie beispielsweise in einem Interview, das Rosalia Bivona in ihrer Dissertation transkribiert. Mehrere ihrer Werke geben jedoch Anlass, sie als thematische und in erster Linie stilistische „clins d'œil" zu Texten von Marguerite Duras zu lesen. Neben thematischen Überschneidungen wie der Problematisierung der doppelten kulturellen Identität, der patriarchalen Verhältnisse der jeweiligen Gesellschaft, des (weiblichen) Körpers und von (unkonventionellen) Liebesbeziehungen, sind es in erster Linie die stilistischen Auffälligkeiten, die die „écriture durassienne" und die „écriture bouraouienne" verwandt wirken lassen.

Michel Foucault und Hélène Cixous prägen den Begriff des „effet Duras", der den Stil der Autorin als einen zunächst vor Zuordnungen und Beschreibungen echappierenden darstellt: „il y a un effet Duras et cet effet Duras c'est quelque chose qui s'écoule et est très puissant."[9]) Ebenso ließe sich von einem „effet Bouraoui" sprechen, der eine „écriture" meint, die einem ständigen Außer-Atem-Sein ausgesetzt ist und in ihrem fluiden Charakter auch auf gewisse Weise unhaltbar ist; das Formlose, Suchende, sich stets nahezu Verlierende der beiden „écritures" kann zunächst mit den Erfahrungen eines inneren wie äußeren Exils kurzgeschlossen werden. Es lässt sich jeweils von einer „écriture exilée" beziehungsweise einer „écriture migrante"[10]) sprechen, die sich zwischen zwei Kulturen, zwei Geschlechtern und zwei Sexualitäten bewegt – und auf diese Weise

---

[6]) Nina Bouraoui, une révolte sous forme de requiem, in: Le Figaro, le 6 mai 1991.

[7]) Jacques-Pierre Amette, Le Point n°972, le 6 mars 1991.

[8]) Rosalia Bivona, Nina Bouraoui: un sintomo di letteratura migrante nell'area francomagrebina, Diss., Università di Palermo 1994, S. 213.

[9]) Hélène Cixous, Michel Foucault, A propos de Marguerite Duras, in: Cahiers Renaud-Barrault, n°89 (1975), S. 8–9.

[10]) In ihrer Dissertation (zit. Anm. 8) verwendet Rosalia Bivona den Begriff der „écriture" oder „littérature migrante" um ebendiese Unzuordenbarkeit und „Zwischenposition" („l'entredeux") von Bouraouis Romanästhetik auszudrücken.

den genannten (und – auch – gewollten) Effekt einer nicht zuordenbaren Textästhetik und einer somit auch textuell verankerten ‚Ortlosigkeit' erreicht.

Beide Autorinnen machen eine mehr oder weniger direkte Erfahrung mit dem Kolonialismus, sei es über die Kindheit im französischen Indochina bei Marguerite Duras oder über das Klima unmittelbar nach dem Unabhängigkeitskrieg in Algerien für Nina Bouraoui. Das körperliche Erinnern[11]) an diese Lebensabschnitte durchfließt die Texte und schreibt sich ein in ein ambivalentes Verhältnis der Erzählfiguren zu Bildern der Gewalt einerseits und einer sensuellen Poetik der Kindheit und Jugend andererseits. Dieses Spannungsverhältnis zwischen zwei extremen Polen äußert sich in einem radikalen Zerwürfnis der Texte zwischen Gewalt und Poesie, zwischen aufbegehrender Sprache und ihrer Ernüchterung. Die wellenartige Bewegung des Ausdrucks entspricht einem Auf und Ab oder einem Hin und Her zwischen Barthes' Konzepten des „texte de jouissance" und der „écriture blanche"[12]): also zwischen einem begehrenden beziehungsweise aufbegehrenden Schreiben, das verstört und mit narrativen Normen bricht („texte de jouissance") und einem ernüchterten und ernüchternden Schreiben, in dem Formen und Erzähltempi stagnieren („écriture blanche.")[13])

„Écriture sauvage" und „Langue du Corps"

Das Schreiben, das nach Duras „même pas une réflexion" sei, wird explizit als körperlicher Akt verstanden:

> [...] ça rend sauvage, l'écriture. [...] On ne peut pas écrire sans la force du corps. Il faut être plus fort que soi pour aborder l'écriture, il faut être plus fort que ce qu'on écrit.[14])

Und bei Nina Bouraoui heißt es beispielweise: „je parle une langue de la sensation, une langue du corps. [...] Mon style n'est pas pensé."[15]) Sie bestätigt ferner

---

[11]) Helen Vassallo spricht bezogen auf die postkoloniale SchriftstellerInnengeneration von einem „embodied memory", welches ein Erzählen „through the body" nach sich zieht. Helen Vassalo, The body besieged. The Embodiement of historical memory in Nina Bouraoui and Leïla Sebbar, Lanham 2012.

[12]) Das Konzept des „texte de jouissance" bespricht Barthes in seinem 1973 erschienenen Essai ›Le Plaisir du texte‹, das Konzept der „écriture blanche" besonders in seinem 1953 erschienen Essai ›Le degré zéro de la littérature‹.

[13]) Die „écriture blanche" als Gegensatz zum „texte de jouissance" wird hier als ästhetische Leere verstanden, die insbesondere Ausdruck eines „lustlosen Schreibens" ist. Siehe hierzu auch: Pierre Ballans, L'écriture blanche. Un effet du démenti pervers, Paris 2007. In dieser Studie siedelt Ballans das Schreiben an sich zwischen „jouissance" und „discours" an; in der „écriture blanche" verliert sich laut Ballans der Teil der „jouissance" und die textuelle Erotik verschwindet hinter dem dominierenden „discours."

[14]) Marguerite Duras, Ecrire, Paris 1993, S. 24.

[15]) Simonnet, Ecrire, c'est retrouver ses fantômes (zit. Anm. 1).

die Wechselbeziehung zwischen Begehren, Körper und Schreibakt, die sich als roter Faden durch ihr Prosawerk zieht und von den Erzählinstanzen auf einer Metaebene reflektiert wird: „l'amour et l'écriture ont la même origine charnelle, ils viennent du même brasier."[16]) Das „désir" als strukturgebendes Element bei Nina Bouraoui kristallisiert sich dabei als offener Begriff heraus: „désir" und „écriture" sind weder homo-noch heterosexuell, weder weiblich noch männlich, weder algerisch noch französisch (oder jeweils beides). Diese Art von kategorielosem Begehren äußert sich in einer „écriture de la peau"[17]) oder einer „corporéité expressive"[18]) der Texte und wird auch bei Marguerite Duras zur Essenz einer „écriture désirante"[19]), welche im Zentrum zahlreicher wissenschaftlicher Auseinandersetzungen steht. So bezeichnen beispielsweise Bernard Alazet und Mireille Calle-Gruber Duras' Schreiben als sexuell („elle fait la littérature comme elle fait l'amour. C'est dire qu'il n'y a pas d'écriture qui ne soit sexuelle."[20]) und Cornelia-Amelia Georgescu spricht von einer „(ré)éciture de l'amour."[21])

Der „texte de jouissance", der bei Duras und Bouraoui also einem sensuellen und körperlichen Schreiben entspricht, wird bei beiden Autorinnen zu einem androgynen Befreiungsakt[22]), der traditionell „männlich" und „weiblich" Konnotiertes vereint und somit die Trennlinien übergeht bzw. porös werden lässt.

---

[16]) Ebenda.

[17]) Clara Zgola, La membrane sensible ou l'écriture de la peau dans l'œuvre autofictionnelle de Nina Bouraoui, Les Enjeux (en-je) de la chair dans l'écriture autofictionelle, hrsg. v. Isabelle Grell, Louvain-la-Neuve 2016, S. 103–119.

[18]) Loucif Badreddine, La météorologie du sensible chez Nina Bouraoui, in: Carnets, Revue électronique d'études françaises, deuxième série – 7 (= Plurilinguisme et migration dans la littérature de langue française), 2016, S. 6.

[19]) L'écriture désirante: Marguerite Duras, hrsg. v. Anne-Marie Reboul und Esther Sánchez-Pardo (= coll. Espaces littéraires), Paris 2016.

[20]) Bernard Alazet und Mireille Calle-Gruber, Avant-propos, in: Marguerite Duras 1. Les récits des différences sexuelles, hrsg. v. Dens., Paris 2008, S. 18.

[21]) Corine-Amelia Georgescu, Écriture du corps – écriture du texte – la technique de la fragmentation chez Marguerite Duras, Studii şi cercetari filologice. Seria limbi romanice, décembre 2012, S. 243. Das Thema Körper und (transgressives) Begehren bei Marguerite Duras wird auch in folgenden Arbeiten behandelt:
Monique Pinthon, Marguerite Duras: une écriture à l'écoute du corps, Intercâmbio: Revue d'études françaises=French Studies Journal, Universidade do Porto, Faculdade de Letras, 2009; Philippe Vilain, Dans le séjour des corps: essai sur Marguerite Duras, Chatou 2010. Siehe auch: Marguerite Duras und Leopoldina Pallotta Della Torre, La passion suspendue, entretiens, traduit de l'italien et annoté par René de Ceccatty, Paris 2013 [1989].

[22]) Dieser kann mit Hélène Cixous' Konzept der „anderen Bisexualität" (l'autre bisexualité) kurzgeschlossen werden, welche eine „non-exclusion de la différence ni d'un sexe" anstrebt. Sie neutralisiert oder negiert Differenzen nicht, sondern sucht deren „échange dynamisé et fructueux." (Geschlechtliche) Differenz wird demnach nicht als Opposition gedacht, also im Sinne einer wertenden und hierarchisierenden Bildung von (sich ausschließenden) Gegensätzen, sondern als Möglichkeit der Bereicherung und Anregung zu einem grenzüberschreitenden Austausch. Innerhalb dieses „fruchtbaren Austausches" zwischen Unter-

Nina Bouraoui äußert sich dazu explizit in einem Interview: „je ne me sens ni homme ni femme quand j'écris. L'écriture est anonyme."[23]) Nina Bouraoui beraubt die Geschlechtszugehörigkeit ihrer Signifikanz und jongliert beispielsweise – wie Marguerite Duras – zwischen männlichen und weiblichen Erzählinstanzen: ›La Maladie de la mort‹ (1982) von Duras erzählt beispielsweise die Beziehung zwischen einem homosexuellen Mann und einer heterosexuellen Frau aus der Perspektive des Mannes und in ›Le Bal des Murènes‹ (1996) von Bouraoui ist der autodiegetische Erzähler männlich.

Das Jonglieren zwischen mehreren Identitätsfragen (insbesondere freilich in kultureller und sexueller Hinsicht) sowie das Gefühl der unmöglichen Zugehörigkeit der Erzählinstanzen ist nicht nur ein negativ besetzter Konflikt, sondern wird zu einer kreativen Ressource und mündet in einen subversiven Sprachgebrauch, der auch in Zusammenhang mit einem unkonventionellen (weiblichen) Begehren steht; er soll Klassifizierungen der „écriture" überwinden und entspricht, mit Roland Barthes gedacht, einem „usage intransitif" der „écriture", welcher das Sprachliche als „matière première et unique", also das eigentlich Literarische einer „écriture tout court" meint.[24]) Die Texte erscheinen unetikettiert als Text*körper*, die sich in ihrer sprachlichen Materialität exponieren, stark machen[25]) – oder auch zerfallen.[26]) Es wird ein Ausbruch aus einer „genormten", kategorisierenden, logos-geleiteten Sprache gesucht, nach einem „non-sens"[27]), welchen Marguerite Duras in ihrem Ideal einer „écriture" des „non-dit" verwirklicht sieht:

> Il y aurait une écriture du non-dit. Un jour ça arrivera. Une écriture brève, sans grammaire, une écriture de mots seuls. Des mots sans grammaire de soutien. Egaré. Là, écrits. Et quittés aussitôt.[28])

---

schieden siedelt Cixous das Schreiben an, welches in einem Zwischenraum oder einem Raum der Pluralität arbeiten und nicht wählen soll; Schreiben hieße somit „beides wollen": „vouloir le deux, et les deux, l'ensemble de l'un et de l'autre." Hélène Cixous, Le Rire de la Méduse et autres ironies, Paris 2010 [1975], S. 51–52.

[23]) Nina Bouraoui in einem Interview mit Anne-Laure Gannac, Olivia Ruiz, Isabelle Carré et Nina Bouraoui: Comment je suis devenue une femme, dans Psychologies magazine, n°21 (mars 2017), S. 28.

[24]) Roland Barthes, Le bruissement de la langue, Paris 1984, S. 142.

[25]) Beispielsweise durch ein steigendes Erzähltempo oder eine rhetorische Verdichtung.

[26]) Wie zum Beispiel die visuelle Brüchigkeit des Textes betreffend oder im Sinne einer semantischen/syntaktischen Stagnation. Beide Aspekte werden im Laufe der anschließenden Textanalysen veranschaulicht.

[27]) Welchen Anna Ledewina wieder mit dem Identitätsverlust einerseits und dem (weiblichen) Begehren anderseits kurzschließt: Anna Ledewina, Le non-sens comme la marque de l'écriture expérimentale de Marguerite Duras, in: A.-M. Reboul et E. Sánchez-Pardo, L'Écriture désirante (zit. Anm. 19).

[28]) Duras, Ecrire (zit. Anm. 14), S. 31.

Diese Sätze können als kompaktes Manifest der „écriture durassienne“ verstanden werden und nähern sich dem Schreibverständnis von Nina Bouraoui als „conquête de liberté“[29]) und ihrer „grammaire affectueuse“[30]) an. Die narrativen Texte der Autorinnen leisten eine ästhetische Revolte gegen eine literarisch „etablierte“ Form des Schreibens, indem sie eine (von außen kommende) textuelle Zuordenbarkeit unmöglich machen, mit narrativen Normen und grammatikalischen Strukturen brechen und diese der Rhythmik sowie der sprachlichen Materialität der Texte unterordnen.[31]) Es wird eine „Gegenliteratur“ entworfen, die sich sozusagen einen „degré zéro“ der literarischen Sprache (wieder-)aneignet. Es entstehen textuelle Verwirrungen, Lücken und Kreisbewegungen, eine „désécriture“, wie Madeleine Borgomano in Bezug auf Duras‘ Texte schreibt[32]), in der sich Sätze überschlagen, manchmal schneller zu sein scheinen als das schreibende Subjekt und sich in einer Art „adieu au langage“ verlieren.[33])

Diese ästhetische Revolte des literarischen Textes kann mit Theorien des „weiblichen Schreibens“ kurzgeschlossen und in den Kontext von Autorinnen wie Hélène Cixous, Violette Leduc, Monique Wittig und Julia Kristeva gestellt werden. Das „(Auf-)begehren“ der Sprache, welches den Zusammenhang zwischen Körper, Begehren und Schreibakt herstellt, erinnert an das Konzept der „écriture féminine“ nach Hélène Cixous, das sie in ihrem Essai ›Le Rire de la Méduse‹ (1975) definiert. Im Gegensatz zu wiederholt unpräzisen Lektüren, die dem cixous'schen Text eine essenzialisierende Argumentation unterstellen, hebt die Autorin explizit ihr Verständnis von „weiblich“ als ein von Geschlechternormen unabhängiges Adjektiv hervor, mit dem sie ein Potential und in Bezug auf literarische Texte eine subversive Kraft bezeichnet, die mit Erzähltraditionen bricht und unabhängig vom Geschlecht des Autors, der Autorin ist.

Cixous zählt beispielsweise auch Jean Genet und Marcel Proust zu den Schriftstellern, die ein „weibliches“, also subversives, aus der bestehenden Logik

---

29) Annich Cojean, propos recueillis d'une interview avec Nina Bouraoui, in: Le monde magazine, le 22 mai 2010, S. 16.

30) Der Ausdruck wird von der Erzählerin aus L'Âge blessé (1998) verwendet. Nina Bouraoui, L'Âge blessé, S. 89.

31) Die Beiträge des Kolloquiums Marguerite Duras, Marges et transgressions, das 2005 an der Universität Nancy 2 stattgefunden hat, widmen sich exklusiv den sprachlichen Brüchen und Transgressionen in Duras‘ Texten: Marguerite Duras, Marges et transgressions, hrsg. v. Anne Cousseau u. a., Nancy 2006.

32) Madeleine Borgomano, Les lectures 'sémiotiques' du texte durassien: un barrage contre la fascination, in: Ecrire, réécrire. Bilan critique de l'œuvre de Marguerite Duras, hrsg. v. Bernard Alazet (=L'icosathèque), Paris 2002, S. 125.

33) Bezogen auf ›L'Amant‹ spricht Marguerite Duras von einer „écriture qui court, qui est plus pressée d'attraper les choses que de les dire […].“ Marguerite Duras, entretien avec Bernard Pivot, Autour de ›L'Amant‹, Marguerite Duras, Œuvres complètes III (= Bibliothèque de la Pléiade n°596), Paris 2014, S. 1542.

ausbrechendes Schreiben vertreten. Die „écriture féminine“ sei ein „lustgeladenes“ Schreiben, das die symbolische und *logos*-geleitete Ordnung von Sprache, die traditionell patriarchal und phallogozentrisch geprägt sei, unterwandert, indem sie das (weibliche) Unausgesprochene Stimme und somit gesellschaftliche Wirklichkeit werden lässt. Diese Form des Schreibens wird in Verbindung mit dem Körper gesetzt, beide bedingen einander: „texte, mon corps“[34]) drückt das enge Wechselverhältnis von Text und schreibendem Körper kurzgefasst aus. Es handelt sich um einen („weiblichen“) Körper, der *sich* in den Text überträgt, sich emanzipiert und sich vom Objekt zum Subjekt emporschreibt: der sich neu aneignende Körper und sein (Auf-)begehren wird somit Ausgangspunkt einer literarischen Revolte, die mit Audre Lorde gedacht die Erotik – statt des *logos* – zur kreativen Antriebskraft werden lässt: in ›The Uses of the Erotic: the Erotic as power‹ (1978)[35]) wird das Erotische als außerhalb der logozentrischen Hierarchien gedacht und somit als Macht, als Möglichkeit des Ausbruchs aus denselben veranschaulicht.

Diese Konzepte können in einem weiteren Sinn dem „texte de jouissance“ nach Roland Barthes untergeordnet werden, der verunsichert und herkömmliche Kategorien sowie die Beziehung zur Sprache ins Wanken bringt. Es handelt sich jeweils um das Suchen oder Wiederfinden einer Sprache, die eine begehrende, eine aufbegehrende ist und bestehende Bedeutungen zu unterwandern beabsichtigt. Auch wenn weder Marguerite Duras noch Nina Bouraoui ihre Texte als „weiblich“ verstehen, weisen sie einen starken Zusammenhang zwischen Körper und Text auf, der in den oben genannten theoretischen Texten besprochen wird und in Zusammenhang mit einem normenbrechenden Schreiben gestellt wird. Im folgenden Teil dieses Artikels wird exemplarisch die subversive Stilistik von ›La Voyeuse interdite‹ und ›Moderato cantabile‹ analysiert sowie die rhythmische Nähe der beiden Romane untersucht.

Auf das Leben warten: ›La Voyeuse interdite‹ als algerische Melodie von ›Moderato cantabile‹

Die Existenzen von Anne, Protagonistin in ›Moderato cantabile‹, und von Fikria, Protagonistin von ›La Voyeuse interdite‹, können auf folgendes ‚Bild‘ reduziert, mit folgender stilistischer Rhythmisierung[36]) veranschaulicht werden:

---

[34]) Cixous, Le Rire de la Méduse (zit. Anm. 22), S. 48

[35]) Audre Lorde, The Uses of the Erotic: The Erotic as Power, The Lesbian and Gay Studies Reader, hrsg. v. David Halperin u. a. New York, London 1993, S. 339–343.

[36]) In diesem Fall anhand parataktischer, elliptischer, repetitiver oder asyndetischer Konstruktionen.

Ein Innenraum, ein Fenster, dahinter: eine Frau. Die Frau, eingeschlossen in eine beengende Existenz. Gefangene eines aufgezwungenen Schicksals. Gefangene eines inneren und eines äußeren Exils. Der Blick, gerichtet auf die andere Seite der Scheibe. Jenseits des Gitters. Auf ein Leben, außen, an dem sie nicht teilnimmt. Langeweile, Resignation, das Warten auf ein Ereignis, auf der Straße. In der Realität, abgetrennt durch das Fenster. Das Fenster als Trennlinie zwischen Aktivität und Passivität, zwischen Leben und vergeblichem Warten, zwischen traditionell männlicher und weiblicher Sphäre.

Auch wenn der geographische und soziokulturelle Rahmen der Handlungen – das Algerien der 1970er Jahre und eine unbenannte französische Stadt zu einer nicht präzisierten Zeit – verschieden ist, ähneln sich die Texte in ihrem Rhythmus, der die äußere und innere Einengung der Protagonistinnen wiedergibt: „enfermée[s] dans un monde du silence“[37]), wie Daniela Grigorescu über die Erzählerin von ›La Voyeuse interdite‹ schreibt, berühren die Befindlichkeiten von Fikria und von Anne einander in ihrer resignierten Atmosphäre, in ihren Melodien des Wartens und in einer von Tabus und Verboten geprägten Weiblichkeit. Die jeweiligen Handlungen reduzieren sich auf ein Minimum und laufen Gefahr, zugunsten eines Textlabyrinths ganz zu verschwinden. Es rücken die Klänge einer bedrückenden Luft in einem gesellschaftlichen „huis-clos“ ins Zentrum. Diese schaffen einen textuellen Hohlraum, der die soziale Ausgrenzung, die Einsamkeit und die fehlende Zugehörigkeit ausdrückt. In einem objektlosen Warten löst sich das Zeitgefühl auf, die Tage verfließen ohne Variationen und wiederholen sich in einer rhythmischen Monotonie:

> Aujourd'hui: adverbe désignant le jour où on est. Définition risible quand aujourd'hui n'est pas un repère mais un simple rappel d'hier, identique à avant-hier et à demain. Le temps fuit aujourd'hui et aujourd'hui fuit le temps.[38])

Das Präsens der Verben übersetzt das Gleichbleibende, das Rituelle. „Aujourd'hui“ wird seiner Bedeutung beraubt und steht für keine zeitliche Präzision mehr. Stattdessen drückt der Begriff die Stagnation der aufeinanderfolgenden Tage aus, die in zirkuläre Formen fließen: redundante Ausdrücke, das Einswerden von Paradoxa oder der Chiasmus im letzten Satz lassen das Zeitgefühl textuell verschwimmen. Sie kennzeichnen die Leere zeitlicher Unterscheidungen und die ausbleibende Bedeutungsänderung, selbst bei der Umkehr von Satzteilen. Nicht nur die Tage wiederholen sich, auch die Gedanken kreisen und reißen die Ästhetik mit in ihren zirkulären Abgrund: so scheint sich auch

---

[37]) Daniela Grigorescu, Stratégies d'endurance dans La Voyeuse interdite de Nina Bouraoui, Intercâmbio, Revue d'études françaises (=French Studies Journal), Universidade do Porto, Faculdade de Letras 2009, S. 148.

[38]) Nina Bouraoui, La Voyeuse interdite, Paris 1991, S. 124.

der Dialog zwischen Anne und Chauvin in ›Moderato cantabile‹ in einer Endlosschleife zu befinden. Beide Gesprächspartner tauchen in einen sprachlich resignierenden Automatismus ein, der durch die geleerten Weingläser verstärkt wird. So fasst Anne beispielsweise ihren Alltag vor Chauvin zusammen:

> Quelquefois, continua Anne Desbaresdes, quand cet enfant dort, le soir je descends dans ce jardin, je m'y promène. Je vais aux grilles, je regarde le boulevard. Le soir, c'est très calme, surtout l'hiver. En été, parfois, quelques couples passent et repassent, enlacés, c'est tout. On a choisi cette maison parce qu'elle est calme, la plus calme de la ville. Il faut que je m'en aille.[39])

Der wellenartige Stil manifestiert sich hier in Sätzen, die einem ungeordneten Aufkommen, einem Kommen und Gehen von wiederaufgenommenen und nicht zu Ende geführten Gedanken folgen, deren Fluss wiederum graphisch durch Beistriche unterbrochen beziehungsweise in die Länge gezogen wird. Die beschriebene Monotonie der Existenz gleicht dem reduzierten Wortfeld. Die Sprache markiert und verstärkt diese existenzielle Enge: das Adjektiv „calme" wird drei Mal angeführt und die Paare gehen vorbei, gehen wieder vorbei („ils passent et repassent"). Text wie Existenz schaffen es nicht, aus dem kleinen Rahmen auszutreten. Die scheinbare Zufälligkeit der Sätze wird abrupt beendet: „il faut que je m'en aille" stoppt den eben erst angesetzten Gedankenfluss. Chauvin bringt den repetitiven Verlauf von Anne's Existenz prägnant auf den Punkt: „vous allez aux grilles, puis vous les quittez, puis vous faites le tour de votre maison, puis vous revenez encore aux grilles."[40]) Erneut drücken die Anaphern und die parallelen Strukturen die gleichbleibenden, unbedeutenden Tätigkeiten Annes aus. Das Repetitive wird außerdem mit einer durch Alliterationen erzeugten phonetischen Monotonie ausgedrückt, beispielsweise: „Le vendredi, oui. Je voudrais un autre verre de vin."[41])

Dieses moribunde Klima der Texte entspricht dem Tempo einer „petite musique de la mort"[42]), die Fikria erwähnt und dem „modéré chantant", das metaphorisch für die gesamte Tonalität von Duras' Roman steht: einmal mehr wird das leblose Innere mit dem lebendigen Außen kontrastiert, wobei diese Gegenüberstellung in beiden Texten mit dem Blick durch das Fenster zum Meer, das als Symbol für eine unbekannte und „männliche" Freiheit fungiert, kulminiert. In ›Moderato cantabile‹ beschreibt Anne wiederholt die Sicht aus

---

[39]) Marguerite Duras, Moderato cantabile, Paris 1985, S. 83.

[40]) Ebenda.

[41]) Ebenda, S. 51.

[42]) Bouraoui, La Voyeuse interdite (zit. Anm. 38), S. 44. Für die Metaphorik der Musik im Roman siehe: Midori Ogawa, Moderato cantabile et la puissance métaphorique de la musique, La musique dans l'écriture de Marguerite Duras, Paris 2002.

ihrem Zimmer auf das Meer (beispielsweise: „ma chambre est au premier étage, à gauche, en regardant la mer.")[43]), wobei letzteres zum Sehnsuchtsort wird. Auch während der Klavierstunden ihres Sohnes beobachtet sie es aus dem Fenster und hört, wie sich sein Rauschen mit den Stimmen von Männern am Ufer vermischt: „le bruit de la mer mêlé aux voix des hommes qui arrivaient sur le quai monta jusqu'à la chambre."[44]) In ›La Voyeuse interdite‹ erwähnt Fikria ebenfalls mehrmals den Blick aus ihrem dunklen, abgeschlossenen Zimmer (la chambre „close et obscure") – „mais au bord de la mer"[45]), – und es heißt explizit: „la plage est interdite aux filles qui se respectent!"[46]) Das Meer repräsentiert die Sehnsucht nach einem Leben auf der anderen Seite („l'espoir de l'autre côté de la mer")[47]) und wiederum sind es Männer, denen diese Hoffnung gehört: „Ils s'en vont. Ils nous quittent. Abandon."[48])

Statt grammatikalischer Korrektheit bestimmt ein innerer Rhythmus die Strukturen. Die Worte kommen nicht kohärent aus Anne oder Fikria hervor, sie stolpern über die eigene Leere beziehungsweise, im Sinne der angeführten „écriture exilée", über das eigene Exiliertsein. Die Sprache wirkt formresistent. Der Zusammenfall von inhaltlicher wie ästhetischer Monotonie äußert sich in einer knappen, gebrochenen Satzstruktur, in einer scheinbaren Aneinanderreihung von Worten, an deren Sinn der Text nicht glaubt. Tradition, Gewohnheit und Wiederholung setzen die Taktstriche und werden zu den eigentlichen Gestalterinnen der Texte:

> La tradition est une dame vengeresse contre qui je ne peux lutter. C'est ainsi pour elles, ce sera comme ça pour les autres. Mouvement répétitif qui ne s'enquiert ni du temps, ni de mon refus et encore moins de notre jeunesse.[49])

Die personifizierende Metapher der Tradition als rachsüchtiger Dame macht jeden Versuch des Ausbruchs undenkbar: für Fikria ist es wie für die unbenannten „elles" und wie für die entsubjektivierten „autres". Das neutrale „comme ça" benennt die Umstände nicht, behält sie aber traditionell bei. Dieses verschwommene, aber entscheidende „comme ça" der Tradition entspricht dem unpersönlichen „on" in ›Moderato cantabile‹, das ‚im Dunklen' über soziale Normen entscheidet. „C'est dans cette maison qu'on vous a épousée il y a maintenant dix ans?"[50]), fragt Chauvin Anne beispielsweise. Dieses neutrale „on

---

43) Duras, Moderato cantabile (zit. Anm. 39), S. 55.
44) Ebenda, S. 102.
45) Bouraoui, La Voyeuse interdite (zit. Anm. 38), S. 81.
46) Ebenda, S. 84.
47) Ebenda, S. 118.
48) Ebenda.
49) Ebenda, S. 126.
50) Duras, Moderato cantabile (zit. Anm. 39), S. 55.

sociétal" ist wie die „dame vengeresse" der Tradition eine unsichtbare Entscheidungsinstanz. Das Alternieren zwischen Subjekt- und Objektstatus von Anne und Fikria äußert sich weiters in einer hybriden Äußerungssituation: in ›Moderato cantabile‹ alternieren sprechendes „je" und neutralisiertes „elle", beide werden wiederholt durch das „on sociétal" regelrecht verdrängt und ersetzt. Auch in ›La Voyeuse interdite‹ vermittelt ein Wechsel der Fokalisierung und Äußerungssituationen die innere Zerrissenheit von Fikria: in den ersten drei Kapiteln spricht ein sehendes „je", das sich danach in ein – gesehenes – „elle" verwandelt.

Das innere Unbehagen einerseits und der – vergebliche – Versuch, dagegen anzukämpfen, kontaminieren die Satzstrukturen und erzeugen einen ‚ringenden', kreis-[ß]-enden, Textkörper. Oft fehlen Konjunktionen, logische Verbindungen oder das Verb. Während einer Szene, in der Anne von großer Gesellschaft umgeben irritiert ist, affiziert das körperliche Unbehagen die Konstruktion der folgenden Sätze: „son corps éreinté a froid, que rien ne réchauffe"[51]) oder auch „les doigts le [le pétale de magnolia] froissent jusqu'à le trouer puis, interdits, s'arrêtent, se reposent sur la table, attendent, prennent une contenance, illusoire."[52]) Der wiederum rhythmische (ungrammatikalische) Einsatz der Beistriche reproduziert eine ondulöse Bewegung, ein Hin und Her zwischen Atempausen und Ergänzungen, zwischen vorübergehendem Ende und Wiederaufnahme. Zusammengehöriges wird getrennt, der Satzfluss gerät dadurch ins Wanken. Die Zeichensetzung untermalt den wellenartigen Stil zwischen „texte de jouissance" und „écriture blanche": die „écriture blanche" als begehrensloses Schreiben reflektiert die äußere wie innere Einengung der Protagonistinnen und verwandelt sich durch ihre stilistischen „Obsessionen", denen wiederum ein „désir" nach (textuellem) Ausbruch zugrunde liegt, in einen „texte de jouissance." Dieses Schwanken zwischen zwei Extremen, die in diesem Fall ineinandergreifen und einander gegenseitig bedingen, kommt mit Pascal Michelucci einer „écriture à excès" gleich, die zwischen „réduction au silence et hurlement" steht.[53]) Diese stilistischen Extreme werden in ›La Voyeuse interdite‹ von Fikria kommentiert, indem sie explizit von einer „architecture hystérique" der Sätze spricht:

Je fais, je défais, je refais, je redéfais ma chambre. Tabouret à droite, lit au milieu, bureau devant fenêtre, coussins par terre, lumières éteintes, robinets ouverts, robinets fermés, porte close, rideaux tirés, sombre, clair, rectangle, rond, courbe, je m'insurge dans les formes les

[51]) Ebenda, S. 136.
[52]) Ebenda, S. 133.
[53]) Pascal Michelucci, La motivation des styles chez Marguerite Duras: cris et silence dans Moderato cantabile et La douleur, in: Etudes françaises, vol. 39, n°2. (2003), S. 95.

plus extraordinaires, tabouret sur lit, lit sur bureau, chaise dans lavabo et abat-jour au plafond.[54])

Die Sprache scheint sich zu verselbstständigen oder aus aufgestauter Zurückhaltung hervorzubrechen. In diesem Absatz beschleunigt sich das Tempo auf syntaktischer wie semantischer Ebene durch die häufige Verwendung von anaphorischen Antonymen wie „je fais, je défais" und durch deren repetitiven Gebrauch in Formen der Klimax „je refais, je redéfais". Die parallelen Konstruktionen „tabouret à droit, lit au milieu, bureau devant fenêtre, coussins par terre" beschreiben trocken und minimalistisch das Zimmer von Fikria. Die Enge und Nüchternheit des Raumes wird dadurch augenscheinlich und lässt die Protagonistin wie den Text ‚durchdrehen': die Anapher „robinets ouverts, robinets fermés" mit den antonymischen Adjektiven, der Klimax zwischen „porte close", rideaux tirés" und „sombre" und die Antonyme „sombre, claire" oder „rectangle rond" spielen mit dem Rhythmus des Satzes, der in die Länge gezogen wird. Durch die Gegensatzpaare, die das Zimmer beschreiben, löst sich die Bedeutung der Worte auf, beziehungsweise wird sie in der gegebenen Enge indifferent. Die anschließenden Parallelismen „tabouret sur lit, lit sur bureau, chaise dans lavabo et abat-jour au plafond" weisen äußerlich eine scheinbare Regelmäßigkeit auf, die semantisch aber sofort dekonstruiert wird. Die aufeinander oder ineinander liegenden Möbelstücke drücken das Verrücktwerden von Fikria und Sprache innerhalb der vorgegebenen Begrenzungen aus. Die Worte und ihre Bedeutungen geraten durcheinander. Ein Bedürfnis, sich durch Worte frei zu bewegen, ungewöhnlich zu konstruieren und Bilder zu erzeugen, die jenseits der (äußeren) Realität stehen, wird deutlich. Das Zirkuläre und ‚(Auf-)begehrende' des Textkörpers entsteht durch innere Revolte gegen die eigene Situation der Erzählerinnen. Der Kampf äußert sich in einem Kampf mit der Sprache, der hier in eine textuelle Sackgasse mündet.

Die Symbiose von Schreibakt und Begehren in und zwischen ›Appelez-moi par mon prénom‹ von Nina Bouraoui und ›Cet amour-là‹ von Yann Andréa

Der Bezug zwischen Körper, Begehren und Schreibakt tritt in ›Appelez-moi par mon prénom‹ insbesondere in Form seiner direkten Thematisierung durch die Erzählinstanzen hervor und wird auf mehreren Ebenen als literarischer Dialog mit narrativen Texten von Marguerite Duras und Yann Andréa inszeniert. Die Bezüge, die in ›Appelez-moi par mon prénom‹ zum Paar Duras – Andréa hergestellt werden, betreffen einerseits die reale Schriftstellerin und den realen

[54]) Bouraoui, La Voyeuse interdite (zit. Anm. 38), S. 65–66.

Schriftsteller, andererseits die Figuren in jenen Romanen, die Duras und Yann Andréa ihrer Beziehung gewidmet haben: bei Duras handelt es sich um die Werke ›L'Été 80‹ (1980), ›La Maladie de la Mort‹ (1982), ›Yeux bleus cheveux noirs‹ (1986)) oder ›Yann Andréa Steiner‹ (1992) während die Gesamtheit des Œuvres von Yann Andréa wie ›M.D.‹ (1983), ›Cet amour-là‹ (1999) oder ›Ainsi‹ (2000) seine Liebesbeziehung zu Duras behandelt. Bouraouis ›Appelez-moi par mon prénom‹ interessiert sich für die Entstehung von Liebe in der Abwesenheit und im Getrenntsein von den betroffenen Körpern und ist in diesem Sinne explizit der Liebesbeziehung zwischen Marguerite Duras und Yann Andréa gewidmet:

> J'étais fascinée par ce couple qui s'est aimé d'abord à travers les mots. Oui, ce fut un moment merveilleux, car j'ai compris – c'est la lectrice qui vous parle – que le rapport entre un écrivain et son lecteur pouvait être un rapport amoureux et qu'il pouvait donner lieu à une rencontre.[55])

Die Liebesbeziehung zwischen Duras und Yann Andréa geht darauf zurück, dass letzterer Texte von Duras gelesen hat; analog dazu hat die fiktive Geschichte zwischen Erzählerin und P. in Bouraoui's ›Appelez-moi par mon prénom‹ in der Liebe von P. zu Texten der fiktiven Autorin ihren Ausgangspunkt. Der „literarische" oder „textuelle" Beginn der Liebesbeziehung von Duras und Yann Andréa inspiriert demnach die Geschichte zwischen P. und der fiktiven Autorin: „notre histoire débutait d'une absence. P. m'avait aimé en me lisant [...]."[56]) In ›Appelez-moi par mon prénom‹ werden Lese-, Schreib- und Liebesakt laufend miteinander in Bezug gesetzt und geradezu als Synonyme inszeniert, wodurch es im Endeffekt zu einem Spiel mit den Grenzen zwischen Leser(in), Erzähler(in), Autor(in) beziehungsweise Fiktion und Realität kommt: die Beziehung zwischen Leser(in) und Autor(in) wird als Liebesbeziehung gestaltet und bricht mit der herkömmlichen Distanz zwischen beiden Instanzen sowie zwischen Fiktionalität des Textes und Realität der lesenden Person, das heißt, innerhalb der Romandiegese findet eine Auflösung der Trennung zwischen Diegese (fiktiver Text der Erzählerin) und Realität (Lebenswelt von P.) statt. Kurzgefasst wird die Distanz zwischen Leser und Text, zwischen Erzählerin und Autorin und somit zwischen Realität und Fiktion übergangen. Die schwindende Barriere zwischen Autorperson und lesender Person erinnert an eine Passage aus Roland Barthes' ›Le plaisir du texte‹, in der er sich zugunsten einer Aufhebung von Subjekt- und Objektzuschreibungen, also von der Trennung von Autor(in) und Leser(in) äußert:

---

55) Alexandre Lamasson, Trois questions à Nina Bouraoui: 'un livre sur l'écriture', in: Le magazine littéraire, septembre 2008, n°478, p. 29.

56) Nina Bouraoui, Appelez-moi par mon prénom, Paris 2008, S. 95.

Sur la scène du texte, pas de rampe: il n'y a pas derrière le texte quelqu'un d'actif (l'écrivain) et devant lui quelqu'un de passif (le lecteur) ; il n'y a pas un sujet et un objet. Le texte périme les attitudes grammaticales.[57])

Tatsächlich verschwimmen die Ebenen in ›Appelez-moi par mon prénom‹ wie folgt: der fiktionale Text verführt die lesende Person, welche sich in die Erzählinstanz verliebt und selbst zur schreibenden Person wird. Lese- und Schreibakt, welche die Körper ersetzen beziehungsweise repräsentieren, stehen am Anfang: „nos vies s'ouvraient l'une à l'autre, sans chair, les mots prenant place des corps."[58]) P. regt die Lektüre des Tagebuchs der fiktiven Schriftstellerin zum Dreh eines Films an, den er ihr überreicht. Das Begehren, das der fiktive Leser in ›Appelez-moi par mon prénom‹ dem Text und der Erzählerin beziehungsweise Autorin gegenüber entwickelt, ist Ausgangspunkt der eigenen Kreation. Der Dialog zwischen P. und der Erzählerin beginnt somit auf einer fiktionalen Ebene, indem der Film als Antwort auf das Tagebuch fungiert und eine Liebeserklärung an die Autorin jener Texte ist, über die er sich in sie verliebt hat. Die Kunst, die gleichzeitig aus Begehren entsteht, ruft dieses auch hervor und verstärkt die Liebe zwischen P. und der Erzählerin.

Der Text verführt P., erweckt sein Begehren, welches ihn zum Dreh eines Films veranlasst, der letztendlich die Erzählerin/Autorin verführt: Autor- und Leser/Zuschauerrolle verschwimmen ebenso wie die Rolle von Verführer(in) und Verführter/m. Es entsteht ein Dialog von Text und Film, zwischen verführerischem Text, verführtem Leser, der wiederum verführender Schaffender wird. In der Folge entwickelt sich eine Korrespondenz zwischen P. und der fiktiven Autorin, die um Kunst, Schreiben und Begehren kreist, wobei der Briefwechsel die gegenseitigen Gefühle nährt und wachsen lässt. Auch hier wird die lesende Figur jeweils als verführte, die schreibende als verführende dargestellt. Die Lektüre hat zunächst eine physische Wirkung auf die lesenden Personen: „ses images sur mes mots faisaient penser à ses mains sur mes épaules"[59]), schreibt die Erzählerin in Bouraouis Roman und schafft eine Parallele zwischen Lektüre und Körperkontakt: „il semblait être contre ma peau qui recevait ses mots comme des baisers."[60])

Das Warten auf ein Mail von ihm vergleicht sie mit dem Warten auf einen Kuss: „j'attendais ses mails comme on attend un baiser."[61]) Der Zusammenhang zwischen Text(-materialität) und Begehren beziehungsweise Sensualität schafft in einem weiteren Schritt ein (körperliches) Abhängigkeitsverhältnis zwischen

57) Roland Barthes, Le Plaisir du texte, Paris 1973, S. 13.
58) Bouraoui, Appelez-moi par mon prénom (zit. Anm. 56), S. 34.
59) Ebenda, S. 54.
60) Ebenda, S. 51.
61) Ebenda, S. 105–106.

lesender und schreibender Person: „je le possédais à mon tour sachant que l'écriture avait un rapport avec la sensualité ou le manque de sensualité de son auteur."[62]) Die (sensuelle) Abhängigkeit entsteht hier auf Seiten der lesenden Person. Das Teilen des Geschriebenen wird als Teilen von Intimität und Sensualität dargestellt, das Machtspiele und besitzergreifende Tendenzen („s'écrire revenait à s'appartenir l'un l'autre")[63]) zwischen schreibender und lesender Person hervorruft. Nach der Lektüre des ersten Briefes von P. verfällt die Erzählerin in ein obsessives Verhalten, das den starken Einfluss des Geschriebenen und die daraus hervorgehenden heftigen Gefühle übersetzt und an das Verhalten des autodiegetischen Erzählers aus ›Cet amour-là‹ erinnert.

Bereits der Titel ›Appelez-moi par mon prénom‹ scheint auf einige der ersten Sätze aus ›Cet amour-là‹ von Yann Andréa anzuspielen: „je n'ai jamais pu la tutoyer. Parfois elle aurait aimé. Que je la tutoie, que je l'appelle par son prénom."[64]) Wie P., ist der autodiegetische Erzähler Yann von ›Cet amour-là‹ Philosophiestudent. Yann liebt die Schriftstellerin in Duras, nicht aber die Frau oder den weiblichen Körper: sowohl P., als auch Yann Andréa haben eine Vorliebe für homoerotische Beziehungen, aus denen die Leidenschaft für die Autorin – als eine sich körperlich ausdrückende Leidenschaft zu ihren Texten – jeweils hervorsticht. Der autodiegetische Erzähler Yann aus ›Cet amour-là‹ bezeichnet seine Lektüre von Duras' ›Les petits chevaux de Tarquinia‹ als „coup de foudre"[65]), woraufhin er sich auf eine „literarische Verfolgung" der Autorin begibt und alle Texte von ihr liest, die er sich beschaffen kann. Die erste Lektüre des Romans bezeichnet er als „première rencontre" und „première passion."[66]) Die Art, in welcher der Erzähler über die Texte von Marguerite Duras schreibt, gleicht einer Liebesbeschreibung, die Lektüre wird als persönliche Begegnung geschildert, Körper und Text fusionieren wie in Bouraouis ›Appelez-moi par mon prénom‹ oder Duras' ›Yann Andréa Steiner‹. In allen drei Fällen erhalten die Texte innerhalb der Diegese eine Körperlichkeit, die mit der Autorin verbunden wird: die Cixous'sche Maxime „texte, mon corps"[67]) scheint beim Wort genommen.

---

[62]) Ebenda, S. 47–48.
[63]) Ebenda, S. 34.
[64]) Yann Andréa, Cet amour-là, Paris 1999, S. 9.
[65]) Ebenda, S. 10.
[66]) Ebenda, S. 10–11.
[67]) Cixous, Le Rire de la Méduse (zit. Anm. 22), S. 48

Conclusio

Die parallele Lektüre von ›Moderato cantabile‹ und ›La Voyeuse interdite‹ hat den Zusammenhang von „körperlichem" und „(auf-)begehrendem" Schreiben innerhalb einer moribunden Atmosphäre exemplarisch ausgeführt. Im zweiten Beispiel wurde gezeigt, inwiefern ›Appelez-moi par mon prénom‹ diesen Bezug zwischen Körper, Begehren und Schreiben wörtlich nimmt und deren (positive) Wechselbeziehung auf mehreren Ebenen inszeniert. In und zwischen ›Appelez-moi par mon prénom‹, ›Yann Andréa Steiner‹ und ›Cet amour-là‹ entsteht regelrecht ein Liebesviereck zwischen Text, Körper, Autor(-in)/Erzähler(-in) und Leser(-in), welches als ein wechselseitiges Abhängigkeitsverhältnis arrangiert wird.

In diesem zweiten Beispiel ist der Bezug von Bouraouis Roman zu Duras explizit gegeben während die ‚rhythmischen' Parallelen zwischen ›La Voyeuse interdite‹ zu ›Moderato cantabile‹ auf keine – zumindest keine bewusste – Einflussnahme des Hypotextes auf den Hypertext verweisen. ›Appelez-moi par mon prénom‹ als Reaktion von Nina Bouraoui auf Yann Andréas ›Cet amour-là‹ beziehungsweise Marguerite Duras' ›Yann Andréa Steiner‹ kann – im Sinne der im Text verhandelten körperlich-textuellen Fusionen – als intertextueller Dialog „en absence des corps" zwischen Bouraouis und Duras' Roman gedeutet werden. Dieser Bezug verweist auf die Poetik von Bouraoui, nach welcher das Schreiben als ein Nehmen und Geben von Begehren verhandelt wird und welche sich zugunsten einer direkten und distanzlosen Beziehung zwischen Text und Leserschaft positioniert.

VERZEICHNIS DER LITERATURWISSENSCHAFTLICHEN DISSERTATIONEN AN ÖSTERREICHISCHEN UNIVERSITÄTEN

Vorbemerkung der Redaktion

Die folgende Dokumentation basiert auf den in der Redaktion ›Sprachkunst‹, Österreichische Akademie der Wissenschaften, Institut für Kulturwissenschaften und Theatergeschichte, Vordere Zollamtstraße 3, 1030 Wien, eingelangten Anzeigen. Um auch weiter diese Dokumentation möglichst lückenlos durchführen zu können, sei hier die dringende Bitte an alle Referenten gerichtet zu veranlassen, dass jede literaturwissenschaftliche Dissertation kurz vor oder nach der Promotion des Doktoranden der ›Sprachkunst‹ bekannt gegeben werde. Die Promovierten ersuchen wir um eine Kurzfassung (bis zu fünfzehn Zeilen/ca. 150 Wörter).

1. Germanistik

FAUNER Eva: Schriften, die gehört gehören. Historische Prätexte, theoretische Konzepte und analytische Modelle zu Akustischer Literatur der Gegenwart, Graz 2019.
Ref.: Anne-Kathrin Reulecke, Uwe Wirth.
In dieser Arbeit werden die literaturhistorischen, poetologischen, medialen und performativen Bedingungen von Akustischer Literatur identifiziert und systematisiert. Die Gattungsbezeichnung „Akustische Literatur“ erfasst gegenwärtige Phänomene literarischer Praktiken und Formate, die auf medialen Interferenzen von Stimme und Schrift basieren und performativ vermittelt werden. So entstehen Texte, die sich dem Zusammenspiel von mündlichem und schriftlichem Sprachgebrauch verdanken und sich gleichermaßen an Ohr wie Auge richten. Auf der Basis von historischen und aktuellen theoretischen und literarischen Texten wird ein für Akustische Literatur erforderlicher starker Medienbegriff erarbeitet, in dessen theoretischem Kontext die intermedial-performativen Bewegungen zwischen Schrifttext und Stimmtext erörtert werden. Hieraus wird eine Gattungsdefinition entwickelt – sie lautet: Akustische Literatur ist ein bimediales Geflecht aus Schrifttext und Stimmtext. Der Schrifttext inszeniert Stimme und Klang im Medium der Schrift, die das Klangereignis imitiert, reflektiert und antizipiert. Der Stimmtext bringt den Schrifttext als tatsächliches Klangereignis zur Aufführung, die wiederum auf ihre schriftliche Genese verweist. Diese Definition geht damit einher, Akustische Literatur als ‚mediales Ereignis‘ im medien- bzw. performativitätstheoretischen Sinn aufzufassen. Dies ermöglicht, sowohl die jeweilige schriftliche bzw. stimmliche Textstufe, als auch die akustisch-visuellen Transformationsprozesse in einem Begriff zu bündeln. Die Tragfähigkeit der theoretischen Prämissen wird in konkreten Textanalysen erprobt, im Rahmen derer eine Spezifizierung der typologischen Gattungsmerkmale und der

SPRACHKUNST, Jg. LI/2020, 1. Halbband, 129–137

DOI: https://dx.doi.org/10.1553/spk51_1s129

ästhetischen Strategien erfolgt – es sind dies Analysen zu ›Ereignisse‹ (1969/posthum 2001) von Thomas Bernhard, ›VOX FEMINARUM‹ (2003) von Elfriede Jelinek, ›Josef Klammer und Ernst Marianne Binder und Sprecht!‹ (2013) von Markus Köhle.

Galler Norbert: Spiel, Macht und Illusion: zum Mehrwert des Spiels für das Emanzipationspotential jugendliterarischer Thriller, Graz 2019.
471 Seiten.
Ref.: Bettina Rabelhofer, Ernst Seibert.
Die Arbeit beschäftigt sich mit der Frage, inwiefern der Begriff des Spiels das Emanzipationspotential jugendliterarischer Thriller positiv beeinflusst. Voraussetzung dafür ist ein wertfreier Zugang in Bezug auf das Genre und auf das dem Handlungssystem nach primäre Publikum. Emanzipation geht als ein Sozialisationsprozess mit einem Sich-Auseinandersetzen mit Machtstrukturen einher. Der Leseprozess wird dabei theoretisch-methodisch in den Vordergrund gerückt. Im Mittelpunkt des Emanzipationspotentials von Texten, gesehen als rezeptionsästhetisches Wirkungspotential, steht die ästhetische Illusion (Werner Wolf folgend). Ein eigenes Rezeptionsmodell wird ausgehend von etablierten Konzepten der Rezeptionsästhetik entwickelt. In der Folge werden wesentliche Konzepte zu den Begriffen Spiel und Macht diskutiert. Das Spiel selbst wird als Artefakt mit illusionsbildendem Potential betrachtet. Zudem wird eine strukturelle Identität von Spiel und Macht postuliert, die als ein positives Metapotential in Narrationen hinsichtlich der Forschungsfrage erkannt wird, das in einem konkreten Text aber erst realisiert werden muss. Aufgrund ihrer narrativen Fokussierung auf ein konkretes Spiel werden sechs Primärtexte (zwei österr., ein schweizer, ein brit. und zwei US-amerikan.) ihrer deutschen Version nach bearbeitet, um ‚wirkungsästhetische Folgen' des Spiels herauszuarbeiten. Der konkret methodische Zugang erfolgt über Wirkungsstrukturanalysen (nach Wolfgang Iser) und unter der Annahme eines impliziten, mittleren Lesers. Das Spiel selbst wird schlussendlich als ein intradiegetisches Artefakt ästhetischer Illusion und als die grundlegende ästhetische Funktion der Texte gesehen, die deren Emanzipationspotential qualitativ wie quantitativ, also hinsichtlich der Art des Erlebens sowie dessen, was erlebt wird, positiv triggert; etwa dadurch, dass es einen Spannungsbogen impliziert, aber gleichzeitig Machtstrukturen zu beobachtbaren Phänomenen werden lässt.

Gschwandtner Harald: Strategen im Literaturkampf: Thomas Bernhard, Peter Handke und die Kritik, Salzburg 2019.
Ref.: Norbert Christian Wolf, Werner Michler.
Die Arbeit zeichnet Thomas Bernhards (1931–1989) und Peter Handkes (*1942) vielschichtige, von der Forschung bislang kaum gewürdigte Auseinandersetzung mit der Literaturkritik nach und widmet sich aus einer kultursoziologischen Perspektive dem komplexen Beziehungsgeflecht zwischen literarischem Schreiben, poetologischer Reflexion und kritischer Kommentierung. In diesem Zusammenhang versucht die Dissertation zu zeigen, wie eng die Aversion der beiden Autoren gegenüber der Literaturkritik mit ihrer eigenen literarischen Ästhetik in Verbindung steht. Die jahrzehntelange Literaturfehde zwischen Handke und Marcel Reich-Ranicki dient als Beispiel für die mitunter heftigen, vor persönlichen Invektiven nicht zurückschreckenden Konfrontationen zwischen Autoren und Kritikern; die detaillierte Rekonstruktion der Auseinandersetzung zwischen den beiden ermöglicht Einblicke in Mikro-Konstellationen literarischer Polemiken. Zudem werden die literaturkritischen Arbeiten Bernhards und Handkes untersucht und im Kontext der jeweiligen Karriereverläufe sowie vor dem Hintergrund der literarischen Sozialisation der beiden Schriftsteller in den 1950er bzw. 1960er Jahren analysiert. Mit der aus Walter Benjamins Schrift ›Die Technik des Kritikers in dreizehn Thesen‹ (1928) entlehnten Wendung vom „Strategen im Literaturkampf" gerät zwei-

erlei in den Blick: zum einen die agonale Qualität der geschilderten Auseinandersetzungen, zum anderen aber auch ein weit über den Einzelfall hinausweisendes Moment künstlerischer Selbstbehauptung: Bernhard und Handke erweisen sich dabei nicht nur als gewiefte Taktiker, die in konkreten Situationen mit geschickten publizistischen Manövern (re)agieren oder selbst als Kritiker anderer Schriftsteller auftreten, sondern ebenso als weitsichtige Strategen. Unter anderem mit Blick auf Bernhards Roman ›Korrektur‹ (1975) wird auch die Idee einer von den Instanzen der etablierten Literaturkritik unabhängigen ‚Selbstkritik' rekonstruiert, bevor im letzten Abschnitt der Dissertation nach dem künstlerisch produktiven Potential der Auseinandersetzungen zwischen Literatur und Literaturkritik gefragt wird. Methodisch stützt sich die Arbeit auf Konzepte der Literatur- und Kultursoziologie Pierre Bourdieus, um das Agieren Bernhards und Handkes im literarischen Feld im Sinne einer umfassenden ‚Werkpolitik' (Steffen Martus) zu beschreiben.

Juen Bernd: Das Motiv des Zwischen-den-Welten-seins in den Gedichten Nevfel Cumarts, Innsbruck 2019.
412 Seiten.
Ref.: Sigurd Paul Scheichl, Sieglinde Klettenhammer.
Die Dissertation befasst sich mit dem vor allem für seine Öffentlichkeitsarbeit bekannten deutschen Dichter Nevfel Cumart, der als Sohn türkischer Einwanderer einen Identitätskonflikt durchgemacht hat, bei dem es darum ging, nicht zwischen türkischer und deutscher Kultur verloren zu gehen. In diesem Sinne analysiert sie einerseits, welche Aspekte des Zwischen-den-Welten-Seins und der Hybridität in Cumarts Gedichten anzutreffen sind. Andererseits zeichnet sie Aspekte der deutsch-türkischen Migrationsgeschichte nach und veranschaulicht an der Biographie des Dichters die sozialen Bedingungen, unter denen Arbeitsmigration nach Deutschland stattgefunden hat. In diesem Sinne will die Dissertation sowohl eine literatur- als auch eine kulturwissenschaftliche Arbeit sein, die sich der qualitativen Sozialforschung bedient.

Klotz Daniela: Intertextuelle Bezüge in Siegfried Wagners Opern unter besonderer Berücksichtigung des Banadietrich, Salzburg 2019.
251 Seiten.
Ref.: Manfred Kern, Albert Gier.

Knoll Ursula: Geständige Nazis: zur Sexualisierung von NS-Täter_innenschaft in der Literatur, Wien 2019.
259 Seiten.
Ref.: Wolfgang Müller-Funk.

Pawlitschek Brigitte: Franz Kafkas „Wahlverwandtschaften“: zu den Funktionen von Eigennamen und Personenbezeichnungen in den Romanen und ausgewählten Erzählungen, Graz 2019.
373 Seiten.
Ref.: Hans Helmut Hiebel, Guenter Hoefler.
This thesis investigates two closely related questions: what function do names and professional identities perform in Kafkas writings, and what insights can the reader derive from this for purposes of textual interpretation? The analysis begins with a micro- and macrostructural overview of Kafkas three novels: ›The Man who Disappeared‹ (also known as ›Amerika‹; ›The Castle‹ and ›The Trial‹. This overview shows that, although Kafka did not always provide his characters with full (first and last) names, he almost always gave them professions. Both the

names and the professions reflect the socio-cultural conditions of the Austro-Hungarian Empire at the turn of the 20th century. They add realism and, combined with Kafkas seemingly surreal plots, they provide the ingredients for the so-called "Kafkaesque moment" in his work. Names and professions locate characters in relation to other individuals and groups in the universe of Kafka's players not only in the above-mentioned novels, but also in short stories like ›The Judgement‹ and ›The Metamorphosis‹. This clustering can be classified as corresponding or contrasting; it delineates horizontal or vertical divisions between the characters and therefore also reflects the socio-cultural reality of Kafka's time. Correlations between characters do not confine themselves to the page, but rather extend more often than has been assumed in research to date to the author himself. Kafka, for example, used his characters to try out possible solutions to problems in his own life, which oscillated between the poles of bachelorhood and marriage, as well as between job security and artistic freedom. Numerous references to his name and his professional activities among his fictional characters support such autobiographical interpretations. The conclusion, which applies beyond any particular work: Kafka's characters are more strongly connected with each other and with their author than research has thus far assumed.

Schwaiger Jörg: Die Lebensspuren Ulrichs von Liechtenstein - Dokumentarische Studie zur Mythisierung eines mittelalterlichen Autors zwischen Selbstinszenierung, literarischer Rezeption und außerliterarischer Nachwirkung, Graz 2019.
374 Seiten.
Ref.: Wernfried Hofmeister, Beatrix Müller-Kampel.
Um der Frage auf den Grund zu gehen, wie es Ulrich von Liechtenstein – historische Dichter- und Politikerpersönlichkeit der Steiermark des 13. Jahrhunderts sowie gleichnamiger Held aus seinem fiktio-biographischen Versroman „Frauendienst" – gelang, zu einem ikonischen Mythos zu werden, werden 132 Rezeptionszeugnisse vom Mittelalter bis in die aktuelle Gegenwart namhaft gemacht und untersucht. Beispielsweise taucht Ulrich als Filmheld und als Büste in der Ehrengalerie des Grazer Burghofs auf, zudem sind Straßen und eine Bildungseinrichtung nach dem Liechtensteiner benannt. Diese vielfältigen Dokumente des Mythisierungsprozesses Ulrichs – darunter 15 Bilder, 25 Gedichte, neun musikalische Bearbeitungen, acht Denkmäler, acht Alltagsgegenstände und zwei historische Festzüge – sind als Transformationen zu verstehen. Viele lyrische, dramatische oder epische Bearbeitungen sind Übertragungen oder Übersetzungen dessen, was den jeweiligen Transformationen voraus liegt – nämlich Episoden aus dem ›Frauendienst‹: Im Kostüm der unbesiegbaren Liebesgöttin Venus erhebt sich die Romanfigur Ulrich aus dem Venezianischen Meer, um im Minnedienst seiner angebeteten „vrouwe" auf Turnierreise durch die österreichischen Lande zu gehen. Diese Venusfahrt ist der Höhepunkt von Ulrichs Selbstinszenierung und Automythisierung. Die Dissertation reflektiert das Werk Ulrichs von Liechtenstein in der Summe seiner literarischen und außerliterarischen Rezeption über die Jahrhunderte hinweg und verzeichnet sowie kommentiert mythenanalytisch eine Auswahl aussagekräftiger Lebenszeugnisse des mittelalterlichen Autors – darunter neuzeitliche, werknahe Nachdichtungen, musikalische Bearbeitungen, bildliche Darstellungen sowie gegenständliche und immaterielle Objekte – in einer elektronischen Datenbank; eine Druckdatei der Microsoft-Access-Datenbank ist im Anhang der Arbeit zu finden.

Strieder Miriam: Der internalisierte und der externalisierte Held: Studien zur europäischen Epik des Mittelalters, Innsbruck 2019.
380 Seiten.
Ref.: Waltraud Fritsch-Rößler, Uta Störmer-Caysa.

Waltl Lukas: „Die Zähl- und Erzählstelle der jüdischen Leistungen im Kriege". Der Diskurs des Ersten Weltkriegs in jüdischen Zeitschriften der Habsburgermonarchie, Graz 2019.
265 Seiten.
Ref.: Anne-Kathrin Reulecke, Gerald Lamprecht.
Der Erste Weltkrieg betraf die jüdische Bevölkerung der Habsburgermonarchie als Gruppe in besonderer Weise: Er rückte ihre Position in Staat und Gesellschaft in den Fokus, brachte Verwüstung über Galizien, wo fast die Hälfte der österreichischen Juden lebte, und begünstigte das Wiedererstarken des politischen Antisemitismus in Österreich. Die vorliegende Dissertation widmet sich der diskursiven Darstellung und Bedeutungsgebung des Ersten Weltkriegs in fünf jüdischen Zeitschriften der Habsburgermonarchie (›Die Wahrheit‹, ›Dr. Blochs Oesterreichische Wochenschrift‹, ›Selbstwehr‹, ›Jüdische Volksstimme‹, ›Jüdische Zeitung‹). Im Zentrum steht insbesondre die Frage, wie der Weltkrieg in unterschiedlich ausgerichteten, österreichisch-jüdischen Periodika mit Bedeutung aufgeladen, in vorgängige Narrative integriert, strukturiert und präsentiert wird. Dabei wird der spezifischen Medialität der Zeitschriften Rechnung getragen, indem eine Vielzahl von Texten unterschiedlicher Textsorten im Kontext des Gefüges der jeweiligen Zeitschrift untersucht und Diskursstränge den gesamten Kriegsverlauf hindurch beobachtet werden. Auf der Basis der Diskurstheorie des frühen Michel Foucault sollen so die für die symbolische Konstruktion des Kriegs in einem österreichisch-jüdischen Kontext maßgeblichen Aussageregelmäßigkeiten herausgearbeitet werden. Daneben soll die Aufarbeitung des Diskurses auch anderen, nachfolgenden Forschungen als Wegweiser durch das einige tausend Seiten umfassende Material dienen. Die Analyse gliedert sich in vier Teile: Der erste ist Deutungen von Kriegsbeginn und Kriegsende gewidmet, der zweite behandelt die Präsentation der Auswirkungen des Kriegs innerhalb der Sphäre des Zivilen, der dritte geht dem Diskurs über jüdische Soldaten und der Bedeutung ihres Kriegsdiensts nach, und der letzte beleuchtet die Darstellung der Feindstaaten sowie die Auseinandersetzung mit dem Antisemitismus in Österreich.

2. Anglistik und Amerikanistik

Adamkiewicz Ewa Agnieszka: A Palimpsestuous Reading of the Black Lives Matter Movement and its Cultural Moment in a Tradition of Black Dissent, Graz 2019.
Ref.: Nassim Winnie Balestrini, Silvia Schultermandl.
Diese Arbeit untersucht die soziale Bewegung „Black Lives Matter" in den Vereinigten Staaten von Amerika in Hinblick auf ihren kulturellen Moment und ihre Einbindung in eine lange Tradition von „schwarzem" Dissens. Durch direkte und indirekte diskursive Referenzen werden unterschiedliche Geschichten, Momente, Texte, etc. vergangener Zeit in den Texten der „Black Lives Matter" Bewegung sichtbar. Mit Hilfe eines kulturgeschichtlichen Ansatzes untersucht dieses Projekt, wie wichtig es ist, die Bewegung als ein soziales, kulturelles und politisches Phänomen zu verstehen, das weder flüchtig noch neu ist. Vielmehr ist sie ein geschichtetes und verwickeltes Phänomen, das sich bewusst in eine Tradition von Dissens einreiht. Dieses Bewusstsein trägt dazu bei, in ihren Forderungen eine historische Dringlichkeit zu vermitteln. Die Arbeit beschäftigt sich mit Texten aus dem gegenwärtigen Archiv der Bewegung und analysiert, wie diese Texte ein Gefühl von kollektiver Bewegungsidentität konstruieren. Fallbeispiele beziehen sich auf Selbstpräsentationen von Organisationen im Internet, publizierte Autobiographien von AktivistInnen sowie Musikperformances von populären MusikerInnen. Die Analyse verwendet das Palimpsest als Linse, die es ermöglicht, die historischen Schichten der Texte zu analysieren und zu untersuchen, wie diese unterschiedlichen Texte das Identitätsbewusstsein als heterogen und pluralistisch prägen.

Grüner Patrick: Beyond the great forgetting: ethical issues and narrative resistance in American literature on early-onset Alzheimer's disease, Innsbruck 2018.
413 Seiten.
Ref.: Gudrun Grabher, Cornelia Feyrer.

Hausleitner Felix: Das altenglische Læceboc I und II: Textausgabe, Übersetzung, Kommentar, Graz 2019.
456 Seiten.
Ref.: Peter Bierbaumer.
Das vermutlich um 900 verfasste, altenglische Lǣcebōc I und II (im Folgenden Lb I und II) ist in nur einer Abschrift, die um die Mitte des 10. Jahrhunderts vermutlich in Winchester angefertigt wurde, erhalten (MS British Library. Regius .12.D. xvii). Ein „Lǣcebōc III" genannter Text ist zwar in derselben Handschrift überliefert, wird jedoch in der Forschung allgemein als eigenständiges Buch gedeutet. Lb I und II befasst sich mit verschiedenen Themen medizinischen Inhalts; bei der Kompilation dieses Buches wurde aus verschiedenen lateinischsprachigen Quellen geschöpft; an mehreren Stellen ist auch der Einfluss der germanischen Heilkunde deutlich erkennbar. Ediert und übersetzt wurde Lb I und II erstmals 1865: Thomas Oswald Cockayne veröffentlichte es als zweiten Band seines dreibändigen Werkes ›Leechdoms, Wortcunning and Starcraft of Early England‹. Diese drei Bände, die 1864 bis 1866 erschienen sind, beinhalten eine Erstausgabe inklusive Übersetzung sämtlicher ae. Medizinbücher; im Falle des Lb I und II ist die erwähnte Ausgabe und Übersetzung von 1865 das Standardwerk geblieben. Da der besagte Medizintext im deutschsprachigen Raum kaum bekannt ist, wird er hier erstmals ins Deutsche übersetzt, um ihn für Historiker wie auch interessierte Medizinern und Pharmazeuten im deutsch-sprachigen Raum zu erschließen. An englisch-sprachiger Sekundärliteratur ist besonders in den letzten Jahren viel zum Thema erschienen; in der Einleitung wird der Stand der Forschung dokumentiert. Textausgabe und Übersetzung werden parallel gedruckt, um eine Erschließung des ae. Textes zu erleichtern. Im Kommentar wird u. a. auf lat. Quellen und ae. Paralleltexte eingegangen. Im Glossar wird der medizinische Wortschatz von Lb I und II erörtert.

Jandl Silke: Simone Mireya: Literary YouTube: inter- and transmedia(l) approaches to YouTubers' book publications, Graz 2018.
239 Seiten.
Ref.: Nassim Winnie Balestrini, Maria Loeschnigg.
Diese Dissertation befasst sich mit dem globalen Phänomen von YouTube-Persönlichkeiten, die mit ihren Büchern zu Bestsellerautorinnen und -autoren werden. Die inter- und transmedia(len) Zugänge zu diesem Thema werden im Theoriekapitel erläutert, bevor sich das erste von drei Analysekapiteln dem umfangreichen Gebrauch von Metareferenz und intermedialen Referenzformen zuwendet. Wie das Kapitel zeigt, dienen diese Referenzen dazu, die Verbindung zwischen den digitalen Videos und dem analogen Buch zu stärken. Bücher von YouTubern werden als eine von vielen medialen Erweiterungen der Internetpersönlichkeit verstanden, die mit einem Medienartikel gleichzusetzen ist, und deren verbindende und beglaubigende Wirkung wird herausgearbeitet. Das zweite Analysekapitel beginnt mit einem Vergleich zwischen Genettes Epitext und Jenkins „transmedia storrytelling", welcher zeigt, dass das Konzept des „transmedia storytelling" für die überwältigende Anzahl an Medienprodukten, die von YouTubern ausgehen, geeignet ist. Danach wird eine Aktualisierung von Ongs "secondary orality" gefordert und das Konzept der "Orality 2.0" als Abwandlung postuliert, die für digitale Zwecke verwendbar ist; darauf basierend folgt die Analyse einer Hörbuch-Adaption, die zur kritischen Auseinandersetzung mit zentralen Fragestellungen der

Untersuchung von medialen Produkten von YouTubern führt und so Aspekte von Authentizität, Unmittelbarkeit und Materialität beleuchtet. Das letzte Kapitel betrachtet Schnittpunkte von Büchern von YouTubern mit umfassenden kulturellen Belangen, die in zwei thematisch transmedialen Phänomenen verankert sind: auf der einen Seite wird das steigende Interesse an der Verbesserung der psychischen Gesundheit erläutert und auf der anderen die Sorge um die Auswirkungen von Technologie auf soziale, persönliche sowie kulturelle Alltagspraktiken thematisiert.

Ramadani Fatmir: Albanian Lands, People, and Culture in the Focus of Two Anglo-Saxon Women Travellers - M. E. Durham and R. W. Lane, Graz 2019.
178 Seiten.
Ref.: Roberta Maierhofer, Simon Edwards.
Diese Dissertation ist auf die Berichte einer britischen und einer amerikanischen Reisenden fokussiert, die Albanien und den Kosovo während der ersten Dekade des 20. Jahrhunderts bereisten und erkundeten und ihre Eindrücke über Albanien und die Albaner, ihre soziale Struktur, Lebensweise, Kultur, Gewohnheiten und Traditionen festhielten. Das Ende des 19. Jahrhunderts und der Beginn des 20. Jahrhunderts zeigt das Auftreten weiblicher Reisender und die Veröffentlichung von Reiseberichten weiblicher Reisender. Einige dieser Frauen erwiesen sich als sehr unabhängig und imstande, alle Herausforderungen und Mühen des Reisens zu bewältigen. Solchermaßen unternahmen Edith Durham und Rose Wilder Lane ihre Reisen durch Albanien, auf Eseln und Pferden und meist zu Fuß, begleitet von Fremdenführern, Obdach findend bei großzügigen Dorfbewohnern in typischen Berghütten. Der Höhepunkt von Edith Durhams Werken ist „High Albania". Dieses Buch ist ein persönlicher Bericht der Autorin, die einen beträchtlichen Teil von dem bereist hat, was nun Nord-Albanien und Kosovo ist. Während dieser Reise war sie dem modernen Leben nur wenig ausgesetzt. Sie machte Bekanntschaften, besuchte alle Stämme und beschrieb im Detail ihre Gewohnheiten und Traditionen. Durham blieb länger in Albanien als Lane und konnte Albanien und die Albaner in höherem Maße kennenlernen. Letztere unternahm umfangreiche Reisen in Europa und Asien, vorwiegend für das Rote Kreuz. Sie hatte kein Wissen über die Geschichte Albaniens. Sie kam in den frühen 1920er Jahren als Journalistin des amerikanischen Roten Kreuzes nach Albanien. Durham und Lane besprachen die Rolle der Frau in dieser vorindustriellen und stark patriarchalen Gesellschaft, und für sie war es daher verwunderlich, wie Frauen respektiert wurden und dass z. B. niemand in der Anwesenheit einer Frau erschossen werden durfte. Die Reiseberichte geben aber auch insgesamt einen guten Einblick in das Albanien des frühen 20. Jahrhunderts und bringen typische albanische Eigenheiten wie die „besa" (Schwur der Ehre) oder die kulturelle Verankerung der Gastfreundschaft zur Kenntnis.

3. Romanistik

Hagert Burglinde: Israele Italiano: Zur Vereinbarkeit jüdischer & italienischer Identität in fiktionalen & faktualen Texten um 1900, Innsbruck 2019.
290 Seiten.
Ref.: Sabine Schrader.

4. Slawistik

Bašić Adisa: „Komički pristup erotskoj ljubavi u odabranoj južnoslavenskoj lirici", Graz 2019.
295 Seiten.
Ref.: Renate Hansen-Kokoruš, Dževad Karahasan.
Diese Arbeit beschäftigt sich mit südlawischer Lyrik, die Liebe thematisiert, diese jedoch nicht als erhaben und unerreichbar, sondern als machbar, körperlich und freudvoll darstellt. Das untersuchte Korpus enthält Gedichte, die mithilfe unterschiedlicher Arten von Komik affirmativ über erotische Liebe sprechen – von zügellosem und rituellem Lachen bis zu anspruchsvollem, intellektuellem Humor. Die Auswahl umfasst einen Entstehungszeitraum vom Ende des 15. Jahrhunderts bis heute und sowohl Volksdichtung als auch Lyrik folgender Autor*innen: Nikola Nalješković, Stijepo Đurđević, Ignjat Đurđević, Antun Sasin, Fran Krsto Frankopan, Jovan Avakumović, Fejzo Softa, Branko Radičević, Jovan Jovanović Zmaj, Ivan Slamnig, Aleksandar Ristović, Zvonimir Balog, Bisera Alikadić, Milena Marković sowie Tanja Stupar Trifunović. Die These der Arbeit ist von feministischer Kritik inspiriert und lautet, dass derartige Gedichte einen wichtigen Teil der lyrischen Tradition ausmachen, jedoch im Literaturkanon unterrepräsentiert sind, obwohl sie einen hohen literaturhistorischen und ästhetischen Wert haben. Die große Zahl analysierter Beispiele bestätigt diese These. Die komparatistische Methodologie der Forschung lässt gleiche Motive in verschiedenen nationalen Literaturen erkennen, die durch eine gemeinsame Sprache verbunden sind. Die theoretische Grundlage bilden Theorien des Komischen bzw. des Lachens (insb. Bachtin, Propp, Schoppenhauer, Bergson und Freud) sowie Theorien über Liebe (De Rougemont, Luhmann und Badiou). Diese Arbeit zeigt, dass das Komische in den ausgewählten Gedichten der Überwindung von Obszönität, Unterdrückung und Tabu dient, die ansonsten mit Sexualität verknüpft sind. Sie zeigt auch, dass es Literatur gibt, die den transzendenten Aspekt der Liebe mit dem körperlichen versöhnt, und dass eine solche Literatur die existentielle Wichtigkeit erotischer Liebe bekräftigt.

Donska Mariya: Das Potential der Metaebene: explizite Metareferenz und ihre Entwicklung (am Beispiel des Werks von Saša Sokolov). Salzburg 2019.
358 Seiten.
Ref.: Peter Deutschmann, Werner Wolf.

Heinritz Alena: Postkommunistische Schreibweisen: Formen der Darstellung des Kommunismus in Romanen zu Beginn des 21. Jahrhunderts, Graz 2019.
355 Seiten.
Ref.: Peter Deutschmann, Anette Simonis.
In Romanen über den Kommunismus von Autoren wie Sergej Lebedev, Jáchym Topol, Paul Greveillac und Nino Haratischwili stehen die retrospektive Darstellung des Kommunismus und ihre literarische Form in einem engen Wechselverhältnis. Durch eine vergleichende Analyse soll zum einen untersucht werden, welche bereits bestehenden Narrative bei der Darstellung aufgegriffen und wie diese weitergeschrieben, modifiziert oder unter Umständen dekonstruiert werden. Zum anderen wird gefragt, welche Gemeinsamkeiten sich zwischen den Konfigurationen aus unterschiedlichen Literatursystemen und ihren Präfigurationen feststellen lassen. Ziel der Arbeit ist eine komparatistische Untersuchung von Romanen, die ab 2000 in russischer, tschechischer, deutscher und französischer Sprache erschienen sind und die entweder den Kommunismus im 20. Jahrhundert zum Thema haben oder die Erinnerung daran. Im Mittelpunkt der Untersuchung steht dabei stets das besondere Verhältnis zwischen Kommunismus und Sprache bzw. literarischer Form.

5. Komparatistik

Brantner Irina: The French, German and English reception of Alexander Blok, Wien 2019.
296 Seiten.
Ref.: Norbert Bachleitner, Achim Hermann Hölter.

Raič Monika: Andere Seite der Welt: Kosmopolitische Spuren bei Gustave Flaubert und Roberto Arlt, Innsbruck 2019.
330 Seiten.
Ref.: Sebastian Donat, Kirsten Kramer.

Rieder Reinhold: Schriftsteller und Bildhauer – Walter Pichler und die Literatur, Wien 2019
201 Seiten.
Ref. Ernst Strouhal, Norbert Bachleitner.

BERICHTE UND BESPRECHUNGEN

Peter Becher, Steffen Höhne, Jörg Krappmann, Manfred Weinberg (Hrsgg.), Handbuch der deutschen Literatur Prags und der Böhmischen Länder, Stuttgart (J. B. Metzler) 2017, IX/445 S.

Es ist der Initiative und dem unermüdlichen Einsatz der Herausgeber, vor allem Manfred Weinberg, dem Leiter der ›Kurt Krolop Forschungsstelle für deutschböhmische Literatur in Prag‹ geschuldet, dass dieses wichtige ›Handbuch‹ in relativ kurzer Zeit zustande gekommen ist und erscheinen konnte. Es versammelt nicht nur die bedeutendsten Kenner der Prager und böhmischen deutschsprachigen Literatur, es vermittelt vor allem eine Fülle von historischen, literaturwissenschaftlichen und übergreifenden kulturwissenschaftlichen Informationen. Und es bietet einen hervorragenden Einblick in den neuesten Stand der Forschung, der zum Teil bereits seit mehreren Jahren in Einzeluntersuchungen aufbereitet wurde und auf internationalen Konferenzen diskutiert werden konnte. Der Ertrag dieser Forschungsergebnisse ist unter anderem in unterschiedlichen Monographien und Sammelbänden publiziert worden, zum Beispiel in der von Steffen Höhne, Alice Stašková und Václav Petrbok betreuten Buchreihe ›Intellektuelles Prag im 19. und 20. Jahrhundert‹. Es fällt daher naturgemäß schwer, in einem kurzen Durchgang der Perspektivenvielfalt des ›Handbuchs‹ auch nur annähernd gerecht zu werden, das heißt, auf die einzelnen Beiträge gesondert und ausführlich einzugehen. Daher mögen hier zunächst bloß einige Aspekte hervorgehoben werden, die in einem gewissen Sinne als Leitlinien diesen Sammelband kennzeichnen, um in einem zweiten Schritt paradigmatisch auf einige Fragen aufmerksam zu machen und diese zur Diskussion zu stellen.

Das ›Handbuch‹ versucht in sechs übergreifenden Abschnitten, dem die einzelnen Beiträge zugeordnet sind, die Genese, die Inhalte der deutschsprachigen Literatur in den Böhmischen Ländern und deren Kontextualisierung in ihr sozialkulturelles Umfeld zu vermitteln. Nach einem Einstieg in Abschnitt I. „Literatur- und Forschungsgeschichte einer Region" mit informativen Einblicken in die Literaturgeschichtsschreibung und Germanistik (P. Becher und S. Höhne, S. 9–23) folgen unter dem Abschnitt II. „Theorie" Hinweise auf zwei wichtige kulturwissenschaftliche Aspekte, auf das Interkulturalitätskonzept, das die Dynamik von kulturellen Prozessen veranschaulicht, und auf die Raumtheorie, die die Böhmischen Länder auch als einen „relationalen Raum" (Henri Lefebvre) erscheinen lassen. Beide Aspekte vermögen die Hybridität von kulturellen Prozessen zu verdeutlichen, bei denen Differenzen zwar zu neuen Gemengelagen verschmelzen, jedoch, gegenüber der Annahme, Hybridität kenne „keine Differenzen und Grenzen" (D. Heimböckel/M. Weinberg, S. 31), ihre Eigenständigkeit keineswegs gänzlich verlieren, wodurch zum Beispiel der „Grenzraum" Jurij Lotmans oder der hybride „Dritte Raum" Homi Bhabhas zu einem „widersprüchlichen und ambivalenten Äußerungsraum" wird, der „Ansprüche auf die inhärente Ursprünglichkeit oder ‚Reinheit' von Kultur" als obsolet erscheinen lässt.[1]) Im Abschnitt III., „Allgemeiner Hintergrund", wird neben den Spezifika der Geschichte vor allem auf die Mehrsprachigkeit des Raumes als eines Böhmischen Sprachareals eingegangen (V. Petrbok und M. Nekula, S. 73–86), das heißt, auf die sprachlich-kulturellen Interaktionen und Interferenzen, von denen sowohl die deutschsprachige als auch die tschechische Literatur betroffen ist. Eine solche Einsicht könnte dazu motivieren, die beiden Literaturen nicht so sehr infolge der Sprachunterschiede zu trennen, sondern sie vielmehr aufgrund des gleichen lebensweltlichen beziehungsweise wissenssoziologischen Kontextes als zusammengehörig zu betrachten. Denn erst „die universitäre Aufteilung der Welt zwischen Germanistik und Slawistik (dieses Jalta der Universitäten)", bekannte Kundera in einem Beitrag über die Prager Moderne, „hat Kafka und Hašek, deutsches und tschechisches Prag durch einen tiefen Graben getrennt".[2]) Auf dieses Problem wird dann im Konkreten auch bei der Behandlung von „Eigen- und Fremdbildern" („Das Bild der Tschechen und Deutschen": J. Budňák und M. Horňáček, S. 262–283; „Das Bild der Juden": I. Fürst-Fiala, S. 283–292. Vgl. dazu auch in Abschnitt III., den Einblick in die jüdische Kulturgeschichte: A. B. Kilcher, S. 66–73), von „Grenzland" (K. Rinas, S. 307–318) eingegangen und vor allem in „Bohemismus und Untraquismus" (S. Höhne, S. 329–339) im Abschnitt V., „Themen und Motive", erneut hingewiesen. Gerade deshalb wäre nämlich „das Thema der problematischen Identitätsbestimmung und Selbstverortung des Individuums zum dominanten Thema der deutschböhmischen und deutschmährischen Erzählliteratur der Zwischenkriegszeit" geworden (J. Krappmann/K. Lahl, S. 230), vielleicht im Sinne der Einstellung des tschechoslowakischen Staatsbürgers Rilke gegenüber „Tschechoslovakien, meiner problematischen Heimat",[3]) mit seiner multipolaren Identität, der sich, um nur ein Beispiel zu bemühen, als „zu slavisch" bezeichnete, um an Goethes „Selbst-

---

[1]) Homi K. Bhabha, Die Verortung von Kultur. Mit einem Vorwort von Elisabeth Bronfen. Deutsche Übersetzung von Michael Schiffmann und Jürgen Freudl, Tübingen 2011 (2000), S. 57.

[2]) Milan Kundera, Einleitung zu einer Anthologie oder Über drei Kontexte, in: Květoslav Chvatík (Hrsg.), Die Prager Moderne. Erzählungen, Gedichte, Manifeste, Frankfurt/M. 1991, S. 7–22, hier S. 20.

[3]) Rainer Maria Rilke, Briefe in zwei Bänden, 2. Bd.: 1919 bis 1926. Hrsg. von Horst Nalewski, Frankfurt/M. 1991, S. 157 (an Rolf von Ungern-Sternberg, 29. 4. 1921).

bewusstsein Freude zu haben."[4]) Die einzelnen Beiträge in Abschnitt IV. „Literaturgeschichtliche Epochen" widmen sich einer Darstellung der literarischen Produktion, zum Beispiel von der „Aufklärung" (M. Wögerbauer, S. 121–125) über den „Vormärz" (S. Höhne, S. 136–145), die „Modernen" (A. Peštová, J. Krappmann, L. Merhautová, J. Hadwiger, S. 166–187), die „Prager Kreise" (M. Weinberg, S. 195–223) bis zur „Theresienstädter Literatur" (K. Braun, S. 250–255). Schließlich widmet sich der Abschnitt VI., „Textsorten", zum Beispiel dem „Historischen Roman" (S. Höhne/F. Mayer/M. Weinberg, S. 358–367), dem „Essay" (S. Höhne, S. 373–380), der „Mundartliteratur" (L. Vodrášková, S. 398–403) oder „Übersetzungen" (A. Kliems, S. 404–409). Im abschließenden Essay veranschaulicht der aus Prag stammende, mit der deutschsprachigen und tschechischen Literatur bestens vertraute Germanist Peter Demetz unter anderem, wie die Shoah und die Vertreibung der Deutschen die deutschsprachige Literatur in den Böhmischen Ländern zum Verstummen gebracht hat (S. 412–415). Die Beschäftigung mit der deutschsprachigen Literatur der Böhmischen Länder ist daher nur mehr von einem vornehmlich historischen Interesse geleitet. Gerade darüber informiert jedoch das vorliegende ›Handbuch‹ in ganz hervorragender Weise.

Abgesehen von diesem überaus positiven Eindruck, den ich nachdrücklich hervorheben möchte, sind es unter anderem folgende weiterführende Fragen beziehungsweise Problemfelder, die sich einer eingehenden, räsonierenden Lektüre des ›Handbuchs‹ verdanken, von denen ich hier kurz nur einige andeuten möchte.

1. Wer ist ein böhmischer Autor, eine böhmische Autorin?

Bei der großen Anzahl von Autorinnen und Autoren, die einer „deutschen Literatur Prags und der Böhmischen Länder" zugeordnet werden, fehlt eine Begründung, aufgrund welcher Kriterien dies geschieht. Während im 19. Jahrhundert zahlreiche Autoren der Böhmischen Länder bekannt waren, von denen heute sehr viele, ob zu Recht oder zu Unrecht, bereits der Vergessenheit anheimgefallen sind,[5]) stellen sich bei den im ›Handbuch‹ aufgezählten Autoren folgende konkrete Fragen: (a) Handelt es sich um Schriftstellerinnen und Schriftsteller, die *in* Prag und *in* den Böhmischen Ländern gelebt und gewirkt haben, (b) um solche, die *aus* Prag oder *aus* den Böhmischen Ländern stammen, (c) um solche, die nur sehr kurz dort gelebt haben oder (d) doch auch um solche, die nur aufgrund ihrer Themenwahl marginal mit den Böhmischen Ländern konnotiert werden können? Es ist durchaus einsichtig, dass ein Autor Prag oder den Böhmischen Ländern zugerechnet

---

[4]) Rainer Maria Rilke – Sidonie Nádherný von Borutin, Briefwechsel 1906–1926. Hrsg. und kommentiert von Joachim W. Storck unter Mitarbeit von Waltraud und Friedrich Pfäfflin, Göttingen 2007, S. 57 (5. 9. 1908).

[5]) Vgl. Gertraud Marinelli-König, Franz Grillparzer und die böhmischen Dichter, seine Zeitgenossen. Eine Verortung, in: Jahrbuch der Grillparzer-Gesellschaft, 3. Folge, 27 (2017–2018), S. 90–124.

wird, der dort heimatberechtigt war und dort auch seinen beruflichen Lebensmittelpunkt hatte (wie zum Beispiel F. Kafka oder M. Brod). Aber genügt für diese Zurechnung, um ein völlig gegensätzliches Beispiel zu bemühen, lediglich die Zugehörigkeit eines Autors zu einer Familie, die ursprünglich aus diesen Ländern stammte, weggezogen und nicht wieder dorthin zurückgekehrt war, wie im Falle von F. K. Ginzkey, der auch selbst zeit seines Lebens nie in Böhmen gelebt hatte? Wie verhält sich eine solche überaus großzügige „Inklusion" zu der „Exklusion" Rilkes und Werfels aus der Prager Literaturszene beziehungsweise aus den „Prager Kreisen", nur weil sie Prag frühzeitig verlassen hatten? Oder warum kann jemand wie Adalbert Stifter, dessen Geburtsort zwar in Böhmen gelegen ist, der jedoch als Erwachsener de facto nie dort, sondern in Wien und Linz gelebt hatte, unmissverständlich und eindeutig als Schriftsteller Böhmens gelten? De facto wurde Stifter seit den zwanziger Jahren des 20. Jahrhunderts „zum ‚sudetendeutschen Autor' schlechthin befördert."[6]) Ist zum Beispiel für Ferdinand von Saar ein mehrmaliger Aufenthalt in Blansko ausreichend, um ihn, der weder dort geboren wurde noch längere Zeit dort gelebt hatte, zu den mährischen Schriftstellern zu zählen? Oder genügt einzig „ein in Mähren handelnder Text" (A. Peštová, S. 166), um Robert Musil – zumindest *auch* – in Mähren zu verorten und in die mährische deutschsprachige Literatur zu reklamieren, bei dem Prager Werfel jedoch gerade ein solches Argument nicht gelten zu lassen und seine Zugehörigkeit zur Prager Literatur als eine „nachträgliche Konstruktion" Goldstückers zurückzuweisen (M. Weinberg, S. 212)? Doch gerade Goldstücker war es, der sich, im Gegensatz zu dem großzügigen Auswahlverfahren Josef Mühlbergers, um die Präzisierung von Kriterien eines solchen Kanons bemüht hatte. Dem gegenüber birgt das Argument, auch „einer ambivalenteren" Zugehörigkeit Rechnung zu tragen (M. Weinberger, S. 215), die Gefahr, in eine gewisse Beliebigkeit abzugleiten und alles einzufangen und einzubeziehen, was mit diesen Territorien irgendwie in Zusammenhang gebracht werden könnte. Freilich: Ins Positive gewendet ist einer solchen postulierten „ambivalenteren" Zuordnung auch zugute zu halten, dass damit, zumindest indirekt, der einseitige Rekurs auf das Territorialitätsprinzip aufgebrochen und die transnationale und interkulturelle Verflochtenheit der Akteure und ihrer literarischen Produkte gewürdigt werden kann.

2. Sudetendeutsch – eine problematische Bezeichnung

Es wäre meiner Meinung nach an der Zeit, die Verwendung des problematischen Begriffs „sudetendeutsche Literatur" (unter anderem J. Krappmann, S. 5 f.; A. Knechtel/J. Krappmann, S. 256–257) als einer Bezeichnung für die gesamte

[6]) Christian Jacques, Über die Erfindung des Sudetendeutschtums: Johann Stauda, ein sudetendeutscher Verleger, in: Hans Henning Hahn (Hrsg.), Hundert Jahre sudetendeutsche Geschichte. Eine völkische Bewegung in drei Staaten, Frankfurt/M. 2007, S. 193–205, hier: S. 201.

deutschsprachige Literatur Prags und der Böhmischen Länder und nicht nur für die Literatur des eigentlichen Sudentenlandes, einer konsequenten Dekonstruktion zu unterziehen, mag sich diese Bezeichnung auch vor allem seit den zwanziger Jahren des 20. Jahrhunderts allgemein eingebürgert haben (vgl. Josef Mühlberger). Zumal in den letzten Jahren sind zahlreiche fundierte Untersuchungen erschienen, die sich nicht bloß mit einer zwar verdienstvollen Begriffsgeschichte begnügen (wie J. Krappmann, S. 5–6). Die von dem der Alldeutschen Bewegung Georg von Schönerers nahestehenden Franz Jesser 1902/1903 eingeführte Bezeichnung „Sudetendeutsche", nicht nur für die deutschsprachigen Bewohner des Sudetenlandes, des west- und nordböhmischen, freilich keineswegs homogenen Grenzgebietes, sondern für alle Deutschsprachigen der Böhmischen Länder (Böhmen, Mähren, Österreichisch-Schlesien), und in der Folge von „sudetendeutsche Literatur" für deren literarische Produkte, entstand ohne Zweifel im Kontext eines deutschnationalen völkischen Narrativs. Die Absicht dahinter war, die sozial-kulturellen Unterschiede und die nachweislichen kulturellen Komplexitäten zu überwinden, die Deutschsprachigen Böhmens und Mährens als eine einheitliche „Volksgruppe" vorzustellen und in eine übergeordnete, gemeinsame deutsche Nation zu integrieren (vgl. Jan Budňák, S. 262–263),[7] wenn dabei zur Zeit der Tschechoslowakischen Republik vielleicht auch pragmatische politische Überlegungen, zum Beispiel staatlichen Stellen gegenüber geschlossen aufzutreten, eine gewisse Rolle gespielt haben mögen (so J. Krappmann, S. 6). „In den Begriff ‚Sudetendeutscher', ‚sudetendeutsch', ‚Sudeten(deutsch)land' etc.", meint Samuel Salzborn, „ist die völkische Perspektive aber unauflöslich verwoben – und das muss wissenschaftlich ebenso reflektiert werden, wie von den Menschen, die diesen Begriff für ihre Selbstidentifizierung [...] verwenden."[8] Ganz ähnlich hatte bereits zuvor Raimund F. Kaindl, ein militanter Repräsentant einer großdeutschen nationalen Ideologie, den Begriff „Karpatendeutsche" für alle Deutschsprechenden diesseits und jenseits der Karpaten geprägt. In der Folge versuchte man dann, die völlig unterschiedliche deutschsprachige literarische Produktion dieser unterschiedlichen Territorien als eine einheitliche „karpatendeutsche" Literatur und Sprache vorzustellen und von den beträchtlichen Unterschieden abzusehen, die zwischen einem Pressburger, Zipser, Siebenbürger-Sächsischen, Galizischen oder Bukowiner Deutsch bestanden, die sich auch auf die Wortwahl und Syntax von Schriftstellern ausgewirkt haben. Beide Begriffe haben also, bemüht man sich um deren Rekontextualisierung, eine entschieden nationalistische Genealogie und ethnische Konnotation,

---

[7]) Dazu u. a. Eva Hahn, Hans Henning Hahn, Die ‚Geburt' der sudetendeutschen Volksgruppe und die deutsche Minderheit in der ersten Tschechoslowakischen Republik, in: Samuel Salzborn (Hrsg.), Minderheitenkonflikte in Europa. Fallbeispiele und Lösungsansätze, Innsbruck, Wien, Bozen 2006, S. 159–187.

[8]) Samuel Salzborn, Ein Jahrhundert sudetendeutsche völkische Bewegung. Politikwissenschaftliche Dimensionen eines (zeit-)geschichtlichen Forschungsgegenstandes, in: Hans Henning Hahn (Hrsg.), Hundert Jahre sudetendeutsche Geschichte. Eine völkische Bewegung in drei Staaten, Frankfurt/M. u. a. 2007, S. 303–322, hier S. 306.

auch wenn sie bis in die Gegenwart unreflektiert oder manchmal vielleicht doch bewusst, in Verwendung geblieben sind (zum Beispiel im Zusammenhang mit der Bezeichnung von verschiedenen Institutionen oder Vereinen).[9])

Der Begriff „sudetendeutsch" wurde eindeutig zum Symbol einer nationalen Identität (Sudetendeutsche Partei) beziehungsweise einer strikten Abgrenzung von den „Anderen", konkret: von den Tschechen (Sudetendeutsches Freikorps), das heißt in das Arsenal des nationalpolitischen Diskurses integriert und in der Folge auch von der NS-Ideologie instrumentalisiert. „Die Anhänger der Bemühungen um den Anschluß der tschechoslowakischen Gebiete an Deutschland", heißt es in einem kritischen Sammelband zur „Sudetenfrage", „konstruierten nach 1918 die Bezeichnung ‚Sudetenland', implizierend, daß es sich um ein ‚deutsches Gebiet' handele. In dieser Tradition wurden nach der Vertreibung in der Bundesrepublik Angehörige nachwachsender Generationen auch weiterhin erzogen, so daß der Begriff ‚Sudetenland' inzwischen Eingang in den allgemeinen deutschen Sprachgebrauch gefunden hat."[10]) Der Begriff „sudetendeutsch" wurde seit den zwanziger Jahren zu einer Bezeichnung, mit der unter anderem auch die nationale Eigenständigkeit und kulturelle Geschlossenheit der deutschsprachigen Literaturen in den Böhmischen Ländern untermauert werden sollte. Es ist in einem solchen Zusammenhang bezeichnend, dass die Dissertation von Josef Mühlberger, die 1926 von August Sauer betreut wurde und sich ursprünglich ganz einfach „als Geschichte der deutschen Literatur in Böhmen verstand", 1929 unter dem durchaus irreführenden Titel ›Die Dichtung der Sudetendeutschen in den letzten fünfzig Jahren‹ im Verlag des kämpferischen „Sudetendeutschen" Johannes Stauda verlegt wurde.[11]) Doch im Vorwort trat Mühlberger, Sohn eines Deutschen und einer Tschechin, dennoch explizit dafür ein, den „hier zu Lande beliebten polemischen Ton zu vermeiden", die tschechische Literatur stets im Auge zu behalten und zu berücksichtigen und „die jüdischen Elemente, besonders der Prager Dichtung" gebührend zu würdigen (zit. bei P. Becher, S. 10), eine Tendenz, die Mühlberger, zwar vergebens, auch in der kurzlebigen Zeitschrift ›Witiko‹ durchzusetzen versuchte (J. Krappmann/K. Lahl, S. 225; S. Höhne, S. 336–337).[12])

Das heißt im Klartext: Verwendet man auch noch heute den Begriff „sudentendeutsch" vor allem in wissenschaftlichen beziehungsweise germanistischen Darstellungen und unterzieht man seinen zeitgeschichtlichen „Sitz im Leben" nicht einer notwendigen kritischen Reflexion, setzt man den ehemaligen nationalen Diskurs, dem dieser Kampfbegriff gedient hatte, nur fort und gerät unversehens

---

[9]) Tobias Weger, Die „Volksgruppe im Exil"? Sudetendeutsche Politik nach 1945, in: Hahn (Hrsg.), Hundert Jahre sudetendeutsche Geschichte (zit. Anm. 8), S. 277–301. Tobias Weger, „Volkstumskampf" ohne Ende? Sudetendeutsche Organisationen, 1945–1955, Frankfurt/M. u. a. 2008.

[10]) Historische Bildzitate, in: Hahn (Hrsg.), Hundert Jahre sudetendeutsche Geschichte (zit. Anm. 8), S. 33–38, hier S. 37.

[11]) Jacques, Über die Erfindung des Sudetendeutschtums (zit. Anm. 6), S. 201.

[12]) Ebenda, S. 202–205.

in die Falle eines methodologischen Nationalismus.[13]) Wäre es daher gerade mit Blick auf die Böhmischen Länder nicht lohnender, erneut auf die Perspektivenvielfalt und die realen dynamischen Interaktionen von Sprachen und Literaturen in diesem „komplexen Sprachareal" (M. Nekula) zu achten (so unter anderem S. Höhne/B. Köpplová, S. 100–103), um sich in der Folge bewusst zu machen, dass es nicht nur eine eindeutige „*deutsche*", in den Böhmischen Ländern nicht *die* sogenannte „sudentendeutsche" Literatur gibt (vgl. dazu zum Beispiel M. Weinberg, S. VII–VIII, und vor allem ganz allgemein die Beiträge von S. Höhne und P. Becher). Vielmehr gilt es aufgrund der prinzipiellen Plurizentrik von Literatur die mehrdeutigen „*deutschsprachigen*" Literaturen zu respektieren, mit zahlreichen Berührungen und Interaktionen zwischen diesen Literaturen, insbesondere auch zwischen den deutschsprachigen Literaturen der Böhmischen Länder und der tschechischen Literatur. Wollte man diese Literaturen mit einer wie auch immer verstandenen „deutschen" Literatur (außerhalb Böhmens) vergleichen, insinuiert ein solcher Vergleich keineswegs eine „zwangsläufig abwertende Tendenz" (M. Weinberg, S. 3), es sei denn, man unterlegt einer „deutschen" Literatur das fragwürdige Konzept von einer höherwertigen „Nationalliteratur".

3. Der österreichische bzw. zentraleuropäische Kontext

Im Zusammenhang damit stellt sich ein weiteres Problem: Das Verdrängen einer konkreten historischen Tradition, die der Integration der Deutschsprechenden der Böhmischen Länder in einen ausschließlich „reichsdeutschen" nationalen Kontext im Wege stand. Wenn auch in einzelnen Beiträgen gelegentlich die jahrhundertelange Zugehörigkeit der Böhmischen Länder zum mehrsprachigen Vielvölkerstaat der Habsburger angesprochen und betont wird, dass bis 1918 „‚die' Deutschen ja keine Staatsangehörigen des Deutschen Reiches, sondern wie ‚die' Tschechen solche der k. u. k. Monarchie Österreich-Ungarn" waren (D. Heimböckel/M. Weinberg, S. 30), ist diesem Aspekt einer ganz konkreten, „altösterreichischen", oder vielleicht besser: einer spezifischen, zentraleuropäischen historisch-kulturellen Lebenswelt in den einzelnen Beiträgen nur selten die gebührende Aufmerksamkeit geschenkt worden. Er ist jedoch gerade von zahlreichen Zeitgenossen, also von Zeitzeugen, immer wieder nachdrücklich betont worden (zum Beispiel Willy Haas, vgl. M. Weinberg, S. 206), nicht zuletzt zu Beginn der Republik gegenüber einer „tschechischen Politik der ‚Entösterreicherung'" (S. Höhne, S. 62), die allerdings einer konsequenten politischen Umsetzung des tschechischen nationalen Postulats des 19. Jahrhunderts folgte.

Nachdem zum Beispiel der Schriftsteller und österreichische Diplomat Paul Zifferer 1924 seinen Heimatort in Mähren besucht hatte, berichtete er darüber dem

[13]) Vgl. etwa dazu paradigmatisch Jörg Krappmann, Der Sudetendeutsche Franz Kafka. Aus dem Steinbruch der frühen Kafka-Rezeption, in: Steffen Höhne, Manfred Weinberg (Hrsgg.), Franz Kafka im interkulturellen Kontext, Wien, Köln, Weimar 2019, S. 115–137.

ihm befreundeten Hugo von Hofmannsthal bezeichnender Weise mit folgenden Worten:

> Ich bin kein Deutscher; ich habe mich nur als Deutscher gefühlt, wenn anders man darunter die innere Zugehörigkeit zu den Schicksalen der im Spiegelsaal von Versailles zusammengeschmiedeten Stämme als einer Einheit versteht. Im alten Österreich war ich zu Hause, und da wieder gerade in Mähren mit der Hauptstadt Wien – und mehr noch als in Mähren, in dem kleinen Ort, wo ich zur Welt kam, wo mich ein natürliches Verhältnis zu allen Menschen verband [...] Immer hat mein Ohr zugleich zwei Sprachen vernommen, und wie für andere die Einsprachigkeit, ist für mich die Mehrsprachigkeit, nationaler Hader und nationale Verbindung unvergeßliche Musik der Kinderzeit.[14])

Fast sechzig Jahre später hat auch Josef Mühlberger diese Situation noch ganz ähnlich wahrgenommen: „Das Herz, der Mittel- und Brennpunkt dieser Landschaften und Völker war Wien." Um dann aus einem Beitrag von Ludwig Winder zu zitieren, der Ende 1918 in der ›Bohemia‹ erschienen war: „Vater Haydn steht heute auf allen Straßen und spielt sein schönstes Lied. (Gemeint ist die österreichische Nationalhymne, das Kaiserlied.) Wir hören die verschwundene Melodie, den Hut in der Hand, und schämen uns nicht, eine Träne im Auge zu haben. Es ist die erste und letzte, die wir um Österreich weinen."[15])

Die Damnatio memoriae dieses Erinnerungsraums und Erinnerungsrahmens wurde freilich vor allem auch von deutschnational gesinnten Intellektuellen Böhmens ganz bewusst betrieben: „Unsere Dichtung", bemerkte beispielsweise Herbert Cysarz, der Nachfolger des Prager Germanisten August Sauer, im Jahre 1934, „merzt ein verwaltend-verwischendes Deutschtum alt-österreichischer Herkunft aus zugunsten eines durch und durch geprägten, keinesfalls unzulänglichen und selbstgenügsamen, sondern umso widerstandshärteren und ausgleichsmächtigeren Volkstums. *Sudentendeutsch heißt unverfälscht und unbezwinglich deutsch* unter sudentendeutschem Schicksal."[16]) Der Zeitzeuge Josef Mühlberger kommentierte später diese Neuorientierung mit den Worten: „Die sudetendeutsche Dichtung glitt aus dem alten Schwerpunkt, der noch immer gesamtösterreichisch gewesen, in den reichsdeutschen, preußischen Bannkreis, der ihr nicht gemäß war [...]. Sie wuchs von sich fort in etwas hinein, das nicht ihr Eigenes und Eigentliches war."[17])

Dieser „gesamtösterreichische Schwerpunkt" äußerte sich auch in der deutschen Umgangs- und Schriftsprache. Kafkas Zugehörigkeit zur Habsburgermonarchie, seine lebensweltliche Verortung als „österreichischer Jurist, der ich ja im Ernst gar nicht bin", wie er seinem Tagebuch (9. 3. 1914) anvertraut,[18]) seine Zu-

---

[14]) Hugo von Hofmannsthal – Paul Zifferer, Briefwechsel. Hrsg. von Hilde Burger, Wien [1983], S. 162–163 (26. 3. 1924).

[15]) Josef Mühlberger, Geschichte der deutschen Literatur in Böhmen 1900–1939, München, Wien 1981, S. 28, S. 179.

[16]) Zit. ebenda, S. 404. Kursiv M. Cs.

[17]) Ebenda.

[18]) Franz Kafka, Tagebücher. Hrsg. von Hans-Gerd Koch, Michael Müller und Malcolm Pasley. Schriften und Tagebücher. Kritische Ausgabe. Hrsg. von Jürgen Born u. a., Frankfurt/M. 2002, S. 507.

gehörigkeit zum Vielvölkerstaat, kann trotz allem nicht geleugnet werden, sie zeigt sich letztlich auch in der Verwendung zahlreicher Austriazismen (M. Nekula, S. 80–83). Schon Pavel Petr hatte in ›Kafkas Spiele‹ auf diese sprachlich-kulturelle Eigenart Prags, im Speziellen des Prager Deutsch, aufmerksam gemacht.[19]) Daraus folgt, dass die Inklusion der Prager deutschsprachigen Literatur und Kultur in eine vornehmlich deutsche (reichsdeutsche) unter einer solchen Perspektive sicher einer Korrektur bedarf. Selbst dann, wenn manche deutschsprachigen Prager sich nicht an Wien, sondern, wie auch manche Wiener, an Berlin orientiert und der Monarchie gegenüber eine kritische Position eingenommen hatten, wie eben auch Kafka, dem sich ein „im Geiste irgendwie einheitliches Groß-Österreich klarzumachen" schwer fiel,[20]) was übrigens auch auf zahlreiche Intellektuelle in Österreich beziehungsweise in Wien zutraf. Austriazismen (und Bohemismen) kann man nicht nur bei Kafka, sondern auch bei anderen Prager Schriftstellern feststellen,[21]) sie waren nicht zuletzt aufgrund der Vertrautheit mit einer „deutschösterreichischen Kultur" spätestens seit dem ausgehenden 18. Jahrhundert allgemein verbreitet (V. Petrbok, S. 74). Fritz Mauthner berichtet beispielsweise über seinen aus Deutschland stammenden Deutschlehrer, der „gegen das schlimme Pragerdeutsch" und „gegen gute österreichische Idiotismen" angekämpft hätte, die, wie er nachdrücklich betont, „ich jetzt in meiner Sprache ungern vermisse".[22]) Das heißt jene typischen Austriazismen, die Mauthner zeit seines Lebens nicht missen wollte, waren in den Böhmischen Ländern und vor allem im urbanen Milieu Prags im alltäglichen und im literarischen Sprachgebrauch allgemein verbreitet.[23])

---

[19]) Pavel Petr, Kafkas Spiele. Selbststilisierung und literarische Komik, Heidelberg 1992, S. 68–78.

[20]) Franz Kafka, Nachgelassene Schriften und Fragmente I. Hrsg. von Malcolm Pasley. Schriften und Tagebücher. Kritische Ausgabe. Hrsg. von Jürgen Born u. a., Frankfurt/M. 2002, S. 337.

[21]) Steffen Höhne, Nachdenken über kulturelle Zugehörigkeit. Neubohemistische Traditionen und nationale Desintegration in der Kafka-Zeit, in: Peter Becher, Steffen Höhne, Marek Nekula (Hrsgg.), Kafka und Prag. Literatur-, kultur-, sozial- und sprachhistorische Kontexte, Köln, Weimar, Wien 2012, S. 35–58. Steffen Höhne, Kafka und Prag. Kulturelle und mentale Prägungen als Wirkungsbedingungen, in: Steffen Höhne, Ludger Udolph (Hrsgg.), Franz Kafka. Wirkungen und Wirkungsverhinderungen, Köln, Weimar, Wien 2014, S. 259–280.

[22]) Fritz Mauthner, Prager Jugendjahre. Erinnerungen. Hrsg. von Peter Härtling, Frankfurt/M. 1969, S. 126.

[23]) Wenn bemerkt wird, dass Kafka häufig Ausdrücke verwendet, die bairischer Provenienz wären, dass zum Beispiel der Ausdruck „ein Geschäft *auflassen*" statt „ein Geschäft *schließen*" auf einen bairischen Sprachgebrauch zurückzuführen ist (Verena Bauer, Regionalismen in Franz Kafkas Deutch – reflektiert vor dem Hintergrund des städtischen Kontexts Prags, in: Marek Nekula, Verena Bauer, Albrecht Greule (Hrsgg.), Deutsch in multilingualen Stadtzentren Mittel- und Osteuropas. Um die Jahrhundertwende vom 19. zum 20. Jahrhundert, Wien 2008, S. 44–78, hier S. 71), ist dem zwar zuzustimmen, es wird jedoch dabei ganz einfach übersehen oder übergangen, was in diesem Kontext viel naheliegender ist, dass nämlich „auflassen" im österreichischen – gewiss ursprünglich neben dem Alemannischen auch vom Bairischen geprägten – Deutsch ein gebräuchlicher und geläufiger Ausdruck war und noch immer ist, der vermutlich auch von den Zeitgenossen in erster Linie

Dieses „Pragerdeutsch“, das „vereinzelte gruppenspezifische Merkmale des österreichisch geprägten standardnahen gesprochenen Deutsch“ aufwies (M. Nekula, S. 83) – und das betraf gleichermaßen auch das Prager Tschechisch –, hat dann Rainer Maria Rilke als „eine unselige Berührung von Sprachkörpern“ gebrandmarkt, „die sich gegenseitig unbekömmlich sind“, was dazu geführt hätte, dass ein Prager aufgrund von „so verdorbenen Sprachabfällen“ später „für alles Zeitigste und Zärtlichste, was ihm ist beigebracht worden, eine Abneigung, ja eine Art Scham zu entwickeln sich nicht verwehren kann.“[24]) Einzig „Stifter [...] mag diese gegensätzliche Sprachwelt weniger wahrgenommen haben“, sondern kreativ zu nutzen gewusst, „und so kam er, naiv, dahin, sich [...] ein Deutsch bereit zu machen, das ich, wenn irgend eines, als Österreichisch ansprechen möchte [...].“[25]) Es sind dies Erfahrungen mit einer komplexen Lebenswelt der zentraleuropäischen Region, die Rilke immer wieder thematisiert, auf die er sich bewusst bezieht, um sich gegen die Vereinnahmung in eine eindeutige „deutsche“ nationale Homogenität zur Wehr zu setzen und sich folglich nicht als ein *deutscher*, sondern bloß als ein *deutschsprachiger* Autor zu rechtfertigen. Die „verdorbenen Sprachabfälle“, die Rilke andeutete, verdankten sich letztlich jener „dumme[n] oesterreichische[n] Mehrsprachigkeit“,[26]) die ihn zuweilen zutiefst verunsicherte.

4. Die Prager deutsche Literatur – Teil einer Regionalliteratur?

Das ›Handbuch‹ verfolgt unter anderem das Ziel, die deutschsprachige/n Literatur/en der Böhmischen Länder und Prags, gegenüber einer bisherigen Lesart, als eine Einheit, als *die* gemeinsame deutschsprachige Literatur Prags und der Böhmischen Länder vorzustellen. Im Kapitel „Die beiden Konferenzen von Liblice“ (M. Weinberg, S. 24–27) wird daher die von Eduard Goldstücker betonte Opposition zwischen Zentrum und Peripherie, zwischen der urbanen Prager Literatur „als Teil des humanistischen Kulturerbes der Menschheit“ und der „sogenannten sudetendeutschen Literatur“ mit ihrem „militanten nationalistischen Standpunkt gegenüber den Tschechen“ (E. Goldstücker) als eine marxistische Perspektive zurückgewie-

---

als ein Austriazismus und nicht als eine bairische Wortprägung wahrgenommen wurde. (Vgl. Österreichisches Wörterbuch, 39. Aufl., Wien: Österreichischer Bundesverlag 2001, S. 64–65). Nicht zuletzt sollte in diesem Zusammenhang auch bedacht werden, dass sich Kafka bereits als Jurastudent zwangsläufig mit einer „österreichischen“ Beamtensprache vertraut gemacht hatte, die von der „reichsdeutschen“ abwich. Ulrich Greiner hat darauf aufmerksam gemacht, dass das Deutsch namhafter österreichischer Schriftsteller, von Alois Blumauer über Johann Nestroy, Franz Grillparzer, Karl Kraus oder Robert Musil bis Thomas Bernhard von dieser österreichischen Beamtensprache beeinflusst wäre. Vgl. Ulrich Greiner, Der Tod des Nachsommers. Aufsätze, Porträts, Kritiken zur österreichischen Gegenwartsliteratur, München 1979, v. a. S. 11–57.

[24]) Rainer Maria Rilke, Briefe in zwei Bänden, 1. Bd.: 1896 bis 1919. Hrsg. von Horst Nalewski, Frankfurt/M. 1991, S. 495 (an August Sauer, 11. 1. 1914).

[25]) Ebenda, S. 495–496. Manfred Engel (Hrsg.), Rilke-Handbuch. Leben – Werk – Wirkung. Sonderausgabe. Stuttgart, Weimar 2013, S. 55–56.

[26]) Rilke, Briefe (zit. Anm. 24), 1. Bd., S. 377.

sen, die dem kommunistischen System der sechziger Jahre geschuldet wäre. Doch Goldstückers Unterscheidung zwischen der Prager und einer regionalen, der damaligen „sogenannten sudentendeutschen Literatur" entsprach wohl nicht zuletzt seinen persönlichen Erfahrungen während der späten zwanziger Jahre und vor allem der Zeit von 1935/38 bis 1945, als selbst manche Literaturhistoriker der Böhmischen Länder (P. Becher, S. 11) und insbesondere „sogenannte sudentendeutsche" Schriftsteller zunehmend nationalistisch argumentierten und sich zum Teil in den Dienst der nationalsozialistischen Ideologie gestellt hatten (S. Höhne, S. 21, 63; P. Becher, S. 242–246). Wenn Goldstücker diese Sicht auch auf die Zeit um 1900 zurückprojiziert, ist dem freilich mit einer gewissen Vorsicht zu begegnen. Des Weiteren wird auch Goldstückers Plädoyer für eine Verortung Rilkes und Werfels in die Prager Literatur mit dem Hinweis auf Werke, die mit Prag in keiner Verbindung mehr stehen würden, als „literaturwissenschaftliche Milchmädchenrechnung" (M. Weinberg, S. 25; M. Weinberg, 211–212) zurückgewiesen. Ein Argument, mit dem man analoger und konsequenter Weise freilich auch manche Schriftsteller exkludieren müsste, die im ›Handbuch‹ als Angehörige der böhmischen beziehungsweise mährischen deutschen Literatur angeführt werden. Dem gegenüber firmieren im ›Handbuch‹ dann Rilke und Werfel zumindest in ihrer frühen Schaffensperiode dennoch als Prager Literaten, Werfel jedoch explizit mit der Nennung von Werken, die erst nach 1911 entstanden waren, als er Prag längst verlassen hatte (M. Weinberg, S. 211–214).

Der in der „Einleitung" erhobenen Forderung, die Existenz einer „Prager deutschen Literatur" aus den „in den nachfolgenden Beiträgen ausführlich entfalteten Gründen gänzlich abzuschaffen" (M. Weinberg, S. 3), konnten wohl die meisten Beiträge des ›Handbuchs‹ keineswegs entsprechen. Schon 1937 unterschied Josef Mühlberger in der ›Deutsch-Österreichischen Literaturgeschichte‹[27]) sehr deutlich zwischen den einzelnen Gebieten und vor allem zwischen der Prager und der deutschsprachigen Literatur der Böhmischen Länder im engeren Sinne, freilich ohne ideologische Gegensätze oder die Bezeichnung „Prager deutsche Literatur" zu bemühen, eine Bezeichnung, die angeblich erst von der „tschechischen Germanistik" geprägt worden sein soll.[28]) Max Brod hatte Mühlberger attestiert, „in den Kriegsjahren vor dem Einmarsch Hitlers zu jener kleinen Gruppe unter den Sudentendeutschen" gehört zu haben, „die den Einflüsterungen des Antisemitismus und des Faschismus kräftig Widerstand leistete".[29]) Später hat Mühlberger dann

[27]) Eduard Castle (Hrsg.), Deutsch-Österreichische Literaturgeschichte. Ein Handbuch zur Geschichte der deutschen Dichtung in Österreich-Ungarn, Bd. IV., Wien 1937, S. 1330–1359, bes. S. 1353–1359.

[28]) Kurt Krolop, Nationale und kulturelle Attribuierungsprobleme bei Autoren aus den böhmischen Ländern im 20. Jahrhundert, in: Steffen Höhne, Ludger Udolph (Hrsgg.), Deutsche – Tschechen – Böhmen. Kulturelle Integration und Desintegration im 20. Jahrhundert, Köln, Weimar, Wien 2010, S. 119–127, hier S. 123.

[29]) Max Brod, Der Prager Kreis. Mit einem Nachwort von Peter Demetz, Frankfurt/M. 1979, S. 213.

sehr entschieden, ob unter dem Einfluss des „Liblicer Modells“ bleibt fraglich, auf die lebensweltlichen und wissenssoziologischen Unterschiede zwischen Stadt und Land, zwischen der Prager und der deutschen Literatur der Böhmischen Länder aufmerksam gemacht, auch wenn er dabei indirekt, vermutlich unbewusst, ein dem Antisemitismus entlehntes Klischee bedient, Juden und Deutsche wären sich wie Fremde gegenübergestanden:

> Zu der deutschböhmischen und deutschmährischen Literatur fanden die Juden Prags nur geringen Kontakt, was auch umgekehrt der Fall war. Bestenfalls standen Juden und Deutsche auf literarischem Gebiet einander gleichgültig gegenüber. Die deutsche Dichtung des böhmischen und mährischen Umlandes kam aus einer anderen Umwelt und Mentalität als die der deutschsprachigen Juden Prags.[30])

Ein solcher „geringer Kontakt“ war ohne Zweifel vorhanden, im ›Handbuch‹ wird zum Beispiel als ein Indiz dafür auf gemeinsame Anthologien verwiesen (M. Weinberg, S. 26). Doch in Analogie zu diesen gab es beispielsweise auch in Österreich Anthologien, die Texte von völlig unterschiedlichen Autoren gemeinsam präsentierten, von nationalsozialistischen und antinationalsozialistischen katholischen Schriftstellern, die sich ideologisch fernstanden (P. Becher, S. 242). Auch Max Brod, der sich im Wesentlichen auf die Prager städtische Literatur konzentrierte, berichtet davon, dass man einzelne Literaten der Randgebiete wahrgenommen und geschätzt hätte. Und wenn dieser Kontakt, wie Brod hervorhebt, manchmal von „unendlichem Einfluss“ sein konnte, kann dies freilich noch kein Beleg dafür sein, dass ein solcher Austausch auch allgemein, übergreifend, permissiv und reziprok gewesen wäre. Die deutsche Literatur Prags und jene der „Provinz“ gleichsam als eine einheitliche „Regionalliteratur“ zu begreifen (J. Krappmann), müsste erst durch ein empirisch-analytisches, induktives Verfahren schlüssig argumentiert werden. Man ist hier unwillkürlich an einen analogen Fall in Wien um 1900 erinnert, als Hermann Bahr in seinem Feuilleton ›Die Entdeckung der Provinz‹ (1899) dafür geworben hatte, die Autoren von *Jung Wien* und die unterbewerteten Schriftsteller der österreichischen Provinzen als Repräsentanten einer gemeinsamen „österreichischen“ literarischen Moderne anzusehen. Das kam offensichtlich einer Dekonstruktion von *Jung Wien* gleich, die von den Wienern unversehens und energisch zurückwiesen wurde, wie zum Beispiel von Arthur Schnitzler, der Hofmannsthal gegenüber spöttisch-ironisch bemerkte: „Ich weiß nicht, ob Sie dieses Anfangsfeuilleton von Bahr gelesen haben. Ich schick's Ihnen hier. Er ist gewiß nicht nur ein Aff, sondern auch ein boshafter Aff.“[31])

Als ein weiterer Beleg für die Kohärenz der Prager und der Regionalliteratur und folglich auch dafür, „Franz Kafka als Autor einer Regionalliteratur“ erscheinen zu lassen (M. Weinberg, S. 203–206), dienen kurze Notate, die Namen von Schriftstellern, die sich Kafka Anfang 1910 während eines Vortrags von Max Brod

[30]) Mühlberger, Geschichte (zit. Anm. 15), S. 180.

[31]) Hugo von Hofmannsthal – Arthur Schnitzler, Briefwechsel. Hrsg. von Therese Nickl und Heinrich Schnitzler, Frankfurt/M. 1983 (1964), S. 133 (8. 10. 1899).

über die „Grenzen des Darstellbaren in der Kunst" gemacht hatte.[32]) Von den dabei flüchtig notierten fünfzehn Schriftstellern, „Wilhelm Fischer, Traugott Tamm, Heinz. H. Ewers, Schnitzler, Kellermann, Ginzkey, Rudolf Hans Bartsch, Stratz, Herzog, Zobeltitz, Conte Scapinelli, Hermann Ilgenstein, Otto Ernst, Sudermann, Wilbrandt"[33]) (vgl. dazu M. Weinberg, S. 203), erwähnt Kafka in seinem Tagebuch nachweislich nur vier, von denen zumindest drei schwerlich einer „Regionalliteratur" zugerechnet werden können: Arthur Schnitzler (u. a. ›Das weite Land‹), Bernhard Kellermann und Otto Ernst. Kafka erwähnt unter anderen auch den von Rosegger beeinflussten Rudolf Hans Bartsch, dessen Namen er während Brods Vortrag doppelt unterstrichen hatte, der jedoch nur in den ›Reisetagebüchern‹ ein einziges Mal kurz, gleichsam en passant, vorkommt: Ein Frl. Pollinger hätte gesagt, ihr wäre Prag aus Bartschs ›Zwölf aus der Steiermark‹ bekannt (20. 7. 1912).[34]) Das heißt, es ist mehr als fraglich, ob Kafka Bartsch auch hinlänglich gekannt und gründlich gelesen hatte. C'est tout! Ist daher diese auf einem Zettel flüchtig notierte Auflistung von Autoren, zum Teil von Verfassern nationalistisch gefärbter Heimatromane, ein Indiz oder gar ein hinreichender Beweis dafür, dass sich Kafka mit diesen auch tatsächlich identifiziert hätte? Um den Einfluss der Heimat- beziehungsweise Provinzliteratur bei Kafka nachzuweisen, ist allein der Hinweis auf die von ihm flüchtig notierten Namen in der Tat keineswegs ausreichend, vielmehr müsste ein solcher postulierter Einfluss durch ein empirisches Verfahren, vor allem durch die Analyse seines literarischen Werkes, verifiziert oder gegebenenfalls falsifiziert werden. Vergleichsweise hatte sich Kafka mit der populären Musik auseinandergesetzt und seine zwar nachweislich nur wenige Jahre währende Affinität zur Operette oder zum Kabarett hat daher verständlicher Weise auch in seinen Tagebüchern und in seinem literarischen Œuvre deutliche Spuren hinterlassen.[35]) Gerade das trifft jedoch hier, auf die meisten von Kafka notierten Schriftsteller einer Provinzliteratur nicht zu.[36])

---

[32]) Brod, Der Prager Kreis (zit. Anm. 29), S. 106–108.

[33]) Ebenda, S. 107.

[34]) Kafka, Tagebücher (zit. Anm. 18), S. 1053. Vgl. zur Verifizierung von Kafkas Kenntnis dieser Schriftsteller u. a. die Personenindizes bei Jürgen Born, Kafkas Bibliothek. Ein beschreibendes Verzeichnis, Düsseldorf 2011.

[35]) Moritz Csáky, Kafka, die Operette und die Musik des jiddischen Theaters, in: Steffen Höhne, Alice Stašková (Hrsgg.), Franz Kafka und die Musik, Köln, Weimar, Wien 2018, S. 35–61; Steffen Höhne, Kafka und die Kulturindustrie. Dargestellt am Beispiel der Operette, in: brücken. Zeitschrift für Sprach-, Literatur- und Kulturwissenschaft 26/2 (2018/2019), S. 99–119.

[36]) Über die von Kafka während seiner Studienzeit und auch noch in den nachfolgenden Jahren präferierten Autoren berichtet Brod in einem anderen Zusammenhang. Dies waren u. a. Thomas Mann, Hamann, Hamsun, Hesse, Flaubert, Kassner, Carossa, Strindberg, Hebel. Fontane, Stifter, Kleist, Gogol, Dostojewski, Tolstoi, Goethe, Hofmannsthal, oder die heute weniger bekannten Schriftsteller Emil Strauß, Wilhelm Schäfer, Wilhelm Speyer, die Kafka alle, mit Ausnahme von Hamann, Hesse und Carossa in seinen Tagebüchern bzw. Briefen explizit erwähnt. Max Brod, Franz Kafka. Eine Biographie, in: Ders., Über Franz Kafka, Frankfurt/M. 1966, S. 9–219, hier S. 46.

Doch um was ging es bei diesem Vortragsabend eigentlich? Brod vertrat die These, dass in der Literatur „[n]ichts Existierendes […] adäquat dargestellt werden“ könne und dass „[k]alte exakte Begriffe“ der Literatur „der unendlich nuancierten Wirklichkeit nicht gerecht“ würden.[37]) Dem hielt Kafka entgegen, eine solche Sicht werde gerade durch die von ihm notierten Autoren widerlegt, deren Werke sich gerade einer solchen Wirklichkeit stellen würden: „Diese Unvollkommenheit (der Literatur)“, die Brod hervorhob, „ergibt sich nur bei abstrakter Auffassung“ entgegnete also Kafka, denn: „Der einzelne Schriftsteller ist Mensch, wie das Publikum Mensch ist.“[38]) Dass Kafka mit dieser Auflistung von Schriftstellern Brod „einige Autoren zur Lektüre empfahl“,[39]) ist wohl eine überzogene und auch methodisch unzulässige Interpretation, vermutlich verhielt es sich vielmehr eher so, wie es Brod selbst in seinem abschließenden Resümee dargestellt hat, mit einem besonderen Hinweis auf die Ironie, die Kafka seinen Ausführungen stets unterlegt hätte: „Vielleicht hat Kafka“, so Brod, „(außer Schnitzler) vor allem auf die am meisten gelesenen Matadoren der Leihbibliotheken hinweisen wollen, nicht gerade auf die besten. Daher seine Ironie.“[40]) Das heißt aber, dass der bloße Hinweis Kafkas auf die damals bei einem breiten Publikum beliebten Heimat- beziehungsweise Regionalschriftsteller keineswegs ausreicht, ihn selbst in einem solchen literarischen Umfeld zu verorten und folglich „als Autor einer Regionalliteratur“ – die damals „Provinzliteratur“ hieß – zu begreifen.

Auch die Tatsache, dass Kafka, nachweislich vor allem während seines Universitätsstudiums, Leser der weit verbreiteten konservativen Kulturzeitschrift ›Der Kunstwart‹ war (M. Weinberg, S. 203), die sich unter anderem auch der Förderung der Reformbewegung, der Heimatkunst und Heimatliteratur annahm, reicht wohl nicht aus, ihn in ein solches literarisch-kulturelles, zunehmend konservativ-reaktionäres weltanschauliches Umfeld zu rücken. Freilich könnte sich Kafka, der der avantgardistischen literarischen Moderne mit einer gewissen Skepsis begegnete, in dieser Haltung vielleicht durch manche Beiträge des ›Kunstwart‹, der freilich unter anderem auch Texte von Ebner-Eschenbach, Bahr, Hofmannsthal, Morgenstern, Carossa oder des Musikkritikers Batka und des Literaturwissenschaftlers Walzel brachte, bestätigt gefühlt haben. „Nur darf man“, wie bereits Jürgen Born eindringlich gewarnt hatte, „darin keinen grundsätzlichen und schon gar keinen weltanschaulichen Konservativismus sehen.“[41]) Wer sich über das real-existente, authentische literarische und weltanschauliche Netzwerk Kafkas vergewissern

---

[37]) Brod, Der Prager Kreis (zit. Anm. 29), S. 106.

[38]) Ebenda, S. 107.

[39]) Jörg Krappmann, Manfred Weinberg, Region – Provinz. Die deutsche Literatur Prags, Böhmens, Mährens und Sudetenschlesiens jenseits von Liblice. Mit Anmerkungen zu Franz Kafka als Autor einer Regionalliteratur, in: Peter Becher, Jozo Džambo, Anna Knechtel (Hrsgg.), Prag – Provinz. Wechselwirkungen und Gegensätze in der deutschsprachigen Regionalliteratur Böhmens, Mährens und Sudentenschlesiens, Wuppertal 2014, S. 17–52, hier: S. 40.

[40]) Brod, Der Prager Kreis (zit. Anm. 29), S. 108.

[41]) Born, Kafkas Bibliothek (zit. Anm. 34), S. 236.

möchte, dem sollte die Nennung von Dichtern, Schriftstellern, Künstlern oder Intellektuellen, auf die er sich vor allem in seinen Tagebüchern oder Briefen zum Teil mehrfach bezieht, ein erster wichtiger Hinweis auf seine intellektuelle Vernetzung sein. Die Namen jener jedoch, die er sich während des Brod'schen Vortragsabends notiert hatte, wird man da, mit Ausnahme der vier bereits genannten, vergebens suchen. Sie waren für ihn offenbar nur von geringer oder von gar keiner Relevanz. Letztlich heißt das aber, dass aufgrund der von Kafka während einer Diskussion flüchtig notierten Namen von Schriftstellern, von denen die meisten für ihn persönlich ganz offenkundig von keiner oder von nur mäßiger Bedeutung waren, sich keineswegs ableiten lässt, Kafka hätte diese „nicht für Repräsentanten einer minderwertigen Provinzliteratur gehalten [...], sondern für respektable Vertreter der regionalen Rhizomatik der Moderne",[42]) Kafka ließe sich daher diesen Schriftstellern zuordnen und wäre folglich der „Autor einer Regionalliteratur" gewesen. Ebenso wenig lässt sich daraus die Übereinstimmung oder gar Gleichschaltung der Prager mit dieser „Regionalliteratur" ableiten und damit das Postulat einlösen, „den Begriff der ‚Prager deutschen Literatur' [...] gänzlich abzuschaffen" (M. Weinberg, S. 3).

Diese wenigen Bemerkungen verstehen sich freilich nicht als eine grundsätzliche Kritik, die das Verdienst des ›Handbuchs‹ in Frage stellen könnten. Im Gegenteil: Allen, die sich über die deutschsprachige/n Literatur/en der Böhmischen Länder informieren wollen, wird es wohl für lange Zeit ein oder *das* wesentliche Referenzwerk bleiben. Meine Hinweise, die sich einer mehr oder weniger flüchtigen Lektüre des ›Handbuchs‹ verdanken, verstehen sich daher bloß als subjektive, jedoch, wie ich meine, ebenso berechtigte Wahrnehmungen, die zu weiterführenden kritischen Diskussionen über Fragen der deutschsprachigen Literatur/en in Prag und in den Böhmischen Ländern anregen könnten.

DOI: https://dx.doi.org/10.1553/spk51_1s139

Moritz Csáky (Wien)

[42]) Krappmann, Der Sudetendeutsche Franz Kafka (zit. Anm. 13), S. 132.

Grundthemen der Literaturwissenschaft: Lesen, hrsg. von ALEXANDER HONOLD und ROLF PARR, Berlin, Boston (de Gruyter) 2018, 666 S.

Das Lesen literarischer Texte ist ein ungemein komplexer Vorgang, bei dem von der Buchstaben- und Worterkennung sowie der semantischen Kohärenzbildung über die visuelle Repräsentation des Beschriebenen und die Aktivierung von kulturellem Wissen bis hin zur Aktivierung psychischer Fähigkeiten wie Immersion und Empathie zahlreiche Teilprozesse zusammenwirken. Wie sich das Lesen jeweils konkret ausgestaltet, hängt nicht nur vom gelesenen Text, den individuellen Ressourcen und Kompetenzen des/der Lesenden der Lesesituation ab, sondern auch vom jeweiligen Lesemedium und dem historischen Stand der Lesekultur – um nur die wichtigsten Faktoren zu nennen. Und obwohl – wie es auch im hier zu besprechenden Handbuch formuliert wird – „die ‚Lektüre' des literarischen Textes [...] zweifellos das Zentrum aller Beschäftigung mit ‚Literatur'" ist (Horst-Jürgen Gerigk: „Lesen als Interpretieren", 156),[1]) hat die Literaturwissenschaft die Frage nach dem Lesen, abgesehen von einigen notorischen Ausnahmen, weitgehend vernachlässigt. So konstatieren die beiden Herausgeber, Alexander Honold und Rolf Parr, in ihrer Einleitung völlig zu Recht, „dass in den neuphilologischen Literaturwissenschaften die Fragen nach Techniken, Formen und Gegenständen des Lesens, gemessen an ihrer strategischen Relevanz, weiterhin (oder wieder) eine nur nachrangige Rolle zu spielen scheinen" (20). Ein Beleg dafür ist etwa der hellsichtige Artikel von Oliver Jahraus über „Literaturwissenschaftliche Theorien des Lesens", der sich ausschließlich auf Ansätze beziehen kann, die zwischen fünfzig und dreißig Jahre alt sind (Jauß, Ingarden, Iser, Eco, Barthes, Groeben, Schmidt). Der von ihm festgestellte „Systemwechsel" (127) in den 1960er- und 1970er-Jahren zeitigte offensichtlich keine nachhaltigen Folgen.

Die Komplexität des Gegenstandes und die Ignoranz der hermeneutischen wie antihermeneutischen, in jedem Fall aber autor- oder textzentrierten Literaturwissenschaften haben bezüglich der Frage nach dem Lesen literarischer Texte zu einer enorm fragmentierten Forschungslandschaft geführt. Die im Umlauf befindlichen Konzepte sind „zum Teil inkompatibel und schwer systematisch zu kategorisieren" (Dorothee Birke: „Der Leser als Adressat", 165). Bereits bestehende theoretische Überlegungen wurden nicht zur Kenntnis genommen und schon gar nicht fortgesetzt, d. h., es gibt in der Literaturwissenschaft keine kohärente wissenschaftliche Debatte zu einem zentralen Thema des Faches. Es erscheint daher als sinnvolles Unterfangen, in einer Reihe mit dem selbstbewussten Titel „Grundthemen der Literaturwissenschaft" zu versuchen, den Stand der gegenwärtigen (v. a. literaturwissenschaftlichen) Leseforschung in einem Handbuch zu versammeln und zu integrieren. Der von Honold und Parr herausgegebene, umfangreiche Band mit dem Titel ›Lesen‹ löst dies aber nur sehr partiell ein.

[1]) Die einzelnen Beiträge des Handbuchs werden in Klammern mit Verf., Titel und Seitenzahl angeführt.

Ein Ausgangspunkt des Bandes ist die Frage, wie „sich aus literaturwissenschaftlicher (literatursoziologischer, semiotischer, linguistischer) Sicht das jeweils kulturell, geschichtlich und sozial variable Spektrum des lesenden Umgangs mit Zeichen, Schrift(lichkeit) und Text(en) überhaupt konzeptionell erfassen" (19) lässt. Diese überaus anspruchsvolle theoretische Arbeit leistet der Band allerdings nicht, sondern er kompiliert 29 Artikel, die das Phänomen des literarischen Lesens aus den unterschiedlichsten Perspektiven darstellen. Ansätze zu einer Zusammenführung finden sich aber kaum. Der „methodische Hauptakzent" liegt nach der Darstellung der Herausgeber darauf, „systematische Fragestellungen (nach Akteuren, Medien und Formen des Lesens) mit einer geschichtlichen Tiefenperspektive zu verbinden, die ein historisch-genealogisches Verständnis der jeweiligen Faktoren und ihrer sozialen Bedingtheit befördert" (21). Die von Honold und Parr in ihrer Einleitung entwickelten konzeptuellen Vorgaben (etwa die „Differenz von Innen/Außen", von „Fläche/Tiefe", die „vier Dimensionen der Schreiben/Lesen-Kommunikation" etc.) werden in den folgenden Artikeln des Handbuchs aber weitgehend ignoriert.

Das Problem setzt sich in der teils inkohärenten Begrifflichkeit fort. Auch hier hätten die Herausgeber durchaus mehr Systematik einfordern können. So formulieren sie in der Einleitung autoritativ: „Gegenstand des literarischen Lesens ist der *Text* (bzw. das *Werk*), Medium des Entschlüsselungsvorgangs ist die *Schrift*, Voraussetzung eines zustande kommenden Wahrnehmungsaktes überhaupt ist zunächst die *Textur* der jeweiligen materiellen Träger" (3). Abgesehen davon, dass Schrift als Medium zu bezeichnen, gerade in der angestrebten historischen Perspektivierung, durchaus problematisch ist, halten sich die folgenden Beiträge keineswegs an diese theoretisch-terminologische Vorgabe. In Harun Mayes Artikel zu den „Medien des Lesens" werden Schriftrollen, gedruckte Papierbücher, E-Reader, Tablets etc. als „Medien" verstanden. Von „Texturen" ist im gesamten Handbuch dann nicht mehr die Rede.

Auf jeden Fall decken die 29 Beiträge des Bandes inkl. einer „Forschungsbibliographie" ein breites thematisches Spektrum ab, von „Lesen als Interpretieren" (Horst-Jürgen Gerigk) bis zum „Leser als Produzenten in Sozialen Medien" (Thomas Ernst), von „Lesenden Romanfiguren" (Friedhelm Marx) bis zur „Didaktischen Leseforschung" (Ulrike Preußer), wobei neben etablierten Leseforschern bzw. -theoretikern (Thomas Anz zu „Leselust", Jost Schneider zur „Geschichte und Sozialgeschichte des Lesens und der Lesekulturen", Matthias Bickenbach zu „Geschichte und Formen des individuellen Lesens") auch Wissenschaftler*innen vertreten sind, die keine einschlägige Expertise aufweisen. Einerseits ist dabei auffallend, dass die sozialwissenschaftliche Perspektive unterrepräsentiert ist. Ein Beitrag zum aktuellen Stand der Lesesozialisationsforschung fehlt ebenso wie einer zur empirischen Leseforschung, die vor allem in der Kognitionspsychologie und in den Erziehungswissenschaften, immer mehr aber auch in interdisziplinären Settings stattfindet. Andererseits darf bezweifelt werden, ob es im Abschnitt „Grundlagen" neben den „Theorien des Nicht-Lesens" (Eike Kronshagen) auch noch eines

Artikels zum „Fehllesen“ und eines zur „Unlesbarkeit“ (beide von Simon Aeberhard) bedurft hätte.

Leseforschung wird international und in vielen Disziplinen betrieben, sie ist weder an ein Fach noch an eine Nationalphilologie gebunden. Dem interdisziplinären Charakter des Gegenstands wird in einem eigenen Abschnitt Rechnung getragen, wobei aber sowohl die aktuellen lesepsychologischen wie neurowissenschaftlichen Forschungsergebnisse zu kurz kommen. Im Artikel „Psychologische Dimensionen des Lesens“ (Joachim Pfeiffer) werden als „neuere literaturpsychologische Forschungen“ (460) Arbeiten aus den Jahren 1984 (Marshall Bush) und 1990 (Carl Pietzcker) angeführt. Das steht symptomatisch dafür, dass der Fokus des Handbuchs zu stark auf die deutschsprachige Forschungslandschaft ausgerichtet ist, der überwiegende Teil der aktuellen Leseforschung aber in englischsprachigen Fachzeitschriften veröffentlicht wird. In der dem Band beigefügten „Forschungsbibliographie“ (617–642) kommen englischsprachige Publikationen nur marginal vor. Von einer der in den letzten Jahren produktivsten und am meisten diskutierten Leseforscherinnen, Anne Mangen (dem Mastermind der vieldiskutierten „Stavanger Erklärung“), ist überhaupt nur ein, im Übrigen wenig repräsentativer, Beitrag angeführt. Die international vielzitierten Arbeiten von Richard J. Gerrig oder Rolf A. Zwaan fehlen darin völlig. Das liegt vermutlich daran, dass der überwiegende Teil der Beiträger*innen aus der Germanistik stammt, in welcher der Blick nach wie vor überwiegend auf deutschsprachige bzw. ins Deutsche übersetzte Publikationen gerichtet ist. Das mag bei genuin germanistischen Themen berechtigt sein, in einem Gebiet wie der Leseforschung bedeutet das aber eine drastische Beschränkung des Horizonts. Wie produktiv ein Blick auf die aktuelle internationale und interdisziplinäre Forschungslandschaft sein kann, zeigen einzelne Beiträge freilich sehr wohl, am besten derjenige von Renate Brosch zum „Lesen aus Sicht der Kognitionswissenschaften“ (s. u.).

Verständlicherweise ist in einem umfangreichen Handbuch eine gewisse Heterogenität nicht zu vermeiden. Von einigen Beiträgen kann aber kaum behauptet werden, dass sie den „Stand der Forschung auf hohem Niveau kartieren“, wie es als Anspruch der gesamten „Grundthemen“-Reihe im Vorwort formuliert wird. Corinna Schlicht liefert etwa zu „Geschichte und Formen sozialer Lesekonstellationen“ einen sehr basalen Artikel, der in der starken Verkürzung dann auch zu Banalitäten führt, die in einem wissenschaftlichen Handbuch eigentlich keinen Platz haben sollten. So heißt es etwa über gegenwärtige Formen des *social readings* nur:

> Auch im digitalen Raum finden sich Literaturclubs, zum Beispiel „Lovelybooks“ oder „GoodReads“. Die Lesenden tauschen sich online über Lektüreerfahrungen aus, geben Empfehlungen ab und kommunizieren miteinander über die gelesenen Texte, die sowohl aus den Bereichen Belletristik als auch Sachbuch stammen können. (289)

Und dann folgen einige ebenso lapidare Zeilen über *Fanfiction* oder über die Lesezirkel der Gegenwart. Dass es dazu auch eine Reihe aktueller Forschungsergebnisse gibt, wird ignoriert (z. B. Danielle Fuller und DeNel Rehberg Sedo, Reading Beyond the Book: The Social Practices of Contemporary Literary Culture, New York u. London, 2015). Bezeichnenderweise beinhaltet das Literaturverzeichnis dieses Beitrags ausschließlich deutschsprachige Titel.

So manche Lücke, Vereinfachung oder gar eklatante Fehler hätten wohl mit der Forderung nach mehr Recherche oder bei einer genaueren Abstimmung der einzelnen Artikel vermieden werden können. Nachdem Matthias Bickenbach etwa in seinem soliden Beitrag zu „Geschichte und Formen des individuellen Lesens" für eine differenzierte Betrachtung der Geschichte der Lektüretechniken plädiert und festhält, „dass das laute Lesen für sich selbst und das Vorlesen für andere zumindest bis in das 18. Jahrhundert hinein [...] wesentliche öffentliche Funktionen für die Rezeption und Verbreitung von Literatur innehatte" (257), behauptet Alexandra Pontzen im übernächsten Kapitel („Relektüre-Wiederlesen"), dass „um 1200 mit der Verschriftlichungs-Explosion das Ende des lauten Lesens einhergeht" (309) – was nachweislich falsch ist.[2])

Dass die Kulturtechnik des Lesens, nicht zuletzt des literarischen Lesens, historisch jeweils unterschiedlich ausgestaltet war, ist, anders als es generalisierende und ahistorische Lesetheorien wie die Iser'sche Rezeptionsästhetik suggerieren mögen, ein unhintergehbarer Ausgangspunkt kulturwissenschaftlicher Leseforschung. Ob es deswegen nötig ist, dass im vorliegenden Handbuch auch ein umfangreicher Beitrag zur Geschichte des Lesens eingefügt ist, sei dahingestellt. Obwohl es sich mit 70 Seiten um den mit Abstand längsten des Bandes handelt und so plausibel die einleitenden Überlegungen zu „Lesebegriff und Lesegeschichtsschreibung" oder zur „Quellenproblematik" sind, bleibt es angesichts der von Jost Schneider in den Fokus genommenen Zeitspanne von der „Vorgeschichte der Lesekultur" (43) im „Stammeszeitalter" (47) bis ins späte 20. Jahrhundert bei einem doch recht kursorischen Überblick. Im Vergleich mit der hervorragenden Darstellung, die Erich Schön schon zwanzig Jahre zuvor im ›Handbuch Lesen‹ veröffentlicht hat,[3]) sind bei Schneider nun kaum neue Erkenntnisse zu finden, was auch daran liegen mag, dass der Beitrag weitgehend ohne Verweise auf Forschungsliteratur auskommt, sondern eine eingedampfte Version seiner ›Sozialgeschichte des Lesens‹ aus dem Jahr 2004 bietet. Irritierend ist jedenfalls, dass sich Schneider unter der Kapitelüberschrift „Geschichte des Lesens" fast ausschließlich auf den deutschsprachigen Raum konzentriert, ohne dass dies explizit gemacht würde. So ist zwar einiges über die Germanen zu lesen, aber so gut wie nichts zu sumerischer, ägyptischer oder griechischer Schrift- und Lesekultur, was den Übersichtsanspruch

---

[2]) Ivan Illichs als Quelle dafür angeführte Studie über den Übergang vom „monastischen" zum „scholastischen" Lesen (›Im Weinberg des Textes‹) ist von solchen Vereinfachungen weit entfernt. Die Verf. hätte auch im Beitrag von Jost Schneider nachlesen können, wo es auf S. 32 heißt: „Denn bis in das 18. Jahrhundert hinein war das laute Lesen (Vorlesen) eine weit verbreitete, alltägliche Praxis."

[3]) Erich Schön, Geschichte des Lesens, in: Handbuch Lesen, hrsg. von Bodo Franzmann u. a.. München 1999, S. 1–85.

eines solchen Artikels doch in Frage stellt. Wenig überzeugend erscheint auch das simplifizierende Gesellschaftsmodell von „Unterschicht", „Mittelschicht" und „Bildungseliten", eine Hierarchisierung, die sich im 20. Jahrhundert dann in unterschiedliche Milieus verwandelt, in denen sich Ökonomie und Lebensstil auf merkwürdige Weise vermengen. So behauptet Schneider etwa über die „fortschrittsorientierte Lesekultur der modernisierten Milieus" (90) – ohne jegliche Belege –, dass zu den „literarischen Favoriten dieser Milieus [...] u. a. die Popliteratur, der emanzipatorische Frauenroman und die Esoterik" zählen würden (91). Und dann heißt es enorm gerafft:

> Der emanzipatorische Frauenroman thematisiert die Möglichkeiten zur Gestaltung der Geschlechterbeziehungen unter den Bedingungen einer freiheitlichen, offenen und pluralistischen Gesellschaft. Schriftstellerinnen wie Doris Dörrie (*Bin ich schön?*, 1994), Verena Stefan (*Häutungen*, 1975), Karin Struck (*Blaubarts Schatten*, 1991) oder Maxie Wander (*Guten Morgen, du Schöne*, 1977) können als Erfolgsautorinnen dieses Genres gelten, [...] (91).

Hier stellt sich die Frage nach dem Erkenntniswert derartiger Verkürzungen – einmal abgesehen davon, dass man bei Maxie Wanders berühmten Protokollen der Lebensentwürfe von Frauen in der DDR sicher nicht von den „Bedingungen einer freiheitlichen, offenen und pluralistischen Gesellschaft" (s.o.) sprechen kann.

Freilich beinhaltet das vorliegende Handbuch auch eine Reihe höchst interessanter Einzelbeiträge, die nicht nur den gegenwärtigen Stand der Leseforschung präsentieren, sondern auch wichtige systematische und theoretische Überlegungen anstellen. So liefert Iris Bäcker einen originellen Beitrag in der Verbindung von Lesetheorie und Lesepsychologie. Ausgehend von einer Kritik der Iser'schen Rezeptionsästhetik, in welcher der gerade erst emanzipierte Leser von Anfang an im Verdacht steht, „das Herangehen an den literarischen Text mit Mitteln eines sachfremden Privatwissens zu bestreiten" (141) und sich nicht an die vom Text vorgegebenen Perspektiven zu halten (142), plädiert sie für eine Umorientierung von der viele Lesetheorien dominierenden Perspektive des professionellen Lesers hin zu der für die Lesekultur wesentlich relevanteren Leseweise des Literatur-„Liebhabers" (143), den „mit allen Sinnen lesenden Leser" (140). Statt einer intellektuellen Herangehensweise an den Text spielen für die „realen Leser" (143) die spezifischen psychologischen Aktivitäten, die Art und Weise, wie sie die „innere Bühne" des Bewusstseins mit ihrer „Vorstellung bespielen" (143) die zentrale Rolle. Diese Aktivitäten werden von Bäcker nicht als „Quasi-Gesten" (146), sondern als reales psychologisches Geschehen verstanden. Sie konkretisiert das an einem Element (erzählender) literarischer Texte, das so elementar wie in den gängigen Literaturtheorien vernachlässigt ist, den Figuren. Die Leserinnen und Leser setzen sich zu den Figuren „in ein persönliches Verhältnis, sei es in positiver oder negativer Wertsetzung. [...] So betrachtet ist die Textrealität nicht so sehr die Welt der literarischen Figuren und ihrer wechselseitigen Beziehungen als vielmehr die Welt des Lesers und *seiner* Beziehungen, die er zu den ihn umgebenden Figuren unterhält." (149)

Harun Mayes Beitrag über die „Medien des Lesens" konzentriert sich auf die „materielle Organisation von Texten" (105f.) als „entscheidende Perspektive einer Mediengeschichte des Lesens" (105). Gerade die digitalen Lesegeräte wie E-Reader und Tablets haben die Selbstverständlichkeit bzw. Unsichtbarkeit der medialen Spezifika des gedruckten Buches beendet, was in der neueren Forschung zu historisch wie medial differenzierten Perspektiven auf die Lektüre geführt hat. Gegen die Vorstellung eines angeblich ständigen Fortschritts der Lesemedien führt Maye ins Treffen,

> dass der Kodex ein kaum verbesserbares Medienformat darstellt. [...] Ein Buch ist nicht nur transportabel und handlich, sondern ermöglicht auch Zugriffstechnologien wie das Blättern im Text, das Springen von Stelle zu Stelle, die Einführung von Markierungen, Lesezeichen und viele andere Operationen, die für das digitale Lesen immer noch relevant sind. (116)

Ungenau erscheint hingegen die These von der „ausgeprägten Taktilität digitaler Lesemedien" (117), denn Wischen, Scrollen und Klicken unterscheiden sich zwar vom Blättern als „Basisoperation des buchgebundenen Lesens" (106), aber Leserinnen und Leser beschreiben als zentralen Unterschied ihrer Leseerfahrung im Vergleich zwischen gedruckten Büchern und E-Readern oder Tablets immer wieder die ausgeprägte haptische Dimension der ersteren. Anne Mangen hat die Unterschiede in der Haptik digitaler und gedruckter Texte in mehreren Studien untersucht. Was digitale Texte ausmacht, ist gerade ihre Ungreifbarkeit als räumliches und zeitliches Objekt, womit andere sensomotorische Anforderungen und Möglichkeiten als bei einem gedruckten Text verbunden sind.[4]) Wenn Maye argumentiert, dass digitale Lesemedien „andauernd" dazu „auffordern [...], sie zu gebrauchen" (117), dann ist das mit dem Begriff der Interaktivität wesentlich besser gefasst als mit Taktilität. Ähnlich wie Maye haben auch Honold/Parr in ihrer Einleitung argumentiert, dass die digitalen Lesemedien „eine Rückkehr der vertikalen Schreibdimension und ihrer taktilen Qualitäten" (9) bedeuten würden,

> da sowohl die übereinandergelegte Verlinkung mehrerer Darstellungsebenen (Hypertext) wie auch die berührungsintensiven Displays wieder eine aktivere Rolle der haptischen Texterfassung vorsehen, womit die Flächigkeit der bildschirmgestützten Textträger gleichsam eine sekundär konstituierte ‚Tiefe' zurückgewinnt. (9)

Aber die vermeintliche „Tiefe" der digitalen Medien ist nur eine falsche Verbildlichung, denn ein Link in einem Hypertext führt medientechnisch wie phänomenologisch nicht in eine darunterliegende Tiefe, sondern bloß zu einer anderen Oberfläche.

Hervorzuheben ist auch Martin Dolls Beitrag zur Frage, „welchen Einfluss die Eigensinnigkeit von Lesegeräten und ihrer Infrastrukturen im Zeitalter der Digitalisierung auf das Lesen hat" (470). Sein Artikel spricht diesbezüglich zahlreiche wesentliche Aspekte an, vom Problem der Langzeitarchivierung von Digitalisaten

---

[4]) Vgl. Anne Mangen, Hypertext fiction reading: haptics and immersion, in: Journal of Research in Reading 31 (2008), Issue 4, S. 404–419, hier S. 408.

(471) über „Social Reading“ (472) und nonsequentielle Lektüre (477ff.) bis zum vieldiskutierten „distant reading“ der Digital Humanities (482f.). Allzu technikgläubigen Utopien wird hier auf der Basis der Entwicklungen der letzten Jahrzehnte eine Absage erteilt: Weder verdrängen in absehbarer Zeit digitale Medien das Buch (vgl. 471), noch haben sich Hypertextliteratur (vgl. 479) oder digitale Literaturprojekte (vgl. 483f.) im Literaturbetrieb durchgesetzt. Vielmehr scheint sich „eine Art *remediation* des Buchdrucks“ (476) zu verbreiten: Lesegeräte und Apps brechen die Textinhalte so um, dass sie konventionellen Buchseiten ähneln. Insbesondere das Florieren des Dateiformats PDF, das „versucht, der Druckseite eines Buches ein möglichst unveränderliches Äquivalent an die Seite zu stellen“ (476), spricht für diese Tendenz. Leider sind auch in diesem Beitrag die Ergebnisse der aktuellen empirischen Forschung zum Lesen im Zeitalter der Digitalisierung kaum vertreten. So hätten auch differenziertere Einschätzungen etwa bzgl. der Frage der Aufmerksamkeitsspannen beim Lesen mit digitalen Medien getroffen werden können, die laut dem Verfasser durch die technische Erhöhung der Lesbarkeit „überholt“ sei (481). Wie aber empirische Studien zeigen, hat das im Vergleich zu Gedrucktem tendenziell schnellere, eher überfliegende Lesen von Texten auf digitalen Lesegeräten nicht mehr mit „Kontrast, Auflösung und Flimmern“ (481) der Bildschirme zu tun, was technisch bereits gelöst wurde, sondern mit dem im Umgang mit Multifunktionsgeräten wie Tablets oder Smartphones habitualisierten „kognitiven Kontrollsystem“ (Rolf A. Zwaan) bzw. „mindset“ (Naomi S. Baron). Der so einfach mögliche Wechsel zu anderen Seiten oder Apps führt tendenziell zu einer geringeren Fokussierung:

> The issue is not that digital reading necessarily leads us to pay less attention. Rather, it is that digital technologies make it easy (and in a sense encourage us) to approach text with a different mindset than the one most of us have been trained to use while reading print.[5])

Der überzeugendste und für eine avancierte Leseforschung maßgeblichste Beitrag des Bandes stammt von Renate Brosch, der in ihrem Artikel zum „Lesen aus Sicht der Kognitionswissenschaften“ eine Zusammenführung literaturwissenschaftlicher Theoreme mit Erkenntnissen aus der neueren Kognitionswissenschaft gelingt. Als eine der wenigen Beiträger*innen hat sie auch die internationale Forschungslandschaft im Blick, was damit zusammenhängen mag, dass die Verfasserin Anglistin ist. Drei wesentliche Punkte sollen hier abschließend hervorgehoben werden:

1.) Brosch geht einerseits von der Unzulänglichkeit der „Hermeneutik als traditionelle(r) Lehre der Auslegung von Texten“ aus, „da sie nicht die Vorgänge im Bewusstsein mitreflektiert, sondern sie vielmehr vom Endpunkt des Textverständnisses her neutralisiert“ (425). Andererseits greife auch der Poststrukturalismus zu kurz, denn:

> Im Gegensatz zu einer poststrukturalistischen Annahme von autonomer Sprachverarbeitung wird die lektürebegleitende mentale Prozessierung als Interaktion zwischen *Top-down*-Weltwis-

---

[5]) Vgl. Naomi S. Baron, Reading in a digital age. Phi Delta Kappan 99 (2) 2017, S. 15–20.

sen und *Bottom-up*-Textverarbeitung verstanden. [...] Textsinn entsteht aus dem interaktiven und integrativen Zusammenspiel von semiotischen Strukturen und kognitiven Ressourcen. (425)

Von elementarer Bedeutung ist dabei die „Übertragung kulturellen Wissens auf die Lektüre" und daher ist „das Verarbeiten von literarischen Texten auch nicht rein individuell und subjektiv; es ist teils von kognitiven Dispositionen, teils von kulturellen Determinanten bestimmt" (426).

2.) Unabdinglich für das Verstehen erzählter Welten ist nach Brosch das „Erstellen räumlicher Vorstellungsmuster" (429), das „cognitive mapping" (433). Dabei werden mental gespeicherte körperliche Erfahrungen für die „Konzeptionalisierung eines fiktionalen Raumes" (429) genutzt. „Es gilt als gesichert, dass das illusionsbildende Erlebnis des Erzählens auf dem Muster realer körperlicher Weltorientierung mit ihrer senso-motorischen Erfahrung besteht" (429f.). Solche „verkörperte [...], durch frühkindliche neuronale Verknüpfungen entstandene, mentale Prototypen" wie Vertikalität, Richtung, Behältnis (z. B. Leben als Weg, Gehirn als Container etc.) werden als „Image-Schemata" bzw. „konzeptuelle Grundmetaphern" bezeichnet (430). Sie werden beim Verstehen von Abstraktem wie beim Lesen „automatisch aktiviert" (430) und leiten unsere Leseerfahrung, z. B. „die Organisation in Vordergrund und Hintergrund, die Identifikation von Handlungsträgern und deiktischen Zentren" (430). Und genau hier lassen sich narratologische Konzepte wie etwa die Fokalisierung anschließen, denn „die Perspektive von Erzähltexten ist nicht selbst anschaulich, vielmehr bestimmt sie aufmerksamkeitslenkend die Einstellung, den Ausschnitt und den Standpunkt der fiktionalen Welt und ist damit am *cognitive mapping* beteiligt" (433). Wobei Brosch auch die Widersprüche zwischen erzähltheoretischen und kognitionspsychologischen Befunden thematisiert. So wird etwa die Innenperspektive einer Figur als besonders nachvollziehbar eingeschätzt und als Mittel zur Erzeugung von Empathie verstanden, während neuropsychologische Experimente gezeigt hätten, „dass Leser umso weniger geneigt sind, die Perspektive eines Charakters zu übernehmen, je mehr dieser Charakter personalisiert ist" (434).

3.) Besonders für die Lektüre moderner Literatur ist der Hinweis von Bedeutung, dass diese oft die automatisierte Illusionsbildung durchbricht, indem sie die gewohnten Muster der Alltagswahrnehmung stört. Erhöhte Poetizität durch Verfremdungseffekte, Ambivalenzen, eine hohe Leerstellenfrequenz oder komplexe Erzählverfahren wie narrative Metalepsen wirkt distanzbildend. Aber gerade die Erschwerung der Vorstellung ist schon laut Wolfgang Iser ein wesentliches Element ästhetischer Texte.

Anspruchsvolle Literatur mit ihren textuellen Dissonanzen und Ambiguitäten kann sehr weitreichende Anforderungen an die kognitiven Integrationsvorgänge stellen. Das Verstehen polyvalenter poetischer Texte erfordert Integrationsvorgänge, die über alltägliche kognitive Decodierungsvorgänge hinausgehen. (438)

Damit können eingefahrene Wahrnehmungsmuster unterwandert und neue Perspektiven gewonnen werden. Mit solchen Überlegungen eröffnet der Artikel Anschlussmöglichkeiten der Literaturwissenschaft an eine transdisziplinäre Leseforschung, wie sie der Komplexität des Forschungsgegenstands im Allgemeinen und den Herausforderungen einer zukünftigen Leseforschung im Besonderen angemessen ist.

So zwiespältig das Gesamturteil über das vorliegende Handbuch also ausfällt, so eindeutig ist das über den Preis: 159,95 € für ein Buch zu verlangen, dass sich laut Vorwort auch an Studierende richtet, ist völlig überzogen. Begründbar sind diese Kosten wohl damit, dass die Universitätsbibliotheken gemeinsam mit der gedruckten Version das Buch meist auch als E-Book erwerben, die Studierenden dazu folglich einen Gratiszugang haben und letztlich nur wenige Print-Exemplare verkauft werden. Dass Fachliteratur – in diesem wie in vielen anderen Fällen – immer häufiger im PDF-Format auf Bildschirmen oder in Din-A4-Ausdrucken gelesen wird, hätte übrigens auch einen interessanten Beitrag ergeben.

DOI: https://dx.doi.org/10.1553/spk51_1s154 Günther Stocker (Wien)

Tagungsbericht

DAS POTENTIAL DER WEIMARER REPUBLIK

Die Konrad-Adenauer-Stiftung konferiert zum zweiten Mal in Folge mit europäischen Germanisten zu Themen der Weimarer Medienrepublik

Zur diesjährigen Berliner Europatagung der Konrad-Adenauer-Stiftung im September 2019 trafen sich zahlreiche europäische Germanistinnen und Germanisten, die aus insgesamt zehn verschiedenen Ländern angereist waren. Sie führten die Tagung von 2018 weiter, die den Titel ›Demokratie 1.0: Die Weimarer Medienrepublik und die Folgen für die europäische Kultur‹ trug. An die Diskussionen des vorangegangenen Jahres erinnerte Prof. Dr. Michael Braun nach der Begrüßung, der Leiter des Referats Literatur der Konrad-Adenauer-Stiftung. Ziel der Tagung war es, die Weimarer Republik nicht aus der Perspektive ihres Scheiterns zu betrachten, sondern stattdessen von ihrem Beginn her. Dies ermögliche auch, das Potential der Weimarer Republik in der Vorbildfunktion für Demokratie wahrzunehmen. Nach einer kurzen Zusammenfassung der Forschung über die Weimarer Republik als Krisenzeit aber auch als einer Zeit, die eine demokratische Öffentlichkeit und Massenkultur vorantrieb, stellte Braun die Leitfrage: Was haben die Medien mit der ersten deutschen Republik gemacht und was können wir von Weimar lernen?

Die Verhandlung von Moralität im Film der Weimarer Republik

Prof. Dr. Stefan Neuhaus (Koblenz) eröffnete die erste Tagungssektion, die sich mit dem Thema Masse und Macht im Kino befasste. Mit einem Vortrag zur Frage, wie fiktionale Filme das Böse modellieren, veranschaulichte Neuhaus zunächst, durch welche filmischen und narrativen Mittel in Fritz Langs ›M‹ die Kategorien von Gut und Böse durchkreuzt werden. Im Gegensatz dazu zeigt Gerhard Lamprechts ›Emil und die Detektive‹ das utopische Potential von gemeinsam agierenden Kindern, die friedlich die Verfolgungsjagd eines Kriminellen aufnehmen. Eine generationsdeckende Diskussion am Ende des Films illustriert jedoch, dass aus dieser Geschichte keine eindeutige Moral gezogen werden kann, die Frage nach der Definition von gutem und bösem Handeln bleibt somit unbeantwortet. Die Kategorisierung von Gut und Böse wird demnach laut Neuhaus in beiden präsentierten Filmen zu einem schwammigen Unterfangen.

Darauffolgend zeichnete Prof. Dr. Christiane Schönefeld (Limerick) eine Genealogie des Kinos zur Zeit der Weimarer Republik. Siegfried Kracauer hat ja das Bild der Weimarer Republik aus dem Blickwinkel des Exilanten geprägt. Schönefeld betrachtete trotzdem aus der Perspektive der Tagung die Weimarer Republik von ihrem Ausgangspunkt her: Sie orientierte sich am Leitfaden der deutschen Literatur und beschrieb in ihrem Vortrag einen Auszug der insgesamt 273 Verfilmungen deutscher Literatur aus dieser Zeit. Die im Vortrag erwähnten Filme konfrontierte Schönefeld mit der Frage: Welchen Einfluss haben diese Werke auf die Zivilgesellschaft genommen? Laut Schönefeld wurde auf der Kinoleinwand der Weimarer Republik Öffentlichkeit materiell. Dem Film als Massenmedium wurde damals noch nicht der Status als Kunstwerk zugesprochen, sondern ihm stattdessen eine entsittlichende Wirkung nachgesagt – Moral wurde aufgrund von Filmthemen wie Sexualität, Prostitution und Gewalt zum umkämpften Begriff. Das Kino als Massenmedium zeigt also in der Weimarer Republik das Potential für eine sowohl ethische als auch ästhetische Erziehung des Bürgers.

Zum Abschluss der ersten Tagungssektion führte Dr. Andre Kagelmann (Köln) die Teilnehmer in den Film ›M‹ ein. Laut Kagelmann ist das zum innersten Kern des Filmkanons gehörende Werk ein Genre-Mix aus Gerichtsfilm, Gangster- und Kriminal-, Stadt- und Studiofilm. Als Psycho- und Soziogramm einer Stadt bietet ›M‹ einen psychologischen Kommentar zur Großstadt in der Zeit der Weimarer Republik.

Die Weimarer Republik jenseits ihrer nationalen Grenzen

Zu Beginn der zweiten Tagungssektion warf Prof. Dr. Roman Dziergwa (Posen) einen Blick auf die politischen und literarischen Entwicklungen in Polen. Im Fokus stand die Reise Thomas Manns nach Warschau im Jahr 1927. Zweck der Reise war für Mann ein polnisch-deutscher, kultureller und geistiger Austausch mit einigen Intellektuellen der Nachbarländer. Mann, der aufgrund seines literarischen Erfolgs als offizieller Repräsentant der Weimarer Republik in Polen wahrgenommen wurde, nahm laut Dziergwa während seines Besuches eine versöhnliche Position ein: Er sprach über die Wirkung des Ersten Weltkriegs, über die Wichtigkeit, die europäischen Beziehungen aufrecht zu erhalten, und plädierte dafür, die Differenzen von Deutschland und Polen beizulegen. Dziergwa zog das Fazit, dass die Warschauer Visite Thomas Manns in den unmittelbaren Folgejahren zu einer stärkeren Verständigung der Nachbarländer anregte.

Im Anschluss referierte Prof. Dr. Bogdan Mirtschev (Sofia) über drei Mythen, die auch den internationalen Einfluss auf die Weimarer Republik mitbestimmten. Die mythisch gehaltene Heldenfigur Herzog Hermanns etwa prägte die kulturelle Welt in der Weimarer Republik. Das könne man auch daran erkennen, dass Kleists Drama ›Die Hermannsschlacht‹ eines der meist aufgeführten Theaterstücke in den 1920er Jahren war. Vom Osten her fungierte die bolschewistische Revolution als mythisches Vorbild für die sozialistische Revolution von 1918 – in einer Zeit, die von der Polarisierung der deutschen Gesellschaft gekennzeichnet war. Gleichzeitig kann man auch den westlichen Einfluss auf die Kultur der Weimarer Zeit erkennen: Die USA stellte den Massen den amerikanischen Lebensstil als Mythos einer Popkultur in Kinofilmen und Tanzmusik vor. Mirtschev verstand diese drei Mythen jeweils als Hoffnungsträger, die eine mögliche Überwindung der Problematiken der Weimarer Republik erzählerisch darstellen würden.

Weimar in gedruckter Form

In der nächsten Sektion stellte Prof. Dr. Stéphane Pesnel (Sorbonne) den im Jahr 1937 in Paris verstorbenen Joseph Roth als facettenreiche Persönlichkeit vor: als österreichischen Klassiker, als Vertreter der deutschen literarischen Moderne, als Schriftsteller, der dem Nationalsozialismus kritisch entgegentrat und zuletzt auch als exilierten Journalisten. Roth kann als interessante Figur für die Weimarer Republik erscheinen, weil sich die Eckdaten seiner journalistischen Laufbahn fast mit den Eckdaten der Weimarer Republik decken und er deren feinfühliger Beobachter war. Roth, der sich für die Grundtendenzen interessierende Journalist, konzentrierte sich in seinem Schreiben vor allem auf den Pazifismus, das soziale Engagement und zwischenmenschliche Empathie. Seine Publizistik offenbart eine Sensibilität für die Symptome der politischen Zeit und ein feines Gespür für das Medium der Zeitung als „literarisches Laboratorium."

Thomas Scholz (St. Louis) erörterte die Rolle der Kunst in der Weimarer Republik anhand des Comics ›Berlin‹ von Jason Lutes. Dieser Comic erzählt in der Form eines Streams of Consciousness die Geschichte Berlins – somit ist die Stadt Berlin eigentlicher Protagonist des Narrativs. Der Vortrag konzentrierte sich dabei auf den Topos der Kunst, die, laut Scholz, sich in diesem Werk als Schlüssel, Symbol und zugleich Katalysator der Republik offenbart. Der Comic zeichnet mit Hilfe von narrativen und medienspezifischen Mitteln den Verlauf des zeitgenössischen Kunstdiskurses nach. Zu Beginn des Textes ist der Weg zur Neuen Sachlichkeit deutlich erkennbar, mit dem Anspruch, Realität so abzubilden, wie sie ist. Aber der Comic weist in den Panels künstlerisch und erzählerisch auch auf das allmähliche Verschwinden des künstlerischen Diskurses hin, mit Hinblick auf den politischen Wechsel zum Nationalsozialismus.

Schriftsteller und ihre Werke zur Zeit der Weimarer Republik

Auf Yvan Golls Prosa und Lyrik der 1920er Jahre lag der Fokus von Prof. Dr. Eva Kocziszky (Veszprém). Goll, ein deutsch-französischer Dichter mit jüdischer Abstammung, sah die Zukunft Europas eher pessimistisch, er kannte die zwei führenden Metropolen Paris und Berlin, und er versuchte auch in beiden heimisch zu werden. Laut Kocziszky erzeugt diese Perspektive des Heimischseins und gleichzeitigen Fremdbleibens den satirischen Ton seiner Werke. Goll wurde häufig als zwischen den Stühlen sitzender Literat verstanden; Kocziszky argumentierte aber, dass Goll in seinen Werken nicht zwischen Frankreich und Deutschland vermittle, sondern unterschiedliche Konzepte von Moderne in Paris und Berlin schildert.

Dr. Antje Büssgen (Löwen) beschrieb Stefan Zweig und seinen Versuch, mit Zeitungsartikeln, Vorträgen und anderen Schriften zur Herausbildung einer übergreifend europäischen und humanistischen Friedenshaltung beizutragen, die sich in Krisensituationen bewähren könnte. Seine Hoffnung setzte Zweig dabei vor allem in die Jugend, wie sein Vortrag ›Der geistige Aufbau Europas‹ das auszugsweise begründet. Denn nur in der jungen Generation liege laut Zweig Potential für langfristige Stabilität: Da der Wandel des Inneren des Menschen Zeit brauche, könne man nur mit der Bildung einer Jungend von Pro-Europäern eine Mentalität von Friedensliebe sichern.

In Vorbereitung auf die letzte Tagungssitzung stellten Prof. Dr. Andre Kagelmann (Köln), Thomas Scholz (St. Louis) und Vytene Muschick (Budapest) den Teilnehmenden die Serie ›Babylon Berlin‹ vor.

Die Weimarer Republik heute

Am letzten Tag eröffnete Prof. Dr. Oliver Jahraus (München) die Europatagung mit einem Vortrag zur Erfolgsserie ›Babylon Berlin‹. Zunächst erläuterte Jahraus eine Theorie des Erinnerns anhand der Kategorien des kommunikativen und kulturellen Gedächtnisses nach Jan Assmann. Im Anschluss daran deutete Jahraus ›Babylon Berlin‹ als Generator und Katalysator politischer Fragen. Die Serie enthalte demnach auch ein didaktisches Moment, argumentierte Jahraus, sie veranschauliche eine Ästhetisierung des Politischen, in der Offenheit und Geschlossenheit als Strukturen verhandelt würden.

Übereinstimmend betonten Teilnehmerinnen und Teilnehmer der Tagung, dass Literatur und Kultur der Weimarer Republik sich mit einer Problematik befasst hätten, die auch das humanistische Denken der Gegenwart beschäftigt. Die Abschlussdiskussion, die von Prof. Dr. Christian Benne (Kopenhagen) geleitet wurde, nahm dies in ihren weiterführenden Fragen zum Dreh- und Angelpunkt: Welche Rolle spielen Massenmedien für Meinungsbildung? Wie kann man diese Meinungsbildung, die in einer Metropole wie Berlin passiert, mit einer Öffentlichkeit auf dem Land kontrastieren? Und welche Rolle spielt Kunst dabei?

Prof. Dr. Michael Braun fasste abschließend nochmals die Ergebnisse dieser erfolgreichen Tagung zusammen, die sich mit der Frage auseinandersetzte, wie Geschichte in Medien erzählt wird und in das Gedächtnis eingeht. Trotz unterschiedlichster Vorträge und lebhaften Diskussionen bleiben noch viele Fragen offen, die Gegenstand der nächsten Tagung werden sollen. Diese wird sich voraussichtlich mit dem Leitgedanken „Europa erlesen, Europa erzählen“ beschäftigen.

DOI: https://dx.doi.org/10.1553/spk51_1s163 Adeline Bauder (St. Louis)